edition suhrkamp 2683

Was geht in einem Land vor, in dem Sicherheit von so überragender Bedeutung ist, dass sich eine Ärztin bereitwillig an einem Mordkomplott beteiligt, weil sie davon überzeugt ist, damit ihre Heimat zu verteidigen? Würden hochrangige israelische Politiker oder Militärs ein Mitglied einer Minderheit gegen den bloßen Verdacht des Hochverrats in Schutz nehmen? Fragen wie diesen spürt Eva Illouz in ihren Essays über Israel nach. Anhand aktueller politischer Entwicklungen und persönlicher Erfahrungen zeichnet sie ein beunruhigendes Bild der israelischen Gesellschaft: Die zunehmende Identifikation mit Ethnie und Religion, so ihre These, droht deren liberalen Charakter zu unterwandern. Illouz' in Israel viel beachtete und kontrovers diskutierte Texte kombinieren scharfsinnige Analysen mit einem kompromisslosen Plädoyer für eine offene Gesellschaft – eine dringend benötigte Stimme aus einer von Extremismus gezeichneten Region.

Eva Illouz, geboren 1961 in Marokko, ist Professorin für Soziologie an der Hebräischen Universität von Jerusalem. Neben ihrer Arbeit als wissenschaftliche Autorin schreibt sie regelmäßig für die israelische Tageszeitung *Haaretz*. Im Suhrkamp Verlag sind zuletzt erschienen: *Warum Liebe weh tut. Eine soziologische Erklärung* (2011, st 4420 und stw 2057) und *Die neue Liebesordnung. Frauen, Männer und Shades of Grey* (2013).

Eva Illouz

Israel

Soziologische Essays

Aus dem Englischen von
Michael Adrian

Suhrkamp

Klimaneutral
Druckprodukt
ClimatePartner.com/14438-2110-1001

3. Auflage 2023

Erste Auflage 2015
edition suhrkamp 2683
Originalausgabe

Satz: Satz-Offizin Hümmer GmbH, Waldbüttelbrunn
Druck: C. H. Beck, Nördlingen
Umschlag gestaltet nach einem Konzept
von Willy Fleckhaus: Rolf Staudt
Printed in Germany
ISBN 978-3-518-12683-7

www.suhrkamp.de

Inhalt

Vorwort

Michel Foucault sah die Funktion des Intellektuellen darin, »der Macht die Wahrheit« zu sagen. Die Parrhesia – wie er das nannte – ist jene Rede, die sich als »Wahrsprechen« gegenüber dem Souverän zu erkennen gibt und damit ihren Sprecher gefährdet. Foucaults Reflexionen über das Verhältnis von Wahrsprechen und Macht ließen freilich einen Fall unberücksichtigt, der schwerer zu fassen ist, und zwar den der oder des zeitgenössischen jüdischen Intellektuellen: Die Wahrheit sagen muss diese(r) nämlich gleichzeitig einem mächtigen Militärstaat, der an der Schwelle zu einer ethnischen Hegemonie steht – Israel –, und einer jüdischen Diasporagemeinschaft, die von der Erinnerung an ihre fürchterlichen Verfolgungen heimgesucht wird. Wie spricht man im selben Atemzug zu einem Souverän und zu einer Gruppe, deren Verletzlichkeitsgefühl ihre Existenz bis ins Innerste bestimmt? Muss man zu beiden sprechen? Dies sind die ernüchternden Fragen hinter der vorliegenden Sammlung von Essays, die bis auf drei hier in deutscher Übersetzung erstmals außerhalb Israels erscheinen, aber in einer Phase der Konsolidierung extrem rechter Politiken und Diskurse in Israel und für Israelis geschrieben wurden.[1]

Es ist noch gar nicht so lange her, da gehörte ich selbst jenen jüdischen Gemeinschaften an, die so viel von ihrer geistigen und finanziellen Energie darauf verwenden, den Staat Israel zu unterstützen und aus den quälenden Erinnerungen an die Schoah ein Bewusstsein kollektiver Identität abzuleiten. Ich war religiös und ein aktives Mitglied orthodoxer Gemeinden in Frankreich und den Vereinigten Staaten. Zugleich fühlte ich mich den Menschenrechten verpflichtet. In meiner psychischen Biographie, die sowohl eine orthodoxe Religiosität als auch ein Bekenntnis zur Verteidigung der Menschenrechte umfasste, griff beides nahtlos ineinander, ohne Widerspruch oder Konflikt – die Menschenrechte waren der natürliche Erfüllungsgehilfe der Rechte von Juden auf der ganzen Welt, während die Schoah als universelles Paradigma für den Rassenhass auf der ganzen Welt diente. Selbst jetzt, in den Eingangszeilen eines Buches, das sich kritisch mit der zeitgenössischen israelischen Gesellschaft auseinandersetzt, teile ich die nagende Sorge, die israelische Politik, wie schrecklich sie auch sein mag, könnte irgendjemandem einen Vorwand dafür liefern, das Recht der Juden auf einen eigenen Staat oder sogar ihr Existenzrecht von Neuem anzuzweifeln. Terrorangriffe auf Juden in Ländern rund um den Globus erinnern uns unheilverkündend an diese Möglichkeit. Ich identifiziere mich mit der sehr jüdischen existentiellen Beunruhigung darüber, dass das Schicksal der Juden nie geklärt, irgendwie immer neu auszuhandeln, eine offene Frage, ein möglicher Gegenstand von Einwänden durch Nichtjuden ist. Daher möchte ich eine Prämisse dieses Buches unmissverständlich klarmachen: Nicht nur haben die Juden ein Recht auf eine nationale Heimstätte, sie haben sogar ein größeres moralisches Recht darauf als die meisten anderen Völker, weil sie auf die längste und eine der leidvollsten Verfolgungsgeschichten der Menschheit zurückblicken. Ein paar Tausend Jahre Exil und unbarmherzige Verfolgungen erlegen der Welt, das heißt der nichtjüdischen Welt, die moralische Verpflichtung auf, dafür zu sorgen, dass das Recht der Juden auf ein Territorium und nationale Souveränität niemals infrage gestellt wird.

Die Legitimität des Zionismus – als einer Bewegung, deren Absicht es war, den Juden zu Sicherheit und Würde zu verhelfen – zu bestreiten ist unmoralisch. Die politischen Fehler jener Bewegung untergraben nicht ihre moralische Intention und ihre Legitimität. Die Existenz Israels ist eine ohne Wenn und Aber.

Obwohl ich auf den folgenden Seiten eine deutliche Kritik am heutigen Israel formuliere, unterscheidet sie sich folglich erheblich von der solcher Kritiker wie Judith Butler und Shlomo Sand. Ich lehne die Auffassung ab, dass der Zionismus ein unmoralisches oder nicht notwendiges Unterfangen war und dass die Juden als Volk ihre Berufung im Exil finden müssen. Das jüdische Volk hat kulturell ungeheuer viel geleistet und einen unauslöschlichen Eindruck in der nichtjüdischen Welt hinterlassen. Jetzt aber hat es seine Formenvielfalt und seinen Inhalt im und durch den nationalen Rahmen Israels erneuert und verändert. Die folgenden Essays wurden im Engagement für eine solche Erneuerung der jüdischen Existenz geschrieben, verstanden als eine nichtreligiöse Antwort auf die Herausforderungen der Moderne und des Universalismus. Eine jüdische Kultur, Gemeinschaft, Religion oder Staatlichkeit, die sich nicht vom Universalismus und den Veränderungen der Definition von Menschheit, die mit ihm einhergingen, belehren ließe, würde nicht angemessen auf die moralischen Anforderungen der Moderne reagieren.

So ist es dieselbe nordafrikanische Immigrantin, eine in der französischen Republik aufgewachsene religiös-orthodoxe Jüdin, die heute gegen die antiuniversalistischen Grundlagen des israelischen Gemeinwesens ihre Stimme erhebt, gegen sein langsames Abdriften in eine religiöse Ethnokratie. Ich schreibe dies als Jüdin und als französische Bürgerin, die dazu erzogen wurde, die republikanischen Ideale Frankreichs wertzuschätzen und in Ehren zu halten, wie anfällig uns diese heute auch erscheinen mögen. Wenn die israelische Politik tagtäglich das Völkerrecht und die Menschenrechte missachtet, dann kann die ontologische Unsicherheit, die Juden rund um den Erdball verspüren, nicht länger als moralische Rechtfertigung für die systematische Blindheit gegenüber der massiven Erosion der Demokratie in Israel und gegenüber der moralisch sowie politisch unverantwortlichen Unterdrückung entrechteter Palästinenser dienen. Zweifellos ist die Furcht der organisierten jüdischen Gemeinden vor dem Antisemitismus berechtigt, doch darf diese Furcht nicht deren offizielle Politik sein und als Rechtfertigung für den systematischen Angriff auf diejenigen benutzt werden, die sich um die Rechtsstaatlichkeit, die Menschenrechte und die Moralität des Staates sorgen. Wenn jemand, dem die Menschenrechte wichtig sind, damit zum Verräter an Israel und den Juden wird (wie es dieser Tage in Israel und den weltweiten jüdischen Gemeinden so häufig zu hören ist), würde dies den moralischen Bankrott des organisierten Judentums und Israels bedeuten. Die Menschenrechte sind der Mindeststandard, an dem jede Innenpolitik und jede internationale Politik gemessen werden muss – ohne Wenn und Aber. Die Tatsache, dass viele Israelis und Nichtisraelis, die die Menschenrechte in Israel verteidigen, regelmäßig verleumdet und geächtet werden, spricht dafür, dass sich sowohl die jüdischen Diasporagemeinschaften als auch Israel von internationalen Moralnormen abwenden, gerade weil diese Normen an und für sich universalistisch sind.

In gewisser Weise stehe ich als eine Israelin mit französischer Staatsbürgerschaft, die nach wie vor an die großartigen Ideale der französischen Republik glaubt und nicht weniger beunruhigt über den grassierenden Antisemitismus in der muslimischen und der westlichen Welt ist, vor einer mitunter unmöglichen kognitiven Herausforderung: Ich bin entschlossen, zwei Bilder, die sich gegenseitig ausschließen, gleichzeitig einzufangen. Nehmen wir die berühmte doppeldeutige Zeichnung mit dem Titel »Meine Frau und meine Schwiegermutter«:[2]

In ihr können wir sowohl eine alte Frau mit einer markanten Nase als auch eine junge Frau mit einem eindrucksvollen Kopfschmuck ausmachen. Beide sind in dem Bild zu sehen, aber nicht beide zugleich: Um die junge Frau zu erkennen, müssen wir die alte ausblenden, und umgekehrt. In meinen Augen veranschaulicht dies perfekt die Position, in der sich viele Israelis und Juden weltweit befinden: Sie können ihr Augenmerk nur auf eines der Bilder richten, sie können buchstäblich nicht beides zugleich sehen, die Verletzlichkeit der Juden und die einschüchternde Macht Israels.

Die Rolle der Intellektuellen ist es, diese konträren Bilder nebeneinanderzustellen und zwischen ihnen hin- und herzuwechseln. Ein solches Nebeneinanderstellen, ein solches Bewusstwerden für andere Möglichkeiten, dieselben Punkte und Linien zu verbinden, ändert nichts an der Pflicht, den Blick unverwandt auf eines dieser Bilder gerichtet zu halten, jenes nämlich, das am dringendsten zum Handeln auffordert, jenes, das die schiere Möglichkeit, das andere auch zu sehen, aufs Spiel zu setzen scheint. Mit einer Formulierung von W. G. Sebald können wir sagen, dass die Rolle des Intellektuellen darin besteht, einen prüfenden Blick auf die Dinge zu werfen, um *»vermittels der reinen Anschauung und des reinen Denkens [zu] versuchen, das Dunkel zu durchdringen, das uns umgibt«*.[3] Wir befinden uns heute in einer Situation, in der der jüdische Messianismus und verschiedene Gruppierungen der extremen Rechten das von den frühen Zionisten verfolgte demokratische Projekt zu beenden drohen. In dieser Lage kann die jüdische Welt ihren Blick nicht länger davon abwenden, wie sich Israel international isoliert und wie seine politischen Entscheidungen die Legitimität des zionistischen Projekts gefährden. Zu diesen politischen Entscheidungen gehören die militärische Kolonialisierung von Gebieten, die man einer undemokratischen Herrschaft unterstellt; die Verweigerung staatsbürgerlicher Grundrechte für die Palästinenser; der zunehmend exklusive und von der Überlegenheit einer Gruppe ausgehende Charakter einer ethnischen Staatsdefinition, die Nichtjuden faktisch ausschließt und Israel in ein nichtuniversalistisches und ethnokratisches Regime verwandelt; die unerträglichen Privilegien für orthodoxe religiöse Juden sowie die Schaffung qualitativ unterschiedlicher Bevölkerungsgruppen innerhalb des Staates mit ihren je eigenen Vorrechten und Pflichten; das Bollwerk der Religion gegenüber vielen rechtlichen Aspekten; die staatliche Diskriminierung vieler nichtorthodoxer Formen des Judentums einschließlich der offiziellen Diskriminierung von Frauen. Es ist fast unmöglich geworden, diese Situation zu verändern – zu viele ökonomische und ideologische Interessen tragen zur Aufrechterhaltung der gravierenden Ungleichheiten in der israelischen Gesellschaft bei.

Wir sollten jedoch die Frage stellen, warum Angehörige alteingesessener jüdischer Gemeinden auf der ganzen Welt sich weigern, das zu sehen, was für so viele innerhalb und außerhalb Israels offensichtlich ist. In zweihundert Jahren werden Historiker über genau diese Frage rätseln. Warum sind die Juden weltweit so schnell und entschlossen, wenn es darum geht, Antisemitismus zu bekämpfen, und so schwer von Begriff, wenn es um Israels eklatante und wiederholte Menschenrechtsverletzungen und seinen staatlichen Rassismus geht? Die Antwort ist einfach: Sie projizieren ihr eigenes Gefühl der Verletzlichkeit auf Israel und bedienen sich des uralten Narrativs vom »Hass der Völker«, um seinem Vorgehen Sinn abzugewinnen. Sie machen Israel so zur Verlängerung ihrer eigenen Unsicherheit, die von einem auf die Schoah konzentrierten kollektiven Gedächtnis gespeist wird, wie es ironischerweise gerade die (nichtjüdischen) Staaten pflegen, in denen die jüdischen Diasporagemeinschaften gelebt, sich entwickelt und sogar ihre Blütezeit erlebt haben. Doch auch wenn es den Anschein haben mag, dass die Diaspora und Israel durch die Vorstellung von einem »jüdischen Volk« vereint sind, so ist diese Einheit bloß symbolischer Natur. Tatsächlich befinden sie sich in entgegengesetzten existentiellen und sozialen Situationen: Wo sich die Diaspora prinzipiell unsicher fühlt, leben die Israelis in einem hyper-sicherheitsbesessenen Staat. Wo sich Erstere als Opfer sieht, verfügen Letztere über ein ausgemachtes Selbstbild der Stärke. Wo die Erstere die Menschenrechte gepriesen hat und an ihnen festhält, um ihre Existenz zu sichern, glauben Letztere – die rechten Israelis –, dass die Menschenrechte ihr Überleben gefährden. Während Erstere in einer kosmopolitischen Welt lebt, haben Letztere die ethnischen Gräben ihres Staates so vertieft, dass Israel nun sowohl wegen seiner Außenpolitik als auch wegen seines ethnisch-exklusiven Charakters isoliert wird. Die Ersetzung von Politik durch Sicherheit hat wiederum eine tiefe ontologische Unsicherheit für eine andere Gruppe geschaffen, der das Grundrecht auf Staatsbürgerschaft und damit ein Leben in Würde, Wohlstand und Sicherheit vorenthalten wird. Wo Juden auf der ganzen Welt für ihr Recht gekämpft haben, ein Leben in Sicherheit und Gleichheit mit den nichtjüdischen Bürgern zu führen, versagt ihr Schweigen faktisch anderen dieses Recht, wenn sie sich weigern, Ministerpräsident Netanjahus Politik in den besetzten Gebieten zu kritisieren und von Israel zu verlangen, dass es sich an internationale Menschenrechtsgrundsätze hält. Erst als Netanjahu die Macht des Präsidenten der Vereinigten Staaten herausforderte, begann es dem organisierten amerikanischen Judentum zu dämmern, dass mit der Politik des israelischen Ministerpräsidenten etwas nicht in Ordnung ist.

Die »Sicherheit des Staates« und die »Sicherheit der Juden« können nicht ewig als Ersatz für eine echte Politik und moralische Positionen herhalten. Dies ist die eine Prämisse, an der sich die folgenden kritischen soziologischen Essays orientieren: Was Juden in ihren jeweiligen nichtjüdischen Ländern für sich selbst gefordert haben und fordern, muss auch den arabischen und den entrechteten palästinensischen Bürgern zugestanden werden – ohne Wenn und Aber.

Für Foucault spricht jemand die Wahrheit, wenn er oder sie potentiell einen Preis dafür zu zahlen hat – ins Gefängnis kommen, gefoltert, verbannt oder getötet werden kann. Der jüdischen Gemeinschaft die Wahrheit zu sagen schließt ein anderes Risiko ein, und zwar das, auf subtile oder auch weniger subtile Weise symbolisch geächtet zu werden. Gershom Scholem tat dies bekanntlich, als er der kritischen Hannah Arendt einen Mangel an »Ahabath Israel« vorwarf, an Liebe zur jüdischen Nation und zum jüdischen Volk. Dieses Buch riskiert eine solche Anschuldigung, versteht sie aber als einen Versuch der Einschüchterung und des Mundtotmachens: Eine Person oder auch ein Kollektiv zu lieben kann unmöglich bedeuten, dass man das Unrecht akzeptiert, das sie anderen zufügen. Jemanden zu lieben bedeutet manchmal auch, ihn oder sie vor sich selbst und seiner oder ihrer eigenen Blindheit zu schützen.

In seinem Buch *Zweifel und Einmischung – Gesellschaftskritik im 20. Jahrhundert* vergleicht Michael Walzer die Aufgabe des kritischen öffentlichen Intellektuellen mit Hamlets Geste gegenüber seiner Mutter, als er ihr den Spiegel gibt, in dem sie sich sehen kann, so wie sie in den tiefsten Winkeln ihres Herzens wirklich ist: »Kommt, setzt Euch nieder; Ihr sollt nicht vom Platz, / Nicht gehn, bis ich Euch einen Spiegel zeige, / Worin Ihr Euer Innerstes erblickt.«[4] Die Aufgabe des Kritikers, so Walzer, besteht darin, uns selbst einen Spiegel vorzuhalten, um uns an die Werte und Ideale zu erinnern, an die wir glauben und für die wir gekämpft haben. Der Zweck dieses Buches und der damit verbundenen Entscheidung, den akademischen Elfenbeinturm zu verlassen, ist kein Geringerer, als Juden auf der ganzen Welt einen Spiegel vorzuhalten, um sie an die Ideale zu erinnern, für die sie in den letzten zweihundert Jahren gekämpft haben und die dafür sorgten, dass ihre Gemeinschaften gediehen. Diese Ideale und den moralischen Kompass, den sie boten, zu vergessen heißt, die Geschichte der aufgeklärten Juden der letzten zweihundert Jahre zu verraten. Diese Geschichte ist unvollendet, solange die politischen Institutionen und die Kultur Israels nicht die universalistischen Gebote umfassen, die die Geburt aller modernen Demokratien begleitet haben. Ein jüdischer Staat, der nicht auf universeller Gerechtigkeit aufbaut, wird nicht auf die zentrale Herausforderung geantwortet haben, vor die die Moderne das jüdische Volk stellte, nämlich ihre Existenz und ihre Identität unter Einbeziehung der Forderungen des Universalismus neu zu definieren, statt diese von sich zu weisen.

Angesicht der täglichen Erinnerungen daran, dass Israel

keine angemessene Antwort auf diese Herausforderung findet, entschloss ich mich, die vorliegenden soziologischen Essays für die israelische Tageszeitung *Haaretz* zu schreiben. Dabei habe ich mir zwei Aufgaben gestellt: Erstens wollte ich die sozialen Tiefenstrukturen hinter jenen »Ereignissen« verstehen, von denen uns tagtäglich zuhauf berichtet wird, und die zusammen die politischen Nachrichten ausmachen. Wenn die Soziologie eine Berufung hat, dann ist es die, über die journalistische Berichterstattung hinauszugehen, um die Tiefenstrukturen freizulegen, die unser Denken und unsere Solidaritätsbeziehungen ordnen. Ich bin davon überzeugt, dass dies dringend notwendig ist, zumal für all diejenigen, besonders außerhalb Israels, die mit zunehmender Irritation und Kopfschütteln die Hinwendung der israelischen Gesellschaft zu ethnokratischen und antidemokratischen Haltungen verfolgen. »Soziologischer Journalismus« oder »journalistische Soziologie« sind vermutlich die treffendsten Bezeichnungen für mein Vorgehen in diesen Artikeln.

Meine zweite Aufgabe bestand darin, Julien Bendas Appell an die Intellektuellen zu folgen und dem Universalismus verpflichtet zu bleiben. In einer Zeit, in der sich Europa mit der Herausforderung konfrontiert sieht, für eine bessere Integration seiner eigenen Minderheiten zu sorgen und seiner eigenen multikulturellen Vielfalt zu besserer Anerkennung zu verhelfen, mag ein solcher Appell verwunderlich und unangemessen wirken. Doch der Multikulturalismus ist ein Sprössling des Universalismus. Ohne diesen ergibt jener keinen Sinn. Tatsächlich ist Multikulturalismus häufig schlicht eine Entwicklung oder eine fortgeschrittene Version des Universalismus. In einem Land, das mit starken ethnischen Abgrenzungen errichtet wurde, behält der Universalismus seinen radikalen Charakter. Auch wenn das Engagement der Juden für die Aufklärung und den Universalismus der Vergangenheit anzugehören scheint, kann und muss diese Geschichte erneuert werden. Die Juden waren wahrscheinlich mehr als jede andere Gruppe an der Speerspitze des Kampfes für den Universalismus. An ihnen ist es, diese historische Allianz wiederzubeleben, um Israel einen neuen Weg aufzuzeigen.

Würde sich Israel diesem Weg verweigern und lediglich ein weiterer von Religiosität und militärischer Gewalt geprägter Staat bleiben, so bildete dies keine geringere Gefahr für seinen Fortbestand und seine moralische Kraft als die feindlichen Nationen, von denen es umringt ist. Mehr denn je müssen Israel und das Judentum heute das Erbe aufgeklärter Juden fortführen, indem sie den Universalismus zu Israels moralischem Horizont machen.

Ich danke Mattan Shachak, Daniel Gilon und Yaara Benger für ihre außergewöhnliche Hingabe bei der Recherche für diese Texte. Ganz besonders danken möchte ich der Alexander von Humboldt-Stiftung für den Anneliese Maier Research Award. Die mir bereitgestellten Mittel haben die Publikation dieser Essays ermöglicht. Es ist eine große Genugtuung, zu wissen, dass sich der Deutsche aus dem 19. Jahrhundert, dessen Namen diese Einrichtung trägt, mit Überzeugung für die Vereinigung der Wissenschaften und der Menschen eingesetzt hat. Es ist diese Vereinigung der Menschen, der dieses Buch gewidmet ist.

Anmerkungen

1 Französische Übersetzungen der Texte »Dreyfus in Israel. Ein Gedankenexperiment« und »Ich? Eine Jüdin? Antisemitisch?« erschienen am 04.11.2012 bzw. 14.11.2012 in der französischen Tageszeitung *Le Monde*. »Die Dialektik der freien Meinung« erschien in *Der Spiegel* vom 10.09.2012.

2 Die Zeichnung »Meine Frau und meine Schwiegermutter« von William Ely Hill wurde zum ersten Mal am 06.11.1915 in dem US-amerikanischen Satiremagazin *Puck* (S. 11) abgedruckt. Die Bildunterschrift lautete: »My wife and my mother-in-law. They are both in this picture – find them«.

3 W.G. Sebald, *Austerlitz*, München/Wien 2001, S. 7.

4 William Shakespeare, *Hamlet, Prinz von Dänemark*, hrsg. von Dietrich Klose, übers. von August Wilhelm von Schlegel, Stuttgart 1986, S. 74 (3. Aufzug, 4. Szene).

1. Kann man eine jüdische Intellektuelle, ein jüdischer Intellektueller sein?

Wie vertragen sich Vorstellungen wie die von »Ahabath Israel« oder der »Solidarität mit dem jüdischen Volk« mit dem Grundbedürfnis der Intellektuellen, Distanz zu ihrer nationalen oder religiösen Herkunftsgruppe zu halten, um sich ihre moralische Integrität zu bewahren?

In einem berühmt gewordenen Briefwechsel zwischen Gershom Scholem und Hannah Arendt beschied der Erforscher der jüdischen Mystik der politischen Theoretikerin einen Mangel an »Ahabath Israel«, an Liebe zur jüdischen Nation und zum jüdischen Volk. Was hatte Arendt getan, um sich eine derartige Injurie einzuhandeln? Sie hatte für das renommierte US-amerikanische Magazin *The New Yorker* eine Reihe von Artikeln über den Eichmann-Prozess verfasst, die 1963 auf Englisch, 1964 auf Deutsch unter dem Titel *Eichmann in Jerusalem* als Buch erschienen.

In ihren Reportagen, die zu den bekanntesten werden sollten, die je über eine Gerichtsverhandlung geschrieben wurden, beschuldigte Arendt die »Judenräte«, die den Nationalsozialisten geholfen hatten, und behauptete, es hätte weniger Todesopfer gegeben, wenn sich die jüdischen Gemeindevorsteher nicht zu Erfüllungsgehilfen der Nazis gemacht hätten. Dem Staat Israel wiederum warf sie vor, die Verhandlung wie einen Schauprozess zu inszenieren und die neue rechtliche Dimension zu verkennen, die Eichmanns Verbrechen darstellten. Vor allem aber schien sie Eichmann vorschnell vom »radikal Bösen« auszunehmen, da sie seine Taten als die in gewisser Weise arglose Folge seiner Unfähigkeit betrachtete, selbständig zu denken und den Charakter seiner eigenen

Worte und Taten zu verstehen. (Ihre berühmte Formel von der »Banalität des Bösen« suggerierte, dass das Böse unsichtbar und allgegenwärtig sein und anstatt aus einer diabolischen psychischen Veranlagung aus gewöhnlichen Denkfehlern resultieren konnte, der Unfähigkeit, unabhängig darüber zu reflektieren, was moralisches Handeln ist, sowie der Gewohnheit, Befehle zu befolgen.) Mit anderen Worten: Statt an den Tag zu legen, was wir bei einem solchen Anlass von einer Jüdin erwartet hätten – schieres Entsetzen über Eichmanns Taten, uneingeschränktes Mitgefühl angesichts der moralischen Dilemmata der jüdischen Gemeindeführer, die es mit den Nazis zu tun hatten, Solidarität mit dem Staate Israel –, analysierte Arendt all diese Aspekte mit einem kühlen Sinn für Wahrheit und Gerechtigkeit und ließ die moralischen Kategorien, mit denen die Öffentlichkeit sie beurteilt hatte, unscharf werden.

Dies, so Scholem in einem Brief an Arendt vom 23. Juni 1963, zeige, dass sie es in ihrer intellektuellen Position an Liebe zu Israel mangeln lasse. Warum, fragte er sie,

> »hinterlaesst Ihr Buch dennoch solch Gefuehl der Bitterkeit und Scham, und zwar nicht ueber das Referierte, sondern ueber die Referentin? Warum ueberdeckt Ihr Referat so weithin das darin vorgebrachte, das Sie doch mit Recht dem Nachdenken empfehlen wollten? Die Antwort, soweit ich eine habe, und die ich Ihnen gerade weil ich Sie so hoch achte, nicht unterdruecken kann, muss Ihnen sagen, was in dieser Sache zwischen uns steht. Es ist der herzlose, ja oft geradezu haemische Ton, in dem diese, uns im wirklichen Herzen unseres Lebens angehende Sache [der Holocaust], bei Ihnen abgehandelt wird. Es gibt in der juedischen Sprache etwas durchaus nicht zu definierendes und voellig konkretes, was die Juden Ahabath Israel nennen, Liebe zu den Juden. Davon ist bei Ihnen, liebe Hannah, wie bei so manchen Intellektuellen, die aus der deutschen Linken hervorgegangen sind, nichts zu merken. [...] Mit dem Stil der Leichtherzigkeit, ich meine das englische flippancy, den Sie nur allzu oft in Ihrem Buche [...] aufbringen, habe ich keine Sympathie. Er ist auf unvorstellbare Weise der Sache, ueber die Sie sprechen, unangemessen. Gaebe es wirklich bei

solchem Anlass nicht Platz fuer das, was man mit dem bescheidenen deutschen Wort Herzenstakt nennen duerfte?«[1]

Scholems Reaktion berührt den Kern dessen, was wir als das Problem der jüdischen Kritik in der Gegenwart bezeichnen können. Wie Arendt hatte auch Scholem die Idee eines binationalen Staates unterstützt; hier aber reagierte er wie andere zionistische Juden mit Entrüstung und Wut. Arendts Anklage gegen die Judenräte und Israel verstand er als Ausdruck einer unangebrachten, empörenden Distanziertheit, ja sogar als »bitterböse« und »herzlos«, wie seine Worte lauteten. Einen schlimmeren Vorwurf hätte er ihr kaum machen können. Der Ton ist also keine Frage der Meinungen (in vielem waren sich beide einig). Er ist vielmehr das, worauf wir an jenen achten, von denen wir Liebe und Hingabe erwarten.

Arendts Ton, so Scholems Auffassung, fehle eine apriorische Nähe zum jüdischen Volk. Ein derartiger Ton sei unangemessen bei Gelegenheiten, bei denen es das einzig Richtige ist, nicht die ganze Wahrheit zu sagen, weil es Momente gibt, in denen die Pflicht, die Wahrheit zu sagen, hinter einer Pflicht des Herzens, dem Herzenstakt, zurückstehen müsse. Scholem forderte keine Selbstzensur, sondern lediglich jenen Sinn für Angemessenheit, der uns auf einer Beerdigung davon abhält, über die Fehler der verstorbenen Person zu sprechen. Wo so viele noch trauern, ist sture Wahrhaftigkeit der reine Hohn.

Arendt ließ sich durch diesen Vorwurf nicht verunsichern und fand in ihrer Antwort an Scholem deutliche Worte.

»Sie haben vollkommen recht, dass ich eine solche ›Liebe‹ nicht habe, und dies aus zwei Gründen: Erstens habe ich nie in meinem Leben irgendein Volk oder Kollektiv ›geliebt‹, weder das deutsche, noch das französische, noch das amerikanische, noch etwa die Arbeiterklasse oder sonst was in dieser Preislage. Ich liebe in der Tat nur meine Freunde und bin zu aller anderen Liebe völlig unfähig. Zweitens aber wäre mir diese Liebe zu den Juden, da ich selbst jüdisch bin, suspekt.

Ich liebe nicht mich selbst und nicht dasjenige, wovon ich weiss, dass es irgendwie zu meiner Substanz gehört. [...] Das Grossartige dieses Volkes ist es einmal gewesen, an Gott zu glauben, und zwar in einer Weise, in der Gottvertrauen und Liebe zu Gott die Gottesfurcht bei weitem überwog. Und jetzt glaubt dieses Volk nur noch an sich? Was soll daraus werden? – – Also, in diesem Sinne ›liebe‹ ich die Juden nicht und ›glaube‹ nicht an sie.«[2]

Für Arendt klang Scholems Liebe zum jüdischen Volk nach einem Aufruf zu kollektivem Narzissmus. Wir wissen, dass sie bezüglich vieler wichtiger, für ihre These über Eichmann zentraler Tatsachen falschlag; Tatsachen aber hätten an ihrem grundlegenden und tiefen Misstrauen gegen den »nichtreflexiven, sich selbst glorifizierenden Charakter von Gruppenzugehörigkeiten« nichts geändert, um eine Formulierung des Historikers Steven A. Aschheim von der Hebräischen Universität in Jerusalem zu zitieren. Obwohl beide, Scholem und Arendt, die Gruppe Brit Schalom unterstützt hatten, die sich in den zwanziger und dreißiger Jahren für eine arabisch-jüdische Koexistenz in Palästina eingesetzt hatte, waren sie uneins in der Frage, wie viel Nähe zum jüdischen Volk Arendts Tonfall verraten musste.

Um genauer zu begreifen, was uns hier nachdenklich stimmen sollte, möchte ich an eine andere Debatte erinnern, die wenige Jahre zuvor in Frankreich stattgefunden hatte und bei der ebenfalls die Position eines Intellektuellen einen Sturm der Entrüstung ausgelöst hatte. Als Albert Camus 1957 in Stockholm mit dem Nobelpreis für Literatur ausgezeichnet wurde, fragte ihn ein arabischer Student nach seiner Haltung zum Algerienkrieg. Camus' Antwort wurde berühmt: »In diesem Moment wirft man Bomben auf die Straßenbahnen von Algier. Meine Mutter könnte sich in einer dieser Straßenbahnen befinden. Wenn genau das Gerechtigkeit ist, dann ziehe ich meine Mutter vor.«[3]

Diese Stellungnahme führte zu heftigen Reaktionen in französischen und ausländischen Intellektuellenkreisen. Norman Podhoretz, von 1960 bis 1995 Chefredakteur des US-amerikanischen Magazins *Commentary*, schrieb dazu später: »Als er verkündete, er zöge seine Mutter der Gerechtigkeit vor, entschied er sich, in O'Briens[4] Worten, für ›seinen eigenen Stamm‹ und gegen ein abstraktes Ideal universeller Gerechtigkeit. Eine größere Häresie gegen die Dogmen der Linken ist kaum vorstellbar.«[5]

In der Tat hatten sich die öffentlichen Einmischungen von Intellektuellen seit der Dreyfus-Affäre Ende des 19. Jahrhunderts durch ihren Universalitätsanspruch definiert. Das änderte sich auch im 20. Jahrhundert nicht. Rückblickend betonte der britische Kulturhistoriker Andrew Hussey diesen Aspekt in einem Aufsatz in der britischen Literaturzeitschrift *Literary Review*: Camus' »leidenschaftliche Feststellung galt Generationen von Antikolonialisten und Theoretikern des Postkolonialismus – darunter Leuten wie Edward Said – als Beweis für seine Charakterschwäche und Wankelmütigkeit und damit indirekt auch für seine koloniale Arroganz gegenüber Algerien.«[6]

Ich erinnere hier ausschließlich deshalb an den Fall Camus, weil sich so die Lage des heutigen jüdischen Intellektuellen im Unterschied zu der des, ich nenne ihn einmal europäischen Intellektuellen besser verstehen lässt. Was europäischen Intellektuellen immer ein Gräuel war – die eigene Gruppe und Familie gegen universelle Ansprüche zu verteidigen –, ist genau das, was üblicherweise von jüdischen Intellektuellen erwartet wird – und damit meine ich nicht einfach Intellektuelle jüdischer Herkunft, sondern jene, die sich in einem Dialog mit ihrer Gemeinschaft befinden.

Mir ist natürlich bewusst, dass sich die jüdische intellektuelle Welt durch eine große Bandbreite an Positionen auszeichnet, die von der zionistischen über die religiös-zionistische und die liberal-säkulare bis hin zur antizionistischen reichen. Und doch gibt es in dieser Vielfalt strukturelle Zwänge, Anreize und Mittel zur Abschreckung, die die Stellung des jüdischen Intellektuellen in gewisser Weise einzigartig machen. Um diese Stellung und die mit ihr verbundenen Zwänge zu verdeutlichen, werde ich mich an Julien Bendas Definition des Intellektuellen halten. In seiner Schrift *Der Verrat der Intellektuellen* von 1927 plädierte der französische Philosoph und Schriftsteller dafür, die Intellektuellen müssten sich über das Schlachtgewühl der gewöhnlichen Politik erheben. Distanz zur eigenen nationalen, religiösen oder ethnischen Gruppe sei Grundvoraussetzung dafür, dass der Intellektuelle seine moralische Integrität wahren könne. Diese sei schließlich, so Benda, durch universelle Werte gekennzeichnet, für die man nur einstehen könne, wenn man sich der partikularistischen, nationalen Mitgliedschaft in einer Gruppe entschlage.

Arendts Ablehnung von Ahabath Israel hat jedoch noch tiefere Gründe als ihre Abneigung gegen kollektiven Narzissmus. Eine solche Liebe bedrohte, was Arendt wie vielen anderen Denkern und Denkerinnen vor ihr als das Wesen des Denkens galt, nämlich die Unabhängigkeit des Geistes. Im oben schon zitierten Brief an Scholem erklärte sie, ohne mit ihrem Überlegenheitsgefühl hinterm Berg zu halten:

> »Was Sie [...] verwirrt, ist, dass meine Argumente und meine Denkweise nicht vorgesehen sind. Oder mit anderen Worten, dass ich unabhängig bin. Und damit meine ich einerseits, dass ich keiner Organisation angehöre und immer nur im eigenen Namen spreche; und andererseits, dass nur Selber-Denken fett macht und dass, was immer Sie gegen die Resultate einzuwenden haben, Sie selbige nicht verstehen werden, wenn Ihnen nicht klar ist, dass Sie auf meinem Mist gewachsen sind und niemandes sonst.«[7]

Wie für viele Denker in der Tradition der Aufklärung hing auch für Arendt die Möglichkeit, die Wahrheit zu erkennen, von der Möglichkeit ab, selbständig, ungehindert durch Vorurteile und Traditionen zu denken. Diese Unabhängigkeit verlieh ihr ein entscheidendes Recht: nämlich das, nicht die besondere historische Situation des jüdischen Volkes zu thematisieren. Wenn sich wahres Denken durch seine Unabhängigkeit auszeichnet, muss es die Bedürfnisse seines Publikums oder seiner Bezugsgruppe außer Acht lassen. Im Bannkreis der Voreingenommenheiten einer Gruppe zu verharren würde die Fähigkeit der Denkerin gefährden, sich auf desinteressierte Weise von der Welt zurückzuziehen. Arendt prägte einen bemerkenswerten Ausdruck für eine solche Aktivität des Denkens, den der »desinteressierten Intelligenz«. Damit meinte sie das Vermögen, sich von seinen Selbstbestimmungen und von seiner Identität zu lösen, die Welt aus zahlreichen Perspektiven zu verstehen und zu beurteilen, also aus sich selbst herauszutreten.

Scholem hatte recht: Arendt vertrat die Position, die den europäischen jüdischen Intellektuellen am vertrautesten war. In ihrer Mehrheit hatten sie den Nationalismus abgelehnt, Universalismus und Lessings *Selbstdenken*[8] betrachteten sie quasi als Synonyme: Selbst zu denken bedeutete für sie, Universalist zu sein, setzte es doch die Fähigkeit voraus, die Menschheit in ihrer Gesamtheit zu sehen und zu begreifen, statt sich dem Gesichtspunkt einer bestimmten Gruppe anzuschließen. Gruppen verfolgten partikulare Interessen und konnten das scharfe Schwert der desinteressierten Intelligenz nur stumpf werden lassen.

Die Juden sahen Patriotismus und Nationalismus noch kritischer als Nichtjuden. Schließlich hatten sich beide Phänomene parallel zum Rassismus herausgebildet und entwickelt. Auch war für die Juden die Ausweitung universeller Rechte der schnellste Weg gewesen, um in ihren jeweiligen nationalen Kontexten Gleichheit zu erlangen. In den Worten des Soziologen Zygmunt Bauman: »Universalität ist der Schlachtruf der Unterprivilegierten [...] [und] die Juden waren unterprivilegiert.«[9]

Wie Arendt jedoch am eigenen Leibe erfahren musste, stellte sich die Frage der Gruppensolidarität für die jüdischen Intellektuellen mit neuer Dringlichkeit, und zwar aufgrund der beiden wichtigsten Ereignisse der jüdischen Geschichte im letzten Jahrtausend: des Holocaust und der Gründung des jüdischen Staates. Als imaginierte Gemeinschaft reorganisierten sich die Juden um einen neuen geographischen und politischen Mittelpunkt – Israel – sowie um eine neue Zeitachse – das Andenken an die Schoah. Dies allerdings erschwerte es den jüdischen Intellektuellen erheblich, an der bislang von ihnen vertretenen universalistischen Position festzuhalten.

Auch wenn manche Juden ihrer Gesinnung treu blieben, sah sich dieser Universalismus ab den sechziger Jahren mit den in hohem Maße partikularistischen Anforderungen des Staates Israel und der Pflege der kollektiven Erinnerung an die Schoah konfrontiert. Beides erneuerte, ja verschärfte die Ansprüche, die Ahabath Israel an die Intellektuellen stellt. Wie der französische Historiker Pierre Birnbaum schrieb: »[Eine] lange Geschichte kommt wahrscheinlich an ihr Ende: die des Zusammentreffens der Juden und einer streng universalistisch verstandenen Aufklärung.«[10]

Arendts Weigerung, auf die Bedürfnisse ihrer Gruppe einzugehen, und der Zorn, den ihre Positionen hervorriefen, bilden nur einen von vielen Fällen in einer langen Liste feindseliger Reaktionen der organisierten jüdischen Gemeinschaft auf Kritik.[11] (Unter Kritik verstehe ich hier die durchgängige Hinterfragung der Überzeugungen und Praktiken einer Gruppe.) Tatsächlich bestand in den vergangenen dreißig Jahren eine der beliebtesten Übungen diverser Repräsentanten jüdischer und israelischer Gemeinschaften darin, die verdeckten antizionistischen oder antijüdischen Grundsätze der Kritik an Israel oder dem Einfluss jüdischer Organisationen zu entlarven. Ich behaupte nicht, dass nicht manche Kritiken an Israel antisemitisch motiviert sein können. Ich stelle lediglich fest, dass es zu einem ausgefeilten kulturellen und intellektuellen Genre in der jüdischen Welt geworden ist, Kritik unter Verdacht zu stellen.

Angesichts der Tatsache, dass viele Angehörige jüdischer Gemeinschaften gar nicht streng religiös sind – im Unterschied zu den muslimischen religiösen Führern, die Fatwas gegen Intellektuelle aussprechen –, stellt uns dies vor ein Rätsel. Warum sträuben sich gemäßigt religiöse jüdische Gemeinschaften inzwischen gegen das, was die gewöhnliche Aufgabe der Intellektuellen seit Sokrates ausmacht, nämlich die Grundannahmen ihrer Gruppe im Namen allgemeingültiger Werte zu hinterfragen und zu kritisieren? Warum ist es selbst dann so spürbar schwierig geworden, Israel oder jüdische Gemeinschaften zu kritisieren, wenn die »Torheit der Regierenden«, mit einem Buchtitel der US-amerikanischen Journalistin und Historikerin Barbara Tuchman gesprochen, in Israel himmelschreiende Ausmaße annimmt? Scholems Verärgerung gibt uns einen Fingerzeig: Eine Kritik (am jüdischen Volk) ist nur dann zulässig, wenn sie in einen Code der Liebe und Solidarität eingebettet ist.

Die Politik der Solidarität

Soziologisch gesehen ist Solidarität ein normales Merkmal jeder beliebigen Gruppe. Ihren Sitz hat sie in den zahlreichen Ritualen, mit deren Hilfe Menschen als Angehörige einer Gruppe agieren, ob diese nun ein Stamm, ein großes Land oder eine Universität sei (gesetzliche Feiertage, Hymnen, eine typische Küche oder ein besonderer Kleidungsstil sind Merkmale von Gruppenzugehörigkeit und Solidarität). Ahabath Israel ist eine Form von Solidarität, die sich hiervon unterscheidet. Zum einen ist sie eine explizite Aufforderung, die eigene Gruppe zu lieben, während die gewöhnliche Solidarität unsichtbar in die sozialen Beziehungen eingelassen ist. Der talmudische Weise Rabbi Akiba machte aus dem Appell, seinen Nächsten zu lieben, eine Regel,[12] und seine Interpreten, die Chasal, die Weisen der talmudischen Ära, verstanden diese Regel als ein Gebot, den engen Nächsten, den Juden, zu lieben. Diese Interpretation wurde im 12. Jahrhundert durch die *Mischne Thora*, eine Gesetzessammlung des jüdischen Philosophen, Rechtsgelehrten und Arztes Moses Maimonides, institutionalisiert.

Es gibt noch einen weiteren Unterschied zwischen Solidarität und Ahabath Israel: Den historischen Hintergrund von Rabbi Akibas Mahnung bildeten die Zerstörung des zweiten Tempels und die zunehmenden Konflikte zwischen verschiedenen jüdischen Sekten, die Judenverfolgung, die zweite Diaspora und der Aufstieg des Christentums. In diesem Kontext war Ahabath Israel mehr als Solidarität. Es war ein bewusster Versuch, die jüdische Gespaltenheit durch das Gebot zu überwinden, man solle eine bedrohte metaphysische, transhistorische und transgeographische Größe namens »das jüdische Volk« lieben. Ich würde Ahabath Israel als eine Form von Hypersolidarität bezeichnen, ein Gebot, das umso moralischer war, als es einen dazu einlud, bewusst und aktiv die eigene Gruppe zu lieben und sie vor selbstzerstörerischer Entzweiung und äußeren Bedrohungen zu beschützen.

Kulturelle Werte lassen sich lebendig erhalten, indem man sie in Organisationen institutionalisiert und reproduziert. Ihre Institutionalisierung verwandelt Werte zugleich in Mechanismen, um Gefühle auszulösen – man muss sich nur einmal vor Augen halten, wie abstrakt das Gebot »liebe dein Land« bleibt, bis es in konkreten Praktiken verankert worden ist. Im Folgenden werde ich die auf den ersten Blick kontraintuitive These entfalten, dass sich das Gebot Ahabath Israel nach dem Zweiten Weltkrieg mittels dreier zentraler Institutionen verschärfte: der Struktur der amerikanischen Politik, der Memorialisierung des Holocaust und des Zionismus.

I.

Was man gemeinhin die Israel-Lobby nennt – zusammen mit der National Rifle Association die wohl einflussreichste Lobby in der amerikanischen Politik –, konnte entstehen, weil sich der wirkungsmächtige kulturelle Wert von Ahabath Israel mit zwei wichtigen institutionellen Besonderheiten der amerikanischen Gesellschaft verband: dem Umstand, dass Interessengruppen in der Politik eine zentrale Rolle spielen, und der Tatsache, dass eingewanderte Minderheiten legitime Bindestrich-Staatsbürgerschaften ausbilden können – Bedingungen, wie sie etwa in Frankreich nicht gegeben sind.

Erstmals setzte die Israel-Lobby ihre Macht in der amerikanischen Politik unter der Regierung Truman ein[13] und erzielte im Wesentlichen unter den folgenden Administrationen immer größere Erfolge in ihrem Bemühen, die Vorstellung einer natürlichen solidarischen Verbundenheit zwischen den amerikanischen Juden und Israel zu etablieren. Darüber hinaus begründete sie eine machtvolle Politik der Solidarität durch Organisationen wie das American Israel Public Affairs Committee (AIPAC) und zig andere Netzwerke philanthropischer wie zionistischer Natur.[14] In ihrem weithin verschrienen Buch über die Israel-Lobby haben die beiden US-amerikanischen Politikwissenschaftler John Mearsheimer und

Stephen Walt die in ihren Augen nachteiligen Effekte einer solchen Einflussnahme auf die außenpolitischen Interessen der Vereinigten Staaten aufgezeigt.[15]

Mir geht es aber um etwas anderes, und zwar darum, dass es der Israel-Lobby gelungen ist, Ahabath Israel zu einem festen Bestandteil der amerikanischen Politik zu machen. Einmal in einen institutionellen Mantel gekleidet, entwickelte sich die Liebe zu Israel zu einer mächtigen, unsichtbaren, unausgesprochenen Voraussetzung der organisierten amerikanisch-jüdischen Politik. Die Autoren zitieren einen Aktivisten aus einer großen jüdischen Organisation: »[E]s war üblich, dass wir sagten: ›Das ist unsere Politik zu diesem Thema, aber wir müssen erst mal fragen, was die Israelis meinen.‹ Als Gemeinschaft tun wir das ständig.«[16] Wie Mearsheimer und Walt berichten, galt der Brief, den der damalige Präsident des Jüdischen Weltkongresses, Edgar Bronfman, Mitte 2003 an Präsident George W. Bush schickte, um ihn zum Einschreiten gegen das israelische Projekt der Errichtung eines »Sicherheitszauns« zu bewegen, manchem Mitglied der jüdischen Gemeinschaft als »obszön«. In den Augen vieler Juden sollte sich der Präsident des Jüdischen Weltkongresses einzig und allein der Aufgabe widmen, den Präsidenten der Vereinigten Staaten von den politischen Maßnahmen der israelischen Regierung zu überzeugen.

Ganz offensichtlich also hat die organisierte amerikanisch-jüdische Gemeinde Ahabath Israel zur wichtigsten Form der politischen Willensbekundung gemacht. Mit einem solchen Gebot der Solidarität ist die Aufforderung verbunden, sich offiziellen jüdischen Gremien nicht zu widersetzen und ihnen nicht öffentlich zu widersprechen. Rabbi David Luchins – der dreißig Jahre lang in politischen Funktionen, darunter zwanzig Jahre für den New Yorker Senator Daniel Patrick Moynihan tätig war – erklärte es für »verheerend«, wenn amerikanische Juden die israelische Politik »vor US-Politikern« oder in Anzeigen in der *New York Times* kritisieren.[17] Die Präposition »vor« in diesem Zusammenhang verrät eine unbewusste, tiefreichende Zweiteilung zwischen einer Eigengruppe hinter den Kulissen und einer Bühne voller Nichtjuden, ein ausgeprägtes »Eigengruppen«-Bewusstsein, eine gruppeninterne Ermahnung, dass das Innen vor dem Außen geschützt werden muss, ein Solidaritätsgebot sowie die Überzeugung, öffentliche Kritik raube einer verletzlichen Gruppe ihre Kraft. Diese grundlegende Eigengruppe/Fremdgruppe-Zweiteilung wiederum bringt transnationale Bande der Solidarität hervor und erstreckt sich auf das gesamte weltweite Judentum.

II.

Das zweite Element, das eine enorm wichtige Rolle bei der Festigung der jüdischen Solidarität unter den Bedingungen der Moderne spielte, war die Institutionalisierung der Erinnerung an den Holocaust. Im Laufe der siebziger und achtziger Jahre bildete sich in den liberalen Gesellschaften ein zunehmendes Unwohlsein über ihre koloniale Vergangenheit und die europaweite Judenverfolgung heraus. Sie entschlossen sich daraufhin zu einer Politik der Memorialisierung, die mithilfe von öffentlichen Abbitten und Ritualen des Erinnerns das Leiden anerkannte, das europäische Mächte den Menschen in ihren Kolonien sowie den Juden zugefügt hatten. Diese politische Anerkennung durch die liberalen Gesellschaften stand im Einklang mit Veränderungen innerhalb der jüdischen Gemeinschaften, die sich nach dem Zweiten Weltkrieg an nichtreligiösen Werten neu orientierten.

Das Gedenken an die Schoah entwickelte sich zu einer Quelle säkularer Identität für die Juden und wurde durch die von den liberalen Gesellschaften betriebene Universalisierung des Holocaust noch verstärkt – Nichtjuden begannen nun, sich das Gedenken an die Schoah anzueignen, um für ihre eigenen universellen Werte zu werben. Die zentrale Bedeutung der Schoah für die jüdische Identität wird durch eine Umfrage des Meinungsforschungsinstituts Pew Research Center aus dem Oktober 2013 deutlich bestätigt, für die junge amerikanische Juden um eine Definition ihrer jüdischen Identität gebeten wurden. Erstaunliche 73 Prozent von ihnen gaben an, die Erinnerung an den Holocaust sei ein zentraler Teil davon.[18] Demnach hat die kollektive Erinnerung an die Schoah Solidarität erzeugt, indem sie eine Form – oder ein Teil – der jüdischen Identität wurde.

Mehr noch, das Eingedenken entwickelte sich rasch zu einer *devoir de mémoire* – einer moralischen Pflicht, die jüdische Geschichte zu erinnern, zu bemitleiden und sich mit ihr zu identifizieren. Dies verband die Juden wiederum mit einem zentralen Begriff aus dem moralischen Vokabular moderner Gesellschaften: dem des Opfers.

Opfer (von politischen Regimen, Massakern, Traumata, Katastrophen) sind zur zentralen und unangefochtenen moralischen Figur der politischen Kultur nach dem Ende der sechziger Jahre avanciert. Ironischerweise verhalf dies den Juden zu jenem moralischen Status, der ihnen in einer europäischen Kultur, die sie über Jahrhunderte dämonisiert hatte, vorenthalten worden war. Doch die Exerzitien des Gedenkens hatten noch weitere und subtilere Auswirkungen auf die jüdische Solidarität. Durch eine Verlagerung, die sich im kollektiven Unbewussten von Völkern und Nationen immer wieder findet, übernahmen nach und nach arabische Länder – die den Staat Israel zunächst nicht anerkannten und ihre eigenen Angriffskriege gegen ihn vom Zaun brachen – die vormals deutsche Drohung, die Juden zu vernichten.

Die Bundesrepublik hatte sich inzwischen zu einem der liberalsten Länder überhaupt entwickelt, ein beachtliches Maß an symbolischer Erinnerung an den von Deutschen verübten Holocaust praktiziert, aber auch finanzielle Kompensation geleistet und war insofern nicht mehr Gegenstand jüdischer Ängste und Misstrauensbekundungen. Die Araber aber – die innerhalb und außerhalb der arabischen Nationen ihren eigenen Antisemitismus kultivierten, beispielsweise jene aggressive Form von muslimischem Antisemitismus, wie sie gegenwärtig in Frankreich Mode ist – konnten nun zu den neuen Deutschen werden: zu dem Akteur, der heute damit droht, die Juden auszulöschen. Indem sie eine direkte historische Linie von den Nazis zu den Arabern zog, begründete die Angst eine starke Achse der Solidarität für Juden auf der ganzen Welt.

III.

Das dritte und letzte Element, das Solidarität zum zentralen emotionalen und politischen Motiv der weltweiten jüdischen Gemeinschaften werden ließ, war der Zionismus. Als nationalistische Ideologie fiel er ein wenig aus dem Rahmen: Statt mit der Staatsgründung zu enden, gewann der Zionismus im Anschluss an sie nur an Stärke und Reichweite. Tatsächlich wurde er zu einem kontinuierlichen Projekt der Identifikation, Mitgliedschaft und Zugehörigkeit für Juden inner- wie außerhalb Israels. Durch die breit gefächerten und einschneidenden Maßnahmen der Jewish Agency for Israel, der offiziellen Einwanderungsorganisation des Staates Israel, sowie unzähliger in der Diaspora ins Leben gerufener Jugendbewegungen gingen die zionistischen Aktivitäten lange nach der Gründung Israels 1948 weit über die Grenzen des Staates hinaus.

So verwandelte sich der Zionismus in eine dauerhafte transnationale nationalistische Praxis, die die Voraussetzungen für eine Identifikation von Juden mit Israel schafft und unablässig fördert. In diesem Sinne machte er Zugehörigkeit zu einem Dauerzustand jüdischer Identität, der durch eine Vielzahl von jüdischen Institutionen, Veranstaltungen und Organisationen produziert und reproduziert wird – nennen wir neben vielen anderen nur die Jewish Agency, Galaveranstaltungen, die Unterstützung der israelischen Armee (IDF), philanthropische Gesellschaften sowie allein schon den aus der Bibel stammenden Begriff »Alija« (»Aufstieg« oder »Hinaufziehen«), der die »Rückkehr« der Juden aus dem babylonischen Exil nach Zion meint. Wie es der unter anderem in Oxford lehrende Historiker Faisal Devji mit Bezug auf die Erschaffung Pakistans formuliert: »Zion ist nicht einfach ein heiliges Land, sondern eine politische Form, die ererbte Verbindungen zwischen Ethnizität und Boden zugunsten einer Mitgliedschaft verwirft, die auf nichts anderem beruht als auf einer Idee von Zugehörigkeit.«[19]

Worum es mir geht, ist Folgendes: Jenseits der realen Pluralität von Positionen und Interessen, aus denen sich die jüdische Gemeinschaft zusammensetzt, bildet der Imperativ der Hypersolidarität das vorherrschende politische Ethos und Pathos des zeitgenössischen organisierten Judentums. Mit einer Paraphrase des berühmten Diktums Carl von Clausewitz' können wir sagen: Für die Juden ist Hypersolidarität eine Fortsetzung der Politik mit anderen Mitteln.

Dies steht in scharfem Gegensatz zu den traditionellen Formen von Politik, die es mit Fragen der Repräsentation, der Begrenzung von Macht, des Verhältnisses von Regierenden und Regierten und dergleichen zu tun haben. Die Politik der Hypersolidarität und die Hypersolidarität als Politik sind so tief in der jüdischen Liturgie, in philanthropischen Netzwerken, im kollektiven Gedächtnis, in Institutionen zur Anbindung der Diasporagemeinschaften an Israel verankert, dass sie inzwischen die moralische, existentielle und epistemische Realität der Juden bestimmen, ja völlig überlagern – und damit jenen Filter, durch den Fragen der Moral und der Wahrheit erwogen und beantwortet werden.

Die Einsicht, dass Solidarität und Zugehörigkeit politische Strategien und eine Quelle politischer Stärke sind, fällt deshalb so schwer, weil Solidarität immer ein Werk der Liebe, ein moralisches Unterfangen ist, und im Großen und Ganzen haben wir kein politisches Vokabular zur Kritik der Liebe. Diese Doppelnatur der Solidarität – als Quelle sowohl von Macht als auch von moralischer Identität – erklärt, warum es für jüdische Kritiker so schwierig ist, eine institutionelle Nische innerhalb der organisierten jüdischen Gemeinschaften zu finden, warum keine Kritik vorgebracht werden kann. Zu hören ist innerhalb der organisierten jüdischen Gemeinschaften lediglich eine Kritik, die ihre grundsätzliche Identifikation mit und Liebe zu den Juden und Israel bekräftigt.

Nur ein paar Beispiele. In seinem jüngsten Buch mit dem bezeichnenden Titel *My Promised Land* setzt sich der israelische Reporter und *Haaretz*-Kolumnist Ari Shavit mit der Nakba auseinander, also der »Katastrophe«, wie die Palästinenser ihre Vertreibung durch die Juden im Zuge der Gründung des Staates Israel nennen.[20] Dennoch bekräftigt er das ganze Buch hindurch immer wieder mit großer Entschlossenheit, wie unerschütterlich seine Bindung an den Staat Israel und seine Liebe zu ihm ist. Oder man denke an die Bemühungen amerikanisch-jüdischer Liberaler, ihren Liberalismus als einen Ausfluss (mutmaßlich universalistischer) jüdischer, in der Bibel verwurzelter Werte darzustellen, als büßten ihre Positionen ihre Legitimität ein, wenn sie humanistische und liberale Werte verträten, die nicht mit dem Judentum verknüpft sind. Ein anderes Beispiel ist J Street, eine jüdisch-amerikanische liberale Organisation, die sich als politische Alternative zu AIPAC versteht. Jeremy Ben-Ami, Gründer und Vorsitzender von J Street, erklärte in ihrer Geburtsstunde: »Die Partei und Sichtweise, der wir in der israelischen Politik am nächsten stehen, ist Kadima« – also die 2005 von Ariel Scharon gegründete Partei (»Vorwärts«), die sich selbst als liberale Partei der Mitte zwischen dem konservativen Likud und der Arbeitspartei Awoda ansiedelt. Anders gesagt: Wenn eine Organisation, die sich selbst als Alternative zu den etablierten jüdischen Solidaritätsnetzwerken betrachtet, ihre außenpolitischen Vorstellungen in größtmöglicher Nähe zu einer Partei verortet, die von Mitgliedern des Likud gegründet wurde, dann bewegt sie sich eindeutig bewusst im Dunstkreis der konventionellen israelischen Politik.

Diese Beispiele legen eine Frage nahe: Warum fällt es jüdischen Intellektuellen so schwer, einen kritischen Abstand zu Israel einzunehmen?

Solidarität oder Wahrheit

In den Vorlesungen, die der französische Philosoph Michel Foucault 1983 an der University of California in Berkeley über »Diskurs und Wahrheit« hielt, widmete er sich einer erstaunlichen Form der Rede, die er als »parrhesiastisch« bezeichnete. Parrhesia ist jene Qualität der Rede, die uns dazu bringt, die Wahrheit zu sagen – und nicht beispielweise etwas zu verschleiern, jemanden zu überzeugen oder nach Macht zu streben. Woher wissen wir, dass der Antrieb darin besteht, die Wahrheit zu sagen? Weil es die Sprechenden gefährdet, wenn sie die Wahrheit sagen, weil es sie dem Risiko aussetzt, von ihrer Gemeinschaft oder dem Souverän verbannt zu werden. Parrhesia ist die furchtlose Sprache, die man jemandem gegenüber im Munde führt, der seinerseits die Möglichkeit hat, einen dafür zu bestrafen, dass man die Wahrheit sagt, sei es physisch oder symbolisch.

Aufgrund dieser Gefahr, so Foucault, wird zwischen dem Souverän und dem Wahr-Sprecher ein »parrhesiastischer Vertrag« geschlossen. Dieser Vertrag wurde »im politischen Leben der Herrscher in der griechisch-römischen Welt ziemlich wichtig« und besteht in folgender Vereinbarung:

> »Der Souverän, derjenige, der die Macht hat, dem es aber an Wahrheit mangelt, wendet sich selbst an denjenigen, der die Wahrheit hat, dem es aber an Macht mangelt, und sagt ihm: Wenn du mir die Wahrheit sagst, was auch immer sich als Wahrheit erweist, wirst du nicht bestraft, und diejenigen, die für irgendeine Ungerechtigkeit verantwortlich sind, werden bestraft werden, und nicht diejenigen, die die Wahrheit über diese Ungerechtigkeiten sagen.«[21]

Die parrhesiastische Rede scheint für Machthaber wie Bürger ein wichtiges Element der athenischen Demokratie gewesen zu sein. Sie wurde später zum Wahrzeichen des weisen Souveräns, der die Fähigkeit besaß, sich die bitteren Wahrheiten anzuhören, die ihm seine Ratgeber offenbarten – im Unterschied zu den törichten Herrschern, die nicht auf schmerzliche Wahrheiten hörten.

Ich möchte mich mit Blick auf mein Thema an folgender Spekulation versuchen: Während der meisten Zeit ihrer langen Geschichte genossen die Juden keine politische Souveränität und entwickelten folglich keine kulturellen und politischen Modelle für parrhesiastische Verträge, kraft deren der Souverän auf die Ausübung seiner Macht verzichtet und sich stattdessen die Wahrheit anhört, was nichts anderes heißt als die Kritik seiner Macht. Zwar hätte das Bildnis des biblischen Propheten einer parrhesiastischen Rede Modell stehen können, doch wurde dieses potentielle Vermächtnis nie im Zusammenhang einer Politik der Kritik fruchtbar gemacht.

Im Gegenteil: Weil ihre Ausgrenzung und die Halacha, also der die Religionsgesetze umfassende Teil des Talmuds, die Juden zu einem gemeinschaftlichen Leben zwangen, das sich ausschließlich innerhalb klar gezogener ethnischer und religiöser Grenzen abspielte und sich ganz auf die Reinheit des jüdischen Blutes konzentrierte, waren Solidaritätsbekundungen von oberster Bedeutung und dienten als Politikersatz. Nach dem Fiasko mit dem falschen Messianismus des Religionsgelehrten und selbsternannten Messias Sabbatai Zwi im 17. Jahrhundert waren die Juden viel stärker mit dem Problem einer falschen Rede, die einen Wahrheitsanspruch erhebt, beschäftigt als mit der Frage nach den Bedingungen für wahres Sprechen. Diese beiden Elemente, so meine Hypothese, führten dazu, dass kulturelle Modelle parrhesiastischer Verträge in der jüdischen Kultur weitaus seltener sind als in der nichtjüdischen.

Parrhesia ist eine Rede, die die Wahrheit zu sagen beansprucht, ihren Gegenstand aber je nach dem Geltungsbereich ändert, in dem sie laut wird. Manchmal steht sie im Gegensatz zu, sagen wir, Apollons Schweigen; manchmal auch zum Willen des Volkes (wenn sie sich der Demagogie widersetzt oder dem Einschmeicheln bei der Mehrheit); und manchmal wird die Parrhesia auch, wie im Falle des Sokrates, erläutert Foucault, »der Unkenntnis seiner selbst und dem falschen Unterricht der Sophisten entgegengesetzt«.[22] Die parrhesiastische Rede spricht nicht immer dieselbe Wahrheit aus, sondern die Wahrheit, die eine bestimmte Gemeinschaft oder ein bestimmter Souverän nicht hören will.

Im Licht der Foucault'schen Konzeption können wir sagen, dass sich die parrhesiastische Rede des jüdischen Intellektuellen nicht gegen die Unkenntnis seiner selbst (wie bei

Sokrates) oder das Schweigen (wie bei Apollon) richtet, sondern gegen die Gruppensolidarität, weil, wie Arendt ganz richtig feststellte, die parrhesiastische Rede unabhängig ist. Wenn ein Intellektueller jemand ist, der »das Recht, die Pflicht und den Mut [hat], die Wahrheit zu sprechen«,[23] dann ist er derjenige, der das Risiko eingeht, mit der Gruppensolidarität zu brechen.

Der jüdische Intellektuelle befindet sich in einem noch vertrackteren Dilemma als der nichtjüdische, weil er zwischen zwei gleich mächtigen und explizit moralischen Geboten hin- und hergerissen ist, dem der Wahrheit und dem der Solidarität. Wer die parrhesiastische Position bezieht und die Wahrheit spricht, unterminiert damit die Solidarität der Gruppe, wie sie sich nicht nur in der Bejahung der Liebe zur Gruppe ausdrückt, sondern auch in der Anteilnahme an ihren kollektiven Mythen und Geschichten.

Zu guter Letzt ermöglichen es parrhesiastische Verträge dem Kritiker definitionsgemäß, in der Gruppe zu bleiben. Unter Bedingungen der Hypersolidarität jedoch heißt kritisieren, auf diese Solidarität zu verzichten, weil Kritik immer von einer externen Position geäußert wird. Als Arendt Scholem schrieb, »dass Unrecht, begangen von meinem eigenen Volk, mich selbstverständlich mehr erregt als Unrecht, das andere Völker begehen«,[24] definierte sie lediglich den Normalfall parrhesiastischer Rede. Das Recht, die parrhesiastische Position einzunehmen – also Teil einer Gruppe zu sein und sie gleichzeitig zu kritisieren –, wurde ihr indes nicht zugestanden. Tatsächlich war *Eichmann in Jerusalem* regelrecht aus Israel verbannt, bis es schließlich 2000 ins Hebräische übersetzt wurde.

Kritik muss in der jüdischen Welt entweder andauernd Liebesbeweise erbringen, oder sie sieht sich unter anderem mit Antisemitismus- und Antizionismusvorwürfen, verschiedenen Formen von Ächtung, schwarzen Listen, Medienwächtern, Organisationen wie Im Tirtzu, die akademische Studienpläne auf ihre Zionismusverträglichkeit prüft, oder, im Fall von philanthropischen Organisationen, Erpressung durch deren Geldgeber konfrontiert.

Dem könnte man entgegenhalten, dass Israelkritik in Israel viel präsenter ist als in den jüdischen Gemeinschaften der Diaspora. Das stimmt. Auch hier ist Foucault aufschlussreich. In seiner Analyse von Euripides' *Phoinikierinnen* zitiert er eine Passage, in der Iokaste – Ödipus' Mutter – Polyneikes fragt, wie es sich anfühlt, exiliert zu sein:

»*Iokaste*: Ich frage dann als erstes, was mein Herz verlangt: Das Vaterland entbehren, ist's ein hartes Los?
Polyneikes: Das herbste; herber als das Wort es schildern kann.
Iokaste: Wiefern, o Kind? Was fällt dem Flüchtling denn so schwer?
Polyneikes: Eins ist das Schlimmste, daß er nicht frei reden darf.
Iokaste: Nicht sagen dürfen, was man denkt, ist Sklavenlos.
Polyneikes: Den Aberwitz der Großen still ertragen muß.
Iokaste: Mit Toren Tor sein müssen, Kind: auch dieses schmerzt.
Polyneikes: Er muß um Vorteil Knecht sein wider seine Art.«[25]

Das Exil, sagt Polyneikes, hindert einen daran, furchtlos die Wahrheit auszusprechen. Nur wenn man zu Hause ist, sind die Voraussetzungen für furchtlose Rede gegeben, vielleicht genau deshalb, weil einzig eine politische Heimat und ein politischer Souverän parrhesiastische Verträge schließen und es den Kritikern so ermöglichen kann, in der Gruppe zu bleiben und sie gleichzeitig von außen zu betrachten. Wir sind mithin zu dem Schluss gezwungen, dass zwar die meisten liberalen Nationen, in denen Juden leben, weitaus liberaler sind als Israel, dass ihre jüdischen Gemeinschaften aber in ihrer Toleranz gegenüber abweichenden Meinungen wesentlich weniger liberal sind als Israel.

Manche wie der US-amerikanische Philosoph Michael Walzer würden argumentieren, dass es in der Verantwortung des Kritikers liegt, so gehört zu werden, dass er auch weiterhin Mitglied seiner Gruppe bleiben kann. Die besten Kritiker, behauptet Walzer, sind die, die in einem Tonfall sprechen, der den von ihnen kritisierten Gruppen innig und vertraut erscheint; die besten Kritiker tadeln ihre Bundesgenossen im Namen von Werten, die ihre Gruppe hochhält, und sprechen nicht aus einer Position radikaler Distanziertheit (wie etwa Arendt). Walzer fragt aber nicht danach, ob es einem manche Gemeinschaften leichter machen, in ihrem Einzugsbereich zu bleiben, während man sie kritisiert. Er fragt nicht danach, welche Verträge es geben muss, damit die Stimme einer Kritikerin den Angehörigen der Gemeinschaft, an die sie sich richtet, innig und vertraut erscheint. Er fragt nicht danach, ob manche Gemeinschaften mehr Innigkeit fordern als andere. Gewiss müssen nicht nur die Kritiker, sondern auch ihre Gemeinschaften daraufhin geprüft werden, inwieweit sie die Ausübung des Rechts, sie zu kritisieren, ermöglichen oder verweigern.

Bevor ich zum Schluss komme, möchte ich etwas gestehen: Mich bewegt Scholems Schmerz. Wie er glaube auch ich an Dinge wie Herzenstakt. Ein solcher Takt, solche Pflichten des Herzens sind die informellen Codes, die unseren Sinn für Angemessenheit regeln und uns anleiten, wie wir unter heiklen und schmerzhaften Umständen Respekt und Anteilnahme erweisen.

Sollten sich Intellektuelle um Takt und Geschmack bemühen? Wie Scholem es darstellte, ist das jüdische Volk schmerzerfüllt und fordert uns auf, unsere nüchterne Prüfung aufzuschieben und an diesem seinem Schmerz teilzuhaben. Man kritisiert jemanden nicht auf seiner Beerdigung. Scholem beruft sich auf einen unausgesprochenen Ehrenkodex, dem zufolge man niemanden angreift, der schwach ist, oder einer langjährigen Leidensgeschichte keinen weiteren Schmerz hinzufügt.

Ein eindrucksvolles Beispiel für solchen Takt findet sich bei dem großen jüdisch-französischen Intellektuellen Raymond Aron. Wenige Jahre nachdem sich Arendt mit so verhaltener Leidenschaft zu Israel äußerte, schrieb Aron am 4. Juni 1967, kurz vor Beginn des Sechstagekrieges:

> »Ein ›Staatenmord‹ ist natürlich kein Völkermord. Die französischen Juden, die sich mit ganzem Herzen für all die schwarzen, braunen oder gelben Revolutionäre eingesetzt haben, empfinden heute großen Schmerz, wenn sie sehen, wie ihre Freunde ihre Todesangst herausschreien. Ich leide wie sie, nicht weil wir plötzlich Zionisten oder Israelis geworden wären, sondern weil sich ein unabweislicher Impuls der Solidarität in uns meldet. Und es spielt keine Rolle, woher eine solche Regung kommt. Wenn die Großmächte gemäß ihren kühlen und interessegeleiteten Berechnungen zulassen, dass dieser kleine Staat, der nicht meiner ist, zerstört wird, würde mir dieses Verbrechen, das im Verhältnis zur Welt ein kleines wäre, jeden Lebenswunsch nehmen, und ich glaube, dass sich Millionen und Abermillionen von Menschen ihrer Menschlichkeit schämen würden.«[26]

Aron macht deutlich, dass Israel nicht sein Land ist; er ist und bleibt Franzose. Und doch bringt er herzzerreißend zum Ausdruck, dass er nicht die Kraft hätte, weiterzuleben, sollte Israel nicht mehr existieren. Solidarität ist hier keine prinzipiengeleitete oder systematische Position, sondern ein Instinkt, der durch ein ganz besonderes historisches Ereignis ausgelöst wird. Sie ist nicht Politik, keine Institution, sondern eine Regung des Herzens, die Spur einer nichtinstitutionalisierten Erinnerung, eine höhere Form von Takt, das Wissen, was man unter bestimmten Umständen zu tun und zu sagen hat – nicht aufgrund einer von vornherein festgelegten ideologischen Position, sondern weil man unter extremen Umständen einfach weiß, für wen sein Herz schneller schlägt.

Im öffentlichen Raum ist Herzenstakt jenes unaussprechliche, nicht auf den Begriff zu bringende Vermögen, den Drang, die Wahrheit zu sagen, gegen die Anerkennung der realen oder potentiellen Qual eines anderen Menschen abzuwägen. So verstanden mangelte es Arendt an Takt, und zwar in empörender Weise. Doch der Austausch zwischen ihr und Scholem eröffnete eine dringend erforderliche Debatte über die enormen Liebesforderungen, die die Politik der Solidarität stellt. Die jüdischen Intellektuellen müssen sich diesen Forderungen widersetzen. Wenn Leid zu einer Institution wird und Gedenken zur Routine, verwandelt sich der Herzenstakt in einen Erfüllungsgehilfen der gewöhnlichen Politik. Wenn Solidarität zu einer Form von Politik wird, dann sollte sie auch so behandelt werden: Dann sollten wir sie auf ihre Interessen und Strategien befragen, auf die Mythen, an denen sie strickt, sowie darauf, welche Menschen sie ausschließt und welche Ungerechtigkeiten sie erzeugt. Solidarität lässt sich von Institutionen, Nationen oder Gemeinschaften nie a priori einfordern; sie sollte auch nie der Standardmodus einer Gruppe sein. Sie kann nur den Endpunkt des Verhältnisses von Bürgern zu gerechten Nationen und gerechten Institutionen darstellen.

Wenn der oder die zeitgenössische jüdische Intellektuelle eine vordringliche Aufgabe hat, dann ist es die, die Bedingungen zu klären, unter denen jüdische Solidarität akzeptiert, ihres falschen Scheins entkleidet oder mit offenen Armen begrüßt werden sollte. Angesichts der fortwährenden, unerbittlichen Ungerechtigkeiten gegenüber den in Israel lebenden Palästinensern und Arabern besteht seine oder ihre moralische Pflicht darin, jener Solidarität schmerzerfüllt zu entsagen.

Anmerkungen

1 Hannah Arendt/Gershom Scholem, *Der Briefwechsel*, hrsg. von Marie Luise Knott, Berlin 2010, S. 429f.

2 Ebd., S. 439.

3 Lou Marin (Hg.), *Albert Camus. Libertäre Schriften (1948-1960)*, übers. von Lou Marin, Hamburg 2013, S. 60.

4 Conor Cruise O'Brien (1917-2008) war ein irischer Politiker, Journalist und Autor. Er galt als einer der führenden Intellektuellen der Irish Labour Party. 1970 hatte O'Brien unter dem Titel *Albert Camus of Europe and Africa*, New York 1970, eine Camus-Biographie vorgelegt, aus der Podhoretz an dieser Stelle zitiert; Anmerkung des Übersetzers.

5 Norman Podhoretz, »Camus and his critics«, in: *The New Criterion*, November 1982, S. 79, online verfügbar unter: {http://www.newcriterion.com/articles.cfm/Camus-and-his-critics-6546} (Stand Januar 2015).

6 Andrew Hussey, »Stranger in his own land«, in: *Literary Review*, Mai 2013, online verfügbar unter: {http://www.literaryreview.co.uk/hussey_05_13.php} (Stand Januar 2015).

7 Arendt/Scholem, *Briefwechsel*, S. 443.

8 Im Orig. dt.; Anm. d. Übers.

9 Zygmunt Bauman, »Exit visas and entry tickets: Paradoxes of Jewish assimilation«, in: *Telos* 77 (1988), S. 45-77.

10 Pierre Birnbaum, *Geography of Hope. Exile, Enlightenment, Disassimilation*, Stanford 2008, S. 31.

11 Eine ausgezeichnete Auseinandersetzung mit dieser Thematik findet sich in dem Buch *Nation und Tod*, das die israelische Historikerin und Journalistin Idith Zertal 2005 vorgelegt hat, vgl. Idith Zertal, *Nation und Tod. Der Holocaust in der israelischen Öffentlichkeit*, übers. von Markus Lemke, 2. Aufl., Göttingen 2011.

12 Rabbi Akiba bezog sich dabei auf 2. Mose 19, 18: »Du sollst dich nicht rächen noch Zorn bewahren gegen die Kinder deines Volks. *Du sollst deinen Nächsten lieben wie dich selbst; ich bin der* HERR.« Für Hillel den Älteren, einen der bedeutendsten pharisäischen Rabbiner (110 v. Chr.-9 n. Chr.), war diese goldene Regel die wichtigste Botschaft der Thora überhaupt.

13 Vgl. den Blog des US-amerikanischen Politikwissenschaftlers Jerome Slater mit seiner eindringlichen Diskussion eines Buches des US-Journalisten John B. Judis, *Genesis. Truman, American Jews, and the Origins of the Arab/Israeli Conflict*, New York 2014, online verfügbar

unter: {http://www.jeromeslater.com/2014/03/reflections-on-john-judiss-genesis-and.html} (Stand Januar 2015).

14 Hierzu zählen etwa einjährige Studienprogramme an israelischen Universitäten, die »Taglit Birthright Trips«, das sind zehntägige Bildungsreisen nach Israel, die für Juden aus aller Welt kostenlos sind und vom Staat Israel sowie jüdischen Organisationen auf der ganzen Welt finanziert werden, die 1912 von Henrietta Szold in den USA gegründete zionistische Frauenorganisation Hadassah, die 1923 an der Universität von Illinois ins Leben gerufene, nach Hillel dem Älteren benannte Hillel Foundation, deren Ziel es ist, »das Leben jüdischer Studenten zu bereichern«, und vieles mehr.

15 John Mearsheimer/Stephen Walt, *Die Israel-Lobby. Wie die amerikanische Außenpolitik beeinflusst wird*, übers. von Ulrike Bischoff u.a., Frankfurt a.M./New York 2007.

16 Ebd., S. 174.

17 Sarah Bronson, »Orthodox leader: U.S. Jews have no right to criticize Israel«, in: *Haaretz* (02.08.2014), online verfügbar unter: {http://www.haaretz.com/print-edition/news/orthodox-leader-u-s-jews-have-no-right-to-criticize-israel-1.130265} (Stand Januar 2015).

18 Pew Research Center, »A portrait of Jewish Americans«, Oktober 2013, online verfügbar unter: {http://www.pewforum.org/2013/10/01/jewish-american-beliefs-attitudes-culture-survey/} (Stand Januar 2015).

19 Faisal Devji, *Muslim Zion. Pakistan as a Political Idea*, Cambridge (Mass.) 2013.

20 Ari Shavit, *My Promised Land. The Triumph and Tragedy of Israel*, New York 2013.

21 Michel Foucault, *Diskurs und Wahrheit. Berkeley-Vorlesungen 1983*, hrsg. von Joseph Pearson, übers. von Mira Köller, Berlin 1996, S. 30f.

22 Ebd., S. 104.

23 Ebd., S. 25.

24 Arendt/Scholem, *Briefwechsel*, S. 440.

25 Euripides, *Die Phoinikierinnen*, Z. 387-395, zit. nach Foucault, *Diskurs und Wahrheit*, S. 27.

26 Der Text wurde am 12.06.1967 unter dem Titel »Face à la tragédie« in: *Le Figaro littéraire* veröffentlicht, wiederabgedruckt in: Raymond Aron, *De Gaulle, Israël et les juifs*, Paris 1968, S. 63-72.

2. Ist Israel zu jüdisch?

Können israelische Araber das kollektive israelische Interesse vertreten? Eine Probe auf Israels Liberalität

Freitagmorgen, 22. März 2013. Ich bringe meinen achtjährigen Sohn zur Schule, mache mir anschließend Frühstück und greife zur Wochenendausgabe der *Haaretz*. Als Erstes lese ich das Magazin und die Kolumne von Sayed Kashua. In seinem ganz eigenen Stil – einer Mischung aus Selbstironie, verhaltener Traurigkeit und kontrollierter Wut – beschreibt Kashua in kurzen und prägnanten Szenen die Schwierigkeiten, mit denen man als Araber in der zeitgenössischen israelischen Gesellschaft konfrontiert ist. Heute ist der Tonfall seiner Kolumne noch düsterer als gewöhnlich: Seine Frau ist noch müder als sonst, er selbst ächzt unter der ständig wachsenden Last seines hypermodernen Lebens, vor allem aber scheint das permanente Dilemma seiner arabischen Identität in der israelischen Gesellschaft unlösbarer denn je.

An diesem Freitag illustriert er das tragikomische Leben eines Arabers in Israel mit folgender Anekdote: Ein reicher arabischer Freund hat ihm ein Geschenk gemacht, ein teures Gemälde, das Kashua und seine Frau entzückt entgegennehmen. Zweifellos bezeugt sein materieller Wert die Zuneigung des Freundes. Kashua will das Bild gerade in seinem Wohnzimmer aufhängen, als ihm klar wird, dass es die Häuser von Jemin Mosche zeigt, jenes ersten jüdischen Viertels, das im 19. Jahrhundert außerhalb der Jerusalemer Altstadt entstand und das heute eine Luxusgegend ist, in der sich vor allem reiche Juden aus dem Ausland ansiedeln.

Auf komische Weise ringt Kashua mit der Frage, ob er dieses Gemälde in seinem Wohnzimmer anbringen sollte. Er findet sich schließlich damit ab, es nicht zu tun. Warum, das überlässt er den Lesern. Die Antwort scheint ohnedies offensichtlich: Sosehr er Teil der israelischen Gesellschaft ist, so sehr bleibt Sayed ein Araber, der sich seinem Volk verbunden fühlt. Wenn er die satten Farben des Bildes auf sich wirken lässt, dann stimmt er in die Feier der jüdischen Präsenz in Jerusalem ein, die in ihnen liegt. Und wenn er das Gemälde in seinem Wohnzimmer platziert, bekundet er diese Zustimmung gleichsam öffentlich. In dieser kleinen, in gedämpften Tönen gehaltenen Vignette hat Kashua ein großes politisches Drama skizziert, das sich auf der unüberschaubaren Leinwand der Geschichte abspielt. Und doch ließ mich diese Episode ratlos zurück. Kashua ist ein Musterbeispiel an arabischer Integration: Er schreibt auf Hebräisch, lebt in einem jüdischen Viertel und arbeitet für eine israelisch-jüdische Zeitung. Warum sollte er nicht das Bild eines jüdischen Viertels in seinem Wohnzimmer aufhängen können? Warum stürzt ihn ein so trivialer Vorgang wie der, das Geschenk eines Freundes anzunehmen und zur Schau zu stellen, in solche Nöte? Warum konnte er sich an dem Porträt des jüdischen Jemin Mosche nicht erfreuen? Ich war mir nicht sicher. Im Laufe des Tages sollte ich allerdings eine Antwort auf diese Frage finden.

Der Unterschied zwischen Liberalismus und Demokratie

Ich setzte meinen Freitagvormittag auf typisch Jerusalemer Weise fort: Ich hörte mir einen Vortrag an. Organisiert hatte ihn ein dynamischer neuer Thinktank, Molad, der sich zum Ziel gesetzt hat, neu über die Bedeutung von Demokratie in Israel nachzudenken. Den Vortrag hielt einer der bekanntesten Philosophen Israels, Mosche Halbertal. Er gehört zwei Gemeinschaften an, die nicht immer friedlich zusammenleben: der religiös-orthodoxen und der säkularen akademischen Gemeinschaft, die sich der Verteidigung der demokratischen Werte verpflichtet fühlt. Später an diesem Tag ging mir auf, dass sich Halbertal und Kashua eigentlich spiegelbildlich entsprechen, da sich beide aufgrund ihrer doppelten Mitgliedschaft in gegensätzlichen Gemeinschaften mit Israels Widersprüchen herumschlagen.

Wie die meisten Menschen in Israel glaubt auch Halbertal, dass ein jüdischer demokratischer Staat sowohl wünschenswert als auch möglich ist, und verteidigt ihn mit originellen, scharfsinnigen Argumenten. Wer einen »jüdischen demokratischen Staat« für die natürlichste Sache der Welt hält, kann bei einer solchen Gelegenheit lernen, dass dieser in den Augen der meisten politischen Philosophen ein ernsthaftes Problem aufwirft – zwar nicht für Demokratietheorien per se, aber für »liberale« Demokratietheorien. Der Liberalismus wird oft mit der Demokratie verwechselt, weil er historisch mit ihr einherging, ist jedoch in wichtigen Hinsichten etwas anderes. Das antike Athen etwa war eine Demokratie, aber keine liberale politische Ordnung.

Die Regierungsform der Demokratie bietet eine Antwort auf die Frage, wie man gewöhnlichen machtlosen Menschen Macht verleiht. Sie will verhindern, dass kleine Gruppen oder einzelne Familien die politischen Geschäfte eines Landes an sich reißen. Der Liberalismus ist die wahre große politische Erfindung der Moderne, die auf einen viel tiefgründigeren und komplexeren Typ Fragen antwortet, zum Beispiel: Wie schaffen wir es, dass Gruppen von Menschen, die an unterschiedliche Götter glauben, friedlich zusammenleben? Diese Frage drängte sich den politischen Denkern in Europa angesichts der Konfessionskriege zwischen Protestanten und Katholiken auf, die den Kontinent bald hundert Jahre lang verwüsteten. Zwischen dem 16. und dem 18. Jahrhundert verstanden die Philosophen allmählich, dass religiöse Mehrheiten – vor allem wenn sie durch ein vorherrschendes politisches Regime unterstützt werden – dazu neigen, religiöse Minderheiten zu verfolgen, auszubeuten oder zu missachten.

An der Wiege der politischen Philosophie des Liberalismus steht die Abscheu vor den Grausamkeiten, die Mehrheiten an Minderheiten verüben, und vor der Angst, die solche Mehrheiten bei Minderheiten auslösen. Der Liberalismus will die Bedingungen schaffen, unter denen jede einzelne Person und Gruppe ihre Vorstellung von einem guten Leben umsetzen kann, solange dabei niemandem sonst geschadet wird. Letztlich soll der liberale Staat also mannigfaltige Gruppen umfassen können, die sich gleichwohl ihren Vorstellungen vom guten Leben verpflichtet fühlen. Ein neutraler Staat galt als Lösung für diese Herausforderung. Doch was genau bedeutet das? Es heißt, dass sich der Staat nicht erklärtermaßen mit einer religiösen oder ethnischen Gruppe identifizieren sollte. Der Staat sollte niemandes und jedermanns Staat sein. Darüber hinaus würde er sich nicht in die Überzeugungen oder religiösen Handlungen der Bürger einmischen oder bestimmte Überzeugungen und Handlungen von ihnen verlangen. Der Staat hatte auf einmal eine neue Rolle bekommen: Er schützte die Freiheit und die Privatsphäre der Menschen, ihr Recht darauf, zu glauben und zu praktizieren, was sie wollten.

Der Liberalismus beruht somit auf einer mächtigen optischen Illusion: Der Staat scheint in den Hintergrund zu rükken, zu einem schlanken Minimalstaat zu werden, der nicht in den Alltag eingreift – gleichzeitig ist er jedoch enorm einflussreich und effektiv. Dadurch, dass er sich nicht offen mit einer Weltanschauung, Religion oder Ethnie identifiziert, schafft er einen Rahmen für ein friedliches und von großen Umwälzungen verschontes gesellschaftliches Leben. Ermöglicht wird dies durch seine Zurückhaltung, seine Weigerung, Minderheiten auf eine bestimmte Weltanschauung, auf eine Reihe von Überzeugungen, einen Gott oder eine Religion zu verpflichten. Dies ist zugleich der Grund, warum in liberalen politischen Regimen die Kultur zu einem öffentlichen Gemeingut wurde: Die »klassische« literarische Tradition beispielsweise wurde im 19. Jahrhundert erfunden, um unterschiedlichen gesellschaftlichen Gruppen ein gemeinsames Forum zu verschaffen. Juden (und andere Minderheiten) reüssierten in liberalen Ländern besonders eindrucksvoll, gerade weil ihnen der Liberalismus zu Rechten, Freiräumen und der Möglichkeit des massenhaften Eintritts in eine kulturelle Sphäre verhalf, die sie nunmehr als neutral wahrnahmen. (Wäre der Liberalismus im Europa des 19. Jahrhunderts auf seinem heutigen Entwicklungsstand gewesen, darf man bezweifeln, dass Herzl sein berühmtes Plädoyer für einen jüdischen Nationalismus geschrieben hätte.) Mehr als der Nationalismus hat der Liberalismus Juden in aller Welt das höchste Maß an Sicherheit und Wohlergehen gebracht.

Der demokratischste Staat im Nahen Osten

Israel ist zweifellos der demokratischste Staat im Nahen Osten. 1948 räumte das Land seinen arabischen Minderheiten erhebliche Rechte ein und legte eine erstaunliche politische Reife an den Tag. Bereits bei der ersten Wahl zur Knesset im Jahr 1949 genossen Araber in Israel das aktive und passive Wahlrecht. Dennoch orientierte sich Israels Demokratie sehr bald an Prinzipien, die alles andere als liberal waren. Was sie von den liberalen Demokratien Westeuropas oder der USA unterscheidet, ist ihr ausgeprägt ethnisch-religiöser Charakter.

Israel ist erklärtermaßen ein jüdischer Staat für die Juden, der von Juden geführt, verwaltet und kontrolliert wird. Allen Juden auf der Welt verleiht es umgehend die Staatsbürgerschaft, wenn sie dies wünschen. Vom Staat finanzierte Rabbiner entscheiden, wer heiraten darf und wer nicht, wer die Staatsbürgerschaft erhält und wer nicht und wer wo beerdigt wird. Es gibt jüdische Nationalfeiertage in Israel, an denen, gemäß den religiösen Gesetzen, der öffentliche Verkehr ruht und die Geschäfte geschlossen sind. Israels Armee rekrutiert sich vor allem aus Juden und dient ausschließlich diesen. Viele, wenn nicht die meisten öffentlichen Positionen in der Gesellschaft können nur von Juden bekleidet werden – sämtliche Universitäten, nationalen Museen, Großunternehmen und fast alle Ministerien, Fernsehsender, Verlage und Zeitungen unterstehen allein Juden. Für die nationale Fluggesellschaft ist die Risikobewertung nach ethnischen Kriterien im Zuge ihrer Sicherheitsvorkehrungen eine Selbstverständlichkeit. Der schulische Lehrplan widmet sich vornehmlich der religiösen und politischen Geschichte der Juden. Israel ist ein jüdisches Land für die Juden unter Führung von Juden, in dem Nichtjuden, wenn überhaupt, nur eine marginale Rolle spielen können – und in dieser Hinsicht steht es seinen arabischen Nachbarländern sehr viel näher als den westlichen Demokratien.

Die eher offensichtliche und simple Schlussfolgerung daraus lautet, dass Israel dem Modell liberaler Politik nicht entspricht. Die israelische Demokratie ist eine Demokratie ohne Liberalismus. Zumindest steckt das Land, wie der israelische Politikwissenschaftler Yoav Peled vor zwanzig Jahren in einem Artikel schrieb, in der Zwickmühle zwischen zwei politischen Regimen, einem ethnisch-republikanischen (für die Juden) und einem liberalen (für die Araber).[1] Halbertal indes stellte an diesem Freitagvormittag in seinem Vortrag eine überraschende Behauptung auf: Liberale Staaten seien nie neutral.

Und warum sind sie es seiner Meinung nach nicht? Nun, weil sie Kalender haben, eine Nationalsprache, eine Geschichte und ein kulturelles Erbe. Wenn sie aber nie neutral sind, folgt daraus logisch und moralisch, dass Israel ein Recht auf seine jüdische Identität hat, vermutlich so, wie andere Länder ein Recht auf ihre christliche Identität haben. Ist erst einmal nachgewiesen, dass liberale Staaten nur dem Anschein nach liberal, tief im Innern aber zum Beispiel christlich sind – oder jedenfalls über eine sehr bestimmte und spezifische Kultur verfügen –, dann fällt es leichter, den jüdischen Charakter Israels zu rechtfertigen. Im nächsten Schritt kann man dann unverzüglich zum Knackpunkt der Legitimation des Zionismus übergehen. Wenn es so viele christliche Länder auf der Welt gibt, Frankreich etwa oder Deutschland oder die Vereinigten Staaten, warum sollte dann nicht auch ein jüdisches Heimatland existieren?

Das ist der Punkt, an dem es normalerweise verwirrend wird. Meiner Meinung nach werden hier zwei Fragen in einen Topf geworfen: die nach der Legitimität des jüdischen Nationalismus und die nach dem jüdischen Charakter des Staates. Auf die erste Frage – ob der jüdische Nationalismus legitim war – gibt es in meinen Augen eine offensichtliche Antwort, auch wenn sie meinen Freundinnen und Freunden aus dem linken Spektrum nicht gefällt. Obwohl ich selbst keinerlei nationalistische Neigungen verspüre, vielmehr eine überzeugte Internationalistin bin, sehe ich nicht, warum das jüdische Selbstbestimmungsprojekt schlechter sein sollte als irgendein anderes; darin bin ich mit Halbertal ganz einer Meinung. Autonomie zu erlangen war für ein Volk – zumal wenn es so sehr unterdrückt und verfolgt wurde wie die Juden in Europa – nicht nur ein politisch, sondern auch ein moralisch berechtigtes Anliegen. Wenn der hiesige Nationalismus nicht so erfolgreich war wie andere, dann deshalb, weil er in die europäische

Kolonialpolitik und den anschließenden Widerstand der arabischen Länder verstrickt wurde. Diese Umstände und nicht irgendeine Erbsünde brachten den jüdischen Nationalismus in den Schlamassel.

Nur folgt aus der Tatsache, dass die Juden ein moralisches Anrecht auf ihre staatliche Selbstbestimmung hatten, nicht, dass ihr Staat jüdisch sein muss. Wenn allen Staaten Neutralität abgeht, meint Halbertal, dann ist Israels mangelnde Neutralität so akzeptabel wie die der anderen. Für ihn liegt der Schlüssel zu einer Verbesserung der Situation der arabischen Minderheit nicht darin, den Staat neutraler zu gestalten, sondern darin, der arabischen Minderheit mehr Rechte einzuräumen. Dies ist meines Erachtens ein Missverständnis der Neutralität liberaler Staaten. Auch die Annahme, dass alle Staaten auf dieselbe Weise nichtneutral sind, ist falsch. Um dies zu begreifen, müssen wir uns nur einer geistig-politischen Übung unterziehen und uns hinter den Schleier des Nichtwissens begeben, um ein Konzept des großen US-amerikanischen politischen Philosophen John Rawls aufzugreifen. Diese Übung wird uns helfen, eine Gesellschaft zu entwerfen, die für jeden fair ist. Nehmen wir an, Sie wüssten nicht, ob Sie von Geburt jüdisch, arabisch, koreanisch, philippinisch, afrikanisch oder christlich sind. Mit dieser Ungewissheit müssen Sie nun entscheiden, wo Sie geboren werden (und leben) möchten. Würden Sie sich als Angehöriger einer Minderheit lieber in der israelischen Gesellschaft oder in einer liberalen westeuropäischen Gesellschaft wiederfinden? Wären Sie lieber ein Jude (oder Koreaner) in einer westeuropäischen/amerikanischen Gesellschaft oder ein Araber oder Christ in einer israelischen? Ich vermute, die meisten von uns zögen es vor, in eine liberale westeuropäische Gesellschaft hineingeboren zu werden. Und warum? Weil wir eine Vorstellung davon haben, wie es uns erginge, wenn wir uns in einer Minderheit befänden:

Manche würden denken, dass sie als Angehörige einer Minderheit in Frankreich oder Deutschland bessere Chancen auf Bildung und Wohlstand hätten. Andere wären der Ansicht, dass man sie dort bereitwilliger in die Sprache und Kultur integrieren würde. Ich möchte aber ein drittes und entscheidendes Argument hinzufügen: In liberalen Ländern liegt der Gradmesser dafür, ob Minderheit und Mehrheit die gleichen Rechte haben, in der Antwort auf die Frage, ob Vertreter der Minderheit die Mehrheit, die kollektiven und nationalen Interessen vertreten können. Dies scheint mir das wahre Kennzeichen einer liberalen Gesellschaft zu sein: Nicht nur ob Minderheiten Rechte, nicht nur ob sie Zugang zu materiellen Ressourcen haben, ist entscheidend, sondern vor allem, ob es Vertretern der Minderheit prinzipiell möglich ist, die Gemeinschaft insgesamt zu repräsentieren (wie der im 19. Jahrhundert geborene Jude Benjamin Disraeli England, der Jude Léon Blum Frankreich oder Barack Obama die heutigen Vereinigten Staaten).

Der Test auf den Liberalismus Israels bleibt somit auch nach einer Ausweitung von Rechten für die Araber simpel: Könnten israelische Araber die kollektiven Interessen der Israelis repräsentieren? Die Antwort liegt auf der Hand. Sie könnten es nicht. Und zwar nicht deshalb, weil sie ein »Sicherheitsrisiko« darstellten. Sondern vielmehr, weil Identität und Kultur des Staates zu sehr vom Judentum geprägt sind. Die Möglichkeit, dass ein Nichtjude die Interessen der jüdischen Mehrheit vertreten könnte, wird gerade dadurch ausgeschlossen.

Das Problem besteht genau darin, dass die israelisch-jüdische Kultur weit mehr umfasst als eine Sprache oder einen Kalender. Durchlässigkeit oder Dünnmaschigkeit und Neutralität liberaler Kulturen sind nur andere Bezeichnungen für eine rechtliche, kulturelle und politische Ordnung, die auf Neutralität beruht, was ihrerseits ein Codename für Universalismus ist. Universalismus stützt sich nicht auf dichtmaschige und bindende Traditionen oder Religionen; er basiert nicht auf Symbolen, die so eng und ausschließlich mit einer Gruppe assoziiert sind, dass sie eben dadurch andere Gruppen ausgrenzen. Der Liberalismus entwirft breit angelegte Gesellschaftsverträge, indem er mit einer Konzeption von Staatsangehörigkeit arbeitet, die de facto unterschiedliche ethnische und religiöse Gruppen einschließt: Man kann französisch oder deutsch und jüdisch zugleich sein. Vor allem aber bietet er säkulare Kulturen, die als gemeinsame Foren, also Treffpunkte für verschiedene ethnische Gruppen fungieren. Säkulare Kulturen umfassen auf diese Weise eine sehr viel größere kulturelle Vielfalt. Was ihnen an Dichte abgeht, das gewinnen sie an Breite.

Nichtjuden ausgeschlossen

Während ich über Halbertals Vortrag nachsann, wurde mir langsam klar, warum Kashua sein Bild nicht aufhängte. Er kann in einem jüdischen Viertel arbeiten und leben, dessen »dichte Bedeutungen« aber nicht annehmen, weil die Kultur des jüdischen Staates Nichtjuden unweigerlich exkludiert. Natürlich ist mir bewusst, dass israelische Araber ihr eigenes Bündel an Loyalitäten haben. Der jüdische Nationalismus macht es Nichtjuden jedoch ausgesprochen schwer, auch nur den Versuch zu unternehmen, sich in seiner Kultur wiederzuerkennen und an ihr teilzuhaben. Mehr noch: Die Kollektivsymbole der israelischen Gesellschaft sind nicht nur Symbole des Jüdischen; einige von ihnen schließen Nichtjuden dezidiert aus. Die israelische Fahne, die Feiertage Purim (Feier der Tötung Hamans) und Pessach (die bösen Ägypter ertrinken), die Schoah (in der uns die ganze Welt verließ), Jom Hazikaron (Gedenktag an die gefallenen israelischen Soldaten und Opfer des Terrorismus) – bei alldem geht es um »uns« (die Juden) versus »sie« (den Rest der Welt, die Nazis, die Araber, die Amalekiter). Ich möchte damit in keiner Weise nahelegen, dass die Israelis diese Feiertage abschaffen sollten. Ich möchte schlicht und einfach anregen, dass wir – Israelis und Juden – uns stärker darum bemühen sollten, ihren universellen Gehalt zu betonen.

Die »Nationalkultur« Israels unterscheidet sich von der anderer Staaten durch die originelle und einzigartige Weise, wie das Land geschaffen wurde. Während die meisten anderen Länder über eine Diaspora verfügen, die das Kernland irgendwann einmal verlassen hat, wurde die israelische Nation aus einer Diaspora heraus gegründet, die vor ihr existierte. Eine Diaspora zeichnet sich indes dadurch aus, dass sie von ihrer Identität besessen ist, von all dem, was sie von den Leuten außerhalb der Gruppe unterscheidet und abgrenzt, von der Art und Weise, wie die Mehrheit in ihrer Wahlheimat sie behandelt. Die Tatsache, dass der jüdische Nationalismus in einer Diaspora und nicht auf dem Territorium eines jüdischen Staates seinen Anfang nahm, hatte eine zentrale Konsequenz: Sie führte dazu, dass sich Israel als eine Fortschreibung der ethnischen Einheit der Juden begreift, die sich weit mehr von Nichtjuden als von anderen Nationen abhebt. Für eine Diaspora ist das völlig legitim, für einen liberalen Staat aber weitaus weniger zuträglich.

Was folgt aus alldem? Ganz einfach: Ein Land, dessen jüdische Identität in so vielfacher Hinsicht institutionalisiert ist, erzeugt unerträgliche Ungleichheiten und Ausgrenzungen. Ich will niemanden mit dem abstoßenden Rassismus eines Staates langweilen, der sich weigert, Ehen zwischen Nichtjuden und Juden anzuerkennen oder einen im Kampfeinsatz gefallenen Nichtjuden zusammen mit seinen jüdischen Kameraden zu bestatten, eines Staates, der afrikanische Flüchtlinge in den sicheren Tod zurückschickt, weil sie keine Juden sind. Diese Praktiken haben nichts mit dem gemeinsam, was der Rest der aufgeklärten Welt unter universellen Rechten versteht. Viel überraschender ist der folgende Umstand: Der jüdische Charakter des Staates führt zu großen Ungleichheiten unter den Juden selbst; er ist nicht nur für Araber und Nichtjuden ein Problem, sondern auch für die meisten Juden.

In Israel gibt es eine Kaste ultraorthodoxer Gläubiger, die nicht arbeiten müssen und vom Wehrdienst freigestellt sind. Sie leben von der harten Arbeit einer Vielzahl anderer Bürger, mit deren Steuergeldern diese Kaste finanziert wird, statt dass damit Schulen ausgebaut oder Städte in Ordnung gehalten würden.[2] Was hat diese abscheuliche Form von Ungleichheit ermöglicht? Nun, eben die ethnischen und religiösen Grundlagen des Staates. Die Tatsache, dass diese gläubigen Menschen ursprünglich als »wahre Juden« angesehen wurden, verhilft ihnen automatisch zu einem privilegierten Status.

Ich kenne kein anderes Land, das einer solchen Regelung, die der ursprungsmystischen Vision einer glaubensbasierten Ethnizität entspringt, zugestimmt hätte. Oder man denke an die staatliche Vorrangstellung ultraorthodoxer Rabbiner gegenüber konservativen und Reformrabbinern auf vielen Feldern wie Staatseinnahmen, Bekehrungen, Eheschließung und so weiter. Ermöglicht wird diese Ungleichheit dadurch, dass die jüdische Identität auf mystische Weise mit dem Staat identifiziert wird. Es ist schon eine bittere Ironie, dass das Judentum aus ebendiesem Grund in liberalen Ländern lebendiger und pluralistischer ist als in Israel.

Betrachten wir ein weiteres Beispiel: 1985 rechtfertigte Jitzchak Schamir, seinerzeit stellvertretender Ministerpräsident und Außenminister, seinen Versuch, die Freilassung von Mitgliedern der Terrororganisation »Jüdischer Untergrund« zu erwirken, die geplant hatten, den Felsendom auf dem Tempelberg zu zerstören. Die Terroristen galten als »unser eigenes Fleisch und Blut« – der simple Umstand, dass sie Juden waren, gab ihnen also ein Anrecht auf die Freiheit. Man versuche sich einmal vorzustellen, ein deutscher oder französischer Staatsangehöriger plane einen Terroranschlag auf Juden, und in Regierungskreisen betrachtet man ihn als »unser eigenes Fleisch und Blut«. Wären wir da nicht sprachlos? Irgendwie aber schaffen es die Israelis, etwas für völlig akzeptabel zu halten, das anderswo empörend wäre. Der einzige Grund hierfür ist die tiefe ethnische und religiöse Affinität zwischen Staat und Judentum.

Auch Israels historische Entwicklung bestätigt diese Analyse: Dieses Land ist Ausländern gegenüber heute verschlossener als noch vor zwanzig Jahren. Eine politische Position, die nicht erklärtermaßen jüdisch und zionistisch ist, wird genauestens unter die Lupe genommen und ihrer Legitimation beraubt. So verabschiedete die Knesset antiarabische Gesetze, mit denen sie Loyalitätsbekundungen gegenüber jüdischen Symbolen verlangte – derartige Forderungen stellen normalerweise nur illiberale Staaten.[3]

Eine auf ethnisch-religiösen Grundlagen fußende radikal rechte jüdische Partei wie die Habajit Hajehudi (»Jüdisches Heim«) kann zum natürlichen Verbündeten einer sogenannten Zentrumspartei werden. Es gibt eine wachsende Zahl rassistischer Angriffe von Juden auf Nichtjuden, wie ein Überblick der israelischen Nichtregierungsorganisation (NGO) Ir Amim zeigt.[4] Gegenwärtig stehen Gesetzesvorhaben zur Diskussion, die den demokratischen Charakter des Staates durch seinen jüdischen Charakter ersetzen würden – so etwa das »Leom-Gesetz«, das die jüdische Identität zu einem konstitutionell solideren Staatsbürgerschaftskriterium machen würde, als dies bisher der Fall ist.[5] Kurz gesagt: Die israelische Politik ist weitaus extremistischer geworden, weil sie sich immer stärker auf die Logik ihrer ethnisch-religiösen Grundlagen beruft. Ein jüdischer Staat, der auf einer jüdischen Identität beruht, musste zu dem werden, was er heute ist: moralisch abstoßend für die liberalen Sensibilitäten der Westeuropäer, eine Quelle tiefer Ungleichheiten zwischen Juden und Arabern sowie unbegreiflicher Ungleichheiten unter den Juden selbst, und, schlimmer noch: ein Staat, der Rassismus zu einem natürlichen Bestandteil seiner Amtsgeschäfte macht.

Wenn Israel nicht zur politisch verbesserten und militärisch mächtigeren Version eines finsteren ethnokratischen Regimes werden will, muss es nicht nur die Rechte seiner Minderheiten schützen, sondern auch entschieden universalistisch werden. Es muss sich auf die universalistischen Stränge der jüdischen Tradition besinnen und an der Neutralität liberaler Länder orientieren. Israel kann und sollte eine jüdische Nationalkultur haben, doch sollte diese Kultur, wie ihre westlichen liberalen Pendants, wesentlich durchlässiger und neutraler sein. Dies würde einschließen, dass der Staat Juden und Nichtjuden in mehr Bereichen gleichbehandelt, als dies bisher geschieht; dass er das staatliche Oberrabbinat auflöst (wie auch Halbertal vorschlägt); religiösen Pluralismus ermutigt und nicht eine jüdische Glaubensrichtung den anderen vorzieht; religiöse Symbole in universelle verwandelt; die Geschichte anderer Traditionen unterrichtet; einen Kanon arabischer und jüdischer literarischer Klassiker etabliert; Nichtjuden den Erwerb der Staatsbürgerschaft erleichtert. Keine dieser Maßnahmen, auch nicht alle zusammen, würden Israels jüdische Identität zerstören. Israel hätte immer noch denselben Kalender, dieselben Symbole und dieselbe Sprache. Es würde auf die gleiche Weise nichtneutral werden, wie liberale Länder dies sind, weil nämlich verschiedenartige Gruppen in einem breiteren und inklusiveren Rahmen organisiert würden. Wir wollen, dass Sayed Kashua seiner Gruppe verpflichtet bleiben kann, und wollen doch zugleich, dass er ein Bild von Jemin Mosche in seinem Wohnzimmer aufhängen und seinen Frieden damit machen kann.

Anmerkungen

1 Yoav Peled, »Ethnic democracy and the legal construction of citizenship. Arab citizens of the Jewish state«, in: *American Political Science Review*, Bd. 86 (1992), Nr. 2, S. 432-443 (doi: 10.2307/1964231).

2 »Thorato Omanuto« (»Seine Kunst ist das Thorastudium«) ist eine rechtliche Regelung, die es dem ultraorthodoxen (charedischen) Sektor erlaubt, sich dem Wehrdienst zu verweigern. Sie ermöglicht jungen Männern, die in einer charedischen Jeschiwa studieren, ihr Studium zu beenden, bevor sie eingezogen werden, was in den meisten Fällen darauf hinausläuft, dass sie gar nicht zur Armee müssen. Zusätzlich kommen die Charedim aufgrund ihrer geringen Einkommen und hohen Geburtenraten in den Genuss verschiedener Zuwendungen und Vergünstigungen.

3 Im März 2011 billigte die Knesset das »Nakba-Gesetz«, das es dem Finanzministerium erlaubt, Organisationen, die sich gegenüber der Flagge, dem Staat oder den Symbolen des Landes respektlos verhalten oder die am israelischen Unabhängigkeits- und Staatsgründungstag Trauer bekunden, staatliche Zuwendungen zu verweigern. Der Knessetabgeordnete Dov Khenin erklärte mit Blick auf dieses Gesetz, eine Einmischung in den Schmerz und die Gefühle der Menschen sei einem demokratischen Staat nicht angemessen (Siehe Jonathan Lis,

»הכנסת אישרה את ›חוק הנכבה‹«, in: *Haaretz* (23.03.2011), online verfügbar unter: {http://www.haaretz.co.il/news/politics/1.1168146} [Stand Januar 2015]). Zu diesem und anderen Gesetzen schrieb der israelische Politikwissenschaftler Zeev Sternhell am 01.04.2011 in derselben Zeitung unter dem Titel »Die extreme Rechte hat Israel zum Anachronismus gemacht«: »Anders als in Europa, wo die Rechte deutlich zugelegt hat, aber noch immer nicht an der Macht ist, stellen in diesem Land die Rassisten, die extreme und die geistliche Rechte die Regierung. Und die Opposition ist nicht mehr als ein Vakuum. [...] Langsam, aber sicher wird Israel zu einem anachronistischen Gebilde. Das Gesetz, das an jenem unheilvollen Abend in der vergangenen Woche von der Knesset verabschiedet wurde und die ethnische Ungleichheit zu einer Rechtsnorm erhebt, kennt keine Parallele in demokratischen Ländern, weil es dem Wesen der Demokratie selbst widerspricht« (online verfügbar unter: {http://www.haaretz.com/print-edition/opinion/the-extreme-right-turned-israel-into-an-anachronism-1.353451} [Stand Januar 2015]).

4 »Jüdische nationalistische Gewalt in Jerusalem – ein Überblick« (Aviv Tatarasky, März 2013, der Text ist online auf Hebräisch verfügbar unter: {http://www.ir-amim.org.il/sites/default/files/%D7%90%D7%9C%D7%99%D7%9E%D7%95%D7%AA%20%D7%99%D7%94%D7%95%D7%93%D7%99%D7%AA%20%D7%9C%D7%90%D7%95%D7%9E%D7%A0%D7%99%D7%AA%20%D7%91%D7%99%D7%A8%D7%95%D7%A9%D7%9C%D7%99%D7%9D%20%D7%9E%D7%A8%D7%A5%202013.pdf} [Stand Januar 2015]).

5 Die israelische Regierung unter Netanjahu setzt sich derzeit für das »Leom-Gesetz« (Gesetz über den Nationalstaat des jüdischen Volkes) als neues Grundgesetz in Israel ein. Das momentan gültige Gesetz ist eine abgemilderte Fassung des ursprünglich von der vorherigen Knesset entworfenen Gesetzes (siehe Jonathan Lis, »חוק הלאום של הליכוד היהודי: ישראל היא מולדת העם היהודי בלבד«, in: *Haaretz* [25.06.2013], online verfügbar unter: {http://www.haaretz.co.il/news/politi/1.2055462} [Stand Januar 2015]). Selbst in seiner abgeschwächten Form enthält der Gesetzentwurf die Feststellung, dass »das Recht auf nationale Selbstbestimmung im Staat Israel vom jüdischen Volk ausgeübt wird«; der vollständige Gesetzestext ist online auf Hebräisch verfügbar unter: {http://index.justice.gov.il/StateIdentity/ProprsedBasicLaws/Pages/NationalState.aspx} (Stand Januar 2015). Ebenfalls in der *Haaretz* argumentierte der Rechtswissenschaftler Aeyal Gross (»חוק הלאום: היום שבו האפליה תעוגן בחוק יסוד«, 08.06.2014, online verfügbar unter: {http://www.haaretz.co.il/news/

education/.premium-1.2342006} [Stand Januar 2015]), das Bild des Nationalstaates, welches das Gesetz zeichne, stünde im Widerspruch zu modernen Vorstellungen von Demokratie. Der Vorschlag, festzuschreiben, dass der Staat Israel nur die Selbstbestimmung mancher seiner Bürger gewährleistet, entfremde Israel den modernen demokratischen Modellen und betone, dass seine Regierung nicht alle Bürger im Geist des Prinzips der Selbstbestimmung vertritt.

3. Warum Israel keine Israelis kennt

Wie ich schlagartig aufhörte, religiös zu sein, und wie die jüdische Religion in Israel ihre Heiligkeit verlor

2010 war der sephardische, mit der höchsten Auszeichnung des Staates, dem Israel-Preis, geehrte israelische Großrabbiner Ovadja Josef noch eine mächtige Politmaschine und übte, wie für den Großteil seines Lebens, einen weitreichenden und tiefen Einfluss auf die israelische Politik und Gesellschaft aus. Wie so oft dachte er in jenem Jahr auf einer öffentlichen Veranstaltung darüber nach, welche Arbeiten Juden respektive Nichtjuden am Sabbat ausführen dürften: »Die Gojim [Nichtjuden] wurden ausschließlich zu dem Zweck geboren, uns zu dienen. Ohne diese Bestimmung hätten sie keinen Platz auf Erden; nur um dem Volke Israel zu dienen.« Und um es auch dem Letzten klarzumachen, ergänzte er: »Wofür braucht man Nichtjuden? Sie werden arbeiten, sie werden pflügen, sie werden ernten. Wir werden wie ein Effendi dasitzen und speisen.«[1]

An einem schönen Oktobertag des Jahres 2013 wurde dieser Ovadja Josef mit großem Pomp in Jerusalem zu Grabe getragen. 800 000 Menschen nahmen an seiner Beisetzung teil. Politiker aller Parteien und Splittergruppen rühmten ihn als einen bedeutenden Mann und Gelehrten. Josefs Bemerkungen sind symptomatisch für etwas, das ich großzügig als »Denk- und Sprachstil« bezeichnen möchte. Auch andere Rabbiner, die auf der Gehaltsliste des israelischen Staates stehen, ergehen sich bereitwillig in diesem Stil oder billigen ihn stillschweigend, ebenso wie Josefs Hunderttausende Anhänger, die Wähler der Schas-Partei[2] sowie zahlreiche andere Teile der israelischen Bevölkerung, der Mizrachim und der Aschkenasen.

Mehr noch als seine Kommentare selbst sollte uns Ovadja Josefs offen begeisterte oder stumme Gefolgschaft nachdenklich machen. Aus englischem, französischem oder saudi-arabischem Mund auf Juden gemünzt, würden solche Äußerungen Verachtung hervorrufen. Der Verfasser zahlloser ähnlich skandalöser Erklärungen über Nichtjuden aber traf auf die höchste Anerkennung, das Wohlwollen, die stillschweigende Billigung oder die Gleichgültigkeit der israelischen Gesellschaft und so mancher Juden auf der ganzen Welt. Wie kann das sein? Die Antwort auf diese Frage liegt nicht in dem vagen Vorwurf des »religiösen Fanatismus« oder des »Rassismus«, Wörter, die die Wirklichkeit in den meisten Fällen eher verschleiern als erklären. Wir sollten uns vielmehr der ernüchternden Aufgabe stellen, zu verstehen, welche Verhältnisse diese Vokabeln nötig machen. Warum sind so viele gute und gewöhnliche Leute – wie es die meisten Israelis und Juden überall auf der Welt zweifellos sind – so empfänglich für, begeistert von oder gleichgültig gegenüber derart empörenden Ansichten, wie man sie regelmäßig und ganz beiläufig von vielen israelischen Amtsträgern in der Öffentlichkeit zu hören bekommt? (Ich denke etwa an die Forderung des Bürgermeisters von Nazareth Illit, Schimon Gapso, Ober-Nazareth müsse rein jüdisch bleiben,[3] oder die Anordnung des Chefrabbiners von Safed, Schmuel Elijahu, in seiner Stadt dürften Juden Arabern keine Häuser vermieten.[4]) Warum duldet es ein Land, dessen Gründung auch eine Reaktion auf den weltweiten Antisemitismus war, dass seine eigenen Repräsentanten so himmelschreiende religiöse und ethnische Überlegenheitsgefühle bekunden?

Ich bin in Frankreich in einer strenggläubigen sephardisch-jüdischen Familie aufgewachsen. Das Frankreich, in dem ich großgezogen wurde, war ein säkularer Staat, was bedeutete, dass die Religionsausübung Privatsache war: »Sei französisch nach außen und im Innern eine Jüdin« war die Formel, die mir das französische Gemeinwesen anbot, um Mitglied einer Gesellschaft zu werden, deren Bürger sich jenseits der Besonderheiten ihrer Religion oder Ethnizität über ihr gemeinsames universelles Wesen definieren.

Wie immer man über das spätere Versagen eines solchen Modells denkt, der französische Säkularismus nahm jedenfalls das Universalitätsprinzip und mit ihm die Idee, dass unsere gemeinsame Menschlichkeit die Beseitigung sichtbarer Zeichen von Religiosität verlangt, sehr ernst. (Die Tatsache, dass eine solche Gleichheit nicht immer durchgehalten wurde, ist etwas anderes; als Norm und Ideal blieb sie trotzdem wirkmächtig.) Mein Selbstverständnis als Jüdin kontrastierte dabei mit dem des universellen französischen Staatsbürgers: Ich kultivierte mit Freuden mein Gefühl für die Einzigartigkeit des jüdischen Volkes und hatte ein stolzes Bewusstsein meiner eigenen Geschichte. Wachsam hielt ich nach jedem Anzeichen von Antisemitismus Ausschau, identifizierte mich mit der traumatischen Erinnerung der aschkenasischen Juden und betrachtete andere Juden als Brüder, mit denen ich in Solidarität verbunden war, ohne sie auch nur zu kennen.

Ich lebte damals mit einem doppelten Bewusstsein: einem öffentlichen und universalistischen, dem französischen, sowie einem privaten und besonderen, dem des Mitglieds einer orthodoxen jüdischen Familie. Über diese beiden Identitäten zu verfügen hatte für mich nichts Verwirrendes: Ich fühlte mich ohne Einschränkung in beiden zu Hause, weil die erste – die französische und universalistische – die zweite – die jüdische und partikulare – erst ermöglichte. Mitte der achtziger Jahre ging ich in die Vereinigten Staaten, um zu promovieren. Hier nun entdeckte ich ein ganz anderes, viel ganzheitlicheres und harmonischeres Verhältnis von Staat und Religion. Man konnte amerikanischer Bürger und zugleich Mitglied seiner eigenen besonderen Glaubensgemeinschaft in einer Öffentlichkeit sein, die eine bunte Vielfalt von friedlich koexistierenden religiösen Konfessionen umfasste. Spiegelbildlich zum religiösen Pluralismus der amerikanischen Gesellschaft bot auch das dortige Judentum eine Vielzahl an Bekenntnissen, die mir bislang völlig unbekannt gewesen waren. Satmar, Lubawitscher, modern-orthodox, konservativ, reformorientiert, rekonstruktionistisch – all diese jüdischen Glaubensrichtungen reagierten auf die Dilemmata von Moderne und Tradition.

Konnten Frauen und homosexuelle Männer Rabbiner werden? Entsprach es eher dem Geist der Halacha, am Sabbat mit dem Auto zum Gottesdienst in der Synagoge zu fahren, oder, daheim zu bleiben und das Sabbat-Fahrverbot einzuhalten? Ich war verblüfft von der Eindringlichkeit der Fragen und der Bandbreite der Antworten, die in Synagogen und bei Sabbatmahlen gegeben wurden, beeindruckt von der großen Sorgfalt und Ehrerbietung, mit der die Reformer die Tradition interpretierten. Ich las gelehrte Rabbiner und Philosophen wie Joseph Ber Soloveitchik, Abraham Joshua Heschel, Norman Lamm oder Mordechai Kaplan und empfand großen Respekt vor ihren Antworten auf die moralischen Dilemmata des Judentums in der Moderne.

Zum ersten Mal in meinem Leben sah ich die Religion als etwas intellektuell Aufregendes an. Ich stürzte mich mit vermehrtem Eifer in die religiöse Praxis. Regelmäßig suchte ich die Synagoge auf, fand großen Gefallen an jedem Detail des Sabbats und der Feiertagsrituale und brachte mir selbst bei, die mittelalterlichen Texte von Raschi zu lesen.[5] Trotz meiner Bewunderung für die verschiedenen Formen liberalen Judentums, denen ich begegnete, praktizierte ich die »moderne Orthodoxie« und fühlte mich in den aschkenasischen *schuls*

(»Synagogen«) wie zu Hause. Die Synagoge war der natürlichste Ort, um der Französin und Sephardin, die ich war, das Gefühl zu geben, ein Teil des jüdischen Volkes zu sein, jener historischen Einheit, der ich fraglos und mit voller Leidenschaft angehörte.

Zu keinem Zeitpunkt schien dabei mein orthodoxer Glaube den linken, sozialistischen und liberalen politischen Werten zu widersprechen, von denen ich seit meiner Jugend zutiefst überzeugt war. Im Gegenteil: In den Gesellschaften Frankreichs und der Vereinigten Staaten, in denen ich lebte bzw. gelebt hatte, bestand der springende Punkt einer Demokratie darin, meine Gleichheit als Mitglied einer Glaubensgemeinschaft zu garantieren, ob diese sich auf die Privatsphäre beschränkte wie in Frankreich oder auf die Zivilgesellschaft erstreckte wie in den Vereinigten Staaten. Die Toleranz und Offenheit beider Gesellschaften konnte gerade deshalb gewährleistet werden, weil es sich bei der Religion um eine Gewissensentscheidung handelte. Mit dreißig Jahren hatte ich die einprägsame Erfahrung der beiden wesentlichen Entwicklungspfade gemacht, die der Liberalismus im 20. Jahrhundert genommen hatte – einen, in dem der öffentliche Raum eine Vielzahl von Religionen umfasste, und einen, in dem der Staat säkular war. In beiden Fällen war Religion eine Gewissenssache und damit Privatangelegenheit.

Als ich nach Abschluss meiner Promotion nach Israel kam, war ich noch immer religiös und orthodox. Zu meiner Überraschung jedoch begann sich meine Religiosität wie ein Paar Schuhe anzufühlen, das merkwürdigerweise mit der Zeit nicht weiter und bequemer wurde, sondern kleiner, enger und drückend. Alles um mich herum war nun jüdisch, und überall wurde dem Jüdischen Geltung verschafft. In der Mensa der Universität musste ich koscher essen, im Supermarkt koscheren Wein und koscheres Fleisch kaufen und darauf achten, dass ich an Jom Kippur nicht den Wagen nahm. Bevor ich heiratete, musste ich eine Mikwe absolvieren, ein jüdisches Taufbad, und die Hochzeit musste von einem Rabbiner durchgeführt werden; am Sabbat irgendetwas zu kaufen, war keine Kleinigkeit.

All die unzähligen Entscheidungen, die den Glauben zu einer Gewissenssache gemacht hatten, wurden mir nun wie selbstverständlich und auf unsichtbare Weise aufgezwungen. Meine eigene Wahl wurde dadurch aufgehoben, meine Religiosität zu einem unmittelbaren Anhängsel des Staates gemacht. Ich fühlte mich erinnert an jene staatlich verordnete Religiosität, der meine Eltern, als Juden, den Rücken gekehrt hatten, als sie in meiner Kindheit von Marokko nach Frankreich auswanderten.

Meine jahrelange Ratlosigkeit angesichts des staatlichen Charakters der jüdischen Religion fand an dem Tag ein abruptes Ende, als der damalige Ministerpräsident Jitzchak Rabin von einem religiösen Juden ermordet wurde, der glaubte, das Land Israel im Namen einer Interpretation der Thora und Halacha zu verteidigen, die mir völlig fremd war.

An jenem Abend, dem 4. November 1995, hatte ich eine säkulare Epiphanie. Ja, auch säkularen Menschen kann so etwas widerfahren. Ich begriff plötzlich, dass meine Frömmigkeit in Frankreich und den Vereinigten Staaten ein Weg gewesen war, meine Freiheit und Individualität auszuleben; ich begriff, dass es für mich immer Vorrang vor meinen religiösen Überzeugungen haben würde, für universelle Menschenrechte einzutreten; und ich begriff, dass das, was es mir ermöglicht hatte, meine Religiosität auszuleben und zugleich meinen Universalismus beizubehalten, die Tatsache gewesen war, dass Frankreich und die USA religiösen Minderheiten wie den Juden die volle und gleiche Staatsbürgerschaft garantierten.

Und noch etwas wurde mir klar: Solange die universalistische Vision des Staates, die ich in anderen Ländern für selbstverständlich zu halten gelernt hatte, nicht die kollektive Moral Israels ausmachte, würde ich seiner Rahmenbedingung eines Staates »nur für Juden« niemals zustimmen können. Von einem Augenblick auf den anderen hörte ich auf, religiös zu sein. Was über Jahrzehnte eine mächtige, bedeutungsvolle Erfahrung gewesen war, entleerte sich mit einem Schlag. Weil sie so eng mit den Interessen eines Staates verknüpft war, hatte die jüdische Religion ihre Heiligkeit verloren.

Am 2. Oktober 2013 wies das Oberste Gericht Israels den Antrag einer Gruppe von Israelis zurück, die das Wort »jüdisch« aus ihren Ausweisen gestrichen haben und stattdessen als »israelisch« identifiziert werden wollten.[6] Seiner Begründung zufolge erkennt Israel »israelisch« nicht als legitime Nationalität an, da der Staat Israel einzig und allein die ethnische Zugehörigkeit als eine legitime rechtliche Kategorie akzeptiert. Obwohl Israel seit fünfundsechzig Jahren besteht, ist die Mehrheit noch immer nicht bereit, die Staatsbürgerschaft von der religiösen Zugehörigkeit zu trennen, sie also als eine Quelle von Identität anzuerkennen – womit auf bizarre Weise der ganze Sinn und Zweck des zionistischen Projekts konterkariert wird.

Diese Entscheidung des Obersten Gerichts sollte uns ebenfalls sehr nachdenklich stimmen. Was könnte die Richter wohl dazu veranlasst haben, die Kategorie der Staatsbürgerschaft abzulehnen, die auf der ganzen Welt der banalste Mechanismus ist, mit dem Nationen ihre Existenz behaupten und ihre Bevölkerungen beanspruchen, diesen Nationen anzugehören? Gibt es Israelis gar nicht als Israelis? Offensichtlich nicht.

Während sich die Nationalismen Westeuropas und Amerikas von der Religion lösten, um das Zusammenleben von Gruppen mit vielen unterschiedlichen ethnischen und religiösen Ursprüngen regeln zu können, geschah in Israel das Gegenteil: Der Staat machte den Status des Staatsbürgers von der Religion abhängig und entwickelte sich damit zur Nation eines religiös definierten Volkes. Noch seltsamer ist womöglich der Umstand, dass er einem kleinen Lager innerhalb dieser religiösen Gruppe, nämlich dem orthodoxen, die Definitionshoheit über die Zugehörigkeit zum Judentum verlieh. Anders gesagt: Der zionistische Staat überließ das mächtigste Vorrecht, über das Staaten und Nationen verfügen, nämlich das Recht, zu definieren, wer ihr Bürger ist und wer nicht, bereitwillig denselben orthodoxen Rabbinern, die das jüdische Leben im Ghetto kontrolliert hatten. Israel war nicht nur jüdisch, sondern jüdisch in einem sehr eingeschränkten Sinn, der Staat einer eng verstandenen Kategorie orthodoxer Juden, die die Theologie und die kreativen Lösungen, mit denen andere jüdische Glaubensgemeinschaften auf die Probleme der Tradition in der modernen Welt geantwortet hatten, nicht anerkannten.

Das Judentum gedieh infolgedessen in christlichen Ländern besser als in Israel selbst, und zwar aus einem einfachen Grund: weil der eingebaute Mechanismus, der Nichtjuden (vor allem Araber) diskriminiert, derselbe ist, der nichtorthodoxe Bekenntnisse in Israel ausgrenzt und diskriminiert. Das ist ein verblüffendes Faktum. Noch verblüffender ist, dass es weder die über die ganze Welt verstreuten noch die in Israel lebenden Juden wirklich zur Kenntnis genommen haben. Wie erklären wir, dass so viele Juden aus aller Herren Länder diesen doch einigermaßen anomalen politischen Pfad, dem Israel immer entschiedener zu folgen scheint, nicht wahrhaben wollen?

Meine Antwort auf diese Frage lautet: Ovadja Josefs Äußerungen, die Entscheidung des Obersten Gerichts von 2013, die Ausgrenzung des liberalen Judentums und die wohlwollende Billigung von Israels illiberaler politischer Kultur durch viele Juden entspringen allesamt ein und derselben geistigen Grundhaltung, für die der Hauptzweck des Staates Israel in der »Konservierung« des Jüdischen besteht – verstanden als eine genetische, ethnische und religiöse Kategorie. Solche grundlegenden Weisen der Weltwahrnehmung bezeichnen Soziologen als »kulturelle Schemata«.

Ein kulturelles Schema ist eine unbewusste Weise, die Welt zu verstehen, zu interpretieren und zu strukturieren. Aufgrund theologischer Unterschiede zwischen beiden Religionen schätzten etwa die Juden viele Jahrhunderte lang die Lese- und Schreibfähigkeit und Bildung höher als die Christen, die in vielen ihrer Stränge ein tiefes Misstrauen gegenüber Wissen und Bildung hegten. Solche theologischen Merkmale können sich zu kulturellen Wesenszügen auswachsen, wenn sie in Institutionen organisiert werden, die ihre Überlieferung ermöglichen. Was unser Beispiel betrifft, so wurde der Wert der Alphabetisierung und der Gelehrtheit männlicher Juden in den Institutionen der Cheder – der traditionellen, religiös geprägten Grundschule – und der Jeschiwa – einer höheren Schule für Talmudstudien – tradiert und reproduziert. Andere Institutionen verstärkten diesen Effekt: Gebildete Männer kamen in öffentliche Positionen in der Gemeinschaft, sie erhielten Stipendien, um weiter zu lernen, und letztlich belegten sie im Heiratsmarkt die vordersten Plätze. Cheder, Jeschiwa, Heirat und ökonomische Belohnungen spielten zusammen, um den Wert der Gelehrsamkeit in den jüdischen Gemeinden dauerhaft zu erhalten. Um zu begreifen, wie und warum sich Israels diskriminierende Praktiken so gut wie jeder Beachtung entziehen, müssen wir sowohl Überzeugungen als auch Institutionen untersuchen.

Die Juden bilden eine bemerkenswerte und völlig einzigartige soziologische Gruppe, die mit Einfallsreichtum und Hartnäckigkeit zwei Haupthindernisse für ihre Fortexistenz überwand: das der räumlichen Zerstreuung und das der Bedrohung ihrer zeitlichen Kontinuität.

Räumliche Zerstreuung: Das babylonische Exil, das die Juden über die ganze Welt verteilte, stellte eine einschneidende Herausforderung für sie dar. Und doch gelang es keinem Volk so gut wie den Juden, sich trotz Exil und Zerstreuung in so vielen Ländern zu etablieren, so wandelbar zu sein, so viele kulturelle Formen anzunehmen und sich zugleich weiterhin als eine einzige Gemeinschaft zu begreifen, und das über mehr als 2500 Jahre. In einer Zeit, als Kommunikations- und Transportmittel unsicher waren oder ganz fehlten, unterhielten jüdische Gemeinden auf der ganzen Welt enge Verbindungen miteinander und formten somit eine ungewöhnliche soziologische Einheit, die ihre örtliche Verwurzelung und räumliche Zerstreuung überwand.

Bedrohte zeitliche Kontinuität: Noch bemerkenswerter ist allerdings, dass die Juden trotz der unablässigen Gewalttätigkeit anderer Religionen – des Christentums und in gewissem, wenn auch geringerem Ausmaß des Islams – an ihrer religiösen und ethnischen Identität festhalten konnten. Kein Volk in der Geschichte war so durchgängig Gegenstand von Verachtung, Hass, Furcht und schierer Gewalt wie die Juden. Und obwohl sie über keinerlei politische Souveränität verfügten, zwangsbekehrt, als das Böse betrachtet und des schlimmsten Verbrechens überhaupt bezichtigt wurden – des Gottesmords –, bewahrten die Juden ihre Existenz über Jahrhunderte. Sie waren nicht nur eine Minderheit, sondern eine Minderheit par excellence, die heroisch die permanente Bedrohung durch Massaker, Zwangsbekehrung, Freiheitsentzug, Landenteignung und pauschalen Hass überlebte.

Was es den Juden ermöglichte, ihre räumliche Fragmentierung und die unaufhörlichen Angriffe auf ihre Existenz und Identität in so bemerkenswerter Weise zu überstehen, war ihr zentraler metaphysischer Glaube an ihre eigene Ewigkeit, der seinerseits eine Folge der Vorstellung war, sie stünden in einem privilegierten Verhältnis zu Gott. Selbst Paulus – der mehr dazu beitrug, das Christentum zu begründen und zu verbreiten als irgendjemand sonst – war davon überzeugt, dass Gott die Juden auserwählt hatte, um der Welt das Gesetz zu bringen. Die Juden besaßen ein selten starkes Bewusstsein ihrer historischen Mission in Gottes großem Menschheitsplan. Dieses Narrativ verhalf ihnen dazu, sich jenseits der Zufälligkeiten von Zeit und lokaler Verwurzelung zu verorten und ein metaphysisches Bewusstsein ihrer Identität jenseits von Raum und Zeit auszubilden. Die theologische Überzeugung, dass die Juden ewig waren, dass sie in einer besonderen Beziehung zu Gott standen, der sie mit einer einzigartigen Mission betraut hatte, implizierte eine Reihe weiterer Überzeugungen und Praktiken. (Und die Halacha ist eine wirkmächtige Methode, um Überzeugungen zu institutionalisieren, indem sie sie handfest und objektiv macht und somit ihre problemlose Weitergabe im Alltag sichert.)

So gehörte es zu den Kerngewissheiten, dass die Juden ein einziges einheitliches Volk mit einem gemeinsamen Wesen waren. Es ist durchaus bemerkenswert, dass sich die Juden in den vielen Jahrhunderten, in denen die jeweiligen Sprachen, lokalen Sitten und politischen Regime ihre individuelle Identität bestimmten, ein Bewusstsein ihres extraterritorialen Zusammenhalts und ihrer Einheit bewahrten. Sie waren die erste transnationale Gemeinschaft der Geschichte, eine Leistung, die sie durch ihren Glauben an eine Essenz namens das

»jüdische Volk« vollbrachten – einen Glauben, der das jüdische Volk als eine Einheit Wirklichkeit werden ließ.

Diese wirkungsvolle Überzeugung bedeutet also, dass die Juden – denen die Zugehörigkeit zu den Nationen, in denen sie beheimatet waren, versagt war – eher mit anderen, entfernt lebenden Juden durch ein Band der Solidarität verbunden waren als mit den Menschen, die mit ihnen auf demselben Territorium lebten. Wir können sagen, dass die Volksbindung für Juden eine mächtige Größe ist, ebenso mächtig wie die Bindungen durch Land und Nationalität, ja diesen sogar vorgeordnet ist. (Die bloße Existenz von so etwas wie der Jewish Agency basiert auf dieser Vorstellung, setzt sie doch voraus, dass Juden auf der ganzen Welt ein privilegiertes und apriorisches Zugehörigkeitsverhältnis zu Israel haben.)

Die bemerkenswerte Fähigkeit zur transnationalen Gemeinschaftsbildung war allerdings nur die eine Seite der Medaille. In einem Großteil des christlichen Europa und der islamischen Länder führten die Juden eine ausgesprochen unsichere Existenz. Sie wurden häufig in die erniedrigende Position gebracht, um eine Niederlassungserlaubnis bitten zu müssen (die sie in vielen europäischen Städten ohnehin nicht bekamen), und oft auch aus ihren Wohnorten vertrieben; so verfügte etwa, um ein Beispiel unter vielen zu nennen, Edward I. von England 1290 die Ausweisung aller Juden aus dem Königreich. In vielen Ländern mussten die Juden in Vierteln und Gegenden leben, die von der sonstigen Bevölkerung abgesondert waren, wie dem Ghetto im Venedig des 16. Jahrhunderts, der Mellah in marokkanischen Städten oder den osteuropäischen Ghettos. Das Ghetto und die Absonderung von der Mehrheitsbevölkerung waren die Regel. Was das jüdische Volk aber wirklich einzigartig machte, war der Umstand, dass dieser systematische räumliche Ausschluss mit einer einflussreichen jüdischen Theologie der radikalen Scheidung von Juden und Nichtjuden einherging – eine Trennung, die ihre Grundlage im Begriff des »Götzenanbeters« hatte, den die Hebräer als gefährliche Bedrohung ansahen. Der Terminus »Goi«, der im biblischen Hebräisch einfach nur »ein Volk« meinte, nahm für die Rabbiner die engere, speziellere Bedeutung »Nichtjude« an, die im Lauf der Zeit zunehmend negativer konnotiert wurde. Schließlich bezeichnete der Begriff die strikten Grenzen zwischen Mitgliedern und Nichtmitgliedern der Gruppe. Die Kaschrut, also die jüdischen Speisegesetze, die sowohl die Zubereitung als auch den Genuss von Essen und Wein regeln, sowie die Gesetze über den Glaubensübertritt, Mischehen, die Beisetzung und den Sabbat bekräftigten diese Sichtweise, da sie den Umgang mit Nichtjuden zu einer gefährlichen Quelle der Verunreinigung erklärten. Wie der jüdische Historiker Jacob Katz in seinem Buch *Tradition und Krise* schreibt, lebte das osteuropäische Judentum segregiert von den Nichtjuden in der Überzeugung, dass »eine absolute Trennung zwischen Juden und Nichtjuden wünschenswert sei«. Tatsächlich bestand eine »absolute Unterscheidung« zwischen Juden und Nichtjuden, wie Katz es nennt,[7] und sie wurde von früh auf gelernt, unterrichtet und durchgesetzt. Letztlich musste eine Theologie, die auf eine so fundamentale Trennung pochte, Nichtjuden als eine dunkle und bedrohliche Macht begreifen. Sacha Stern, Professor für Judaistik am University College London, legt in seinem wichtigen Buch *Jewish Identity in Early Rabbinic Writings* dar, dass Nichtjuden als böse galten und solcher schweren Verbrechen wie Mord, Ehebruch und Götzendienst verdächtigt wurden.[8] Aus diesem Grund assoziierte man sie mit Schweinen und überhaupt mit dem Tierreich.[9]

Wir können also sagen: Die profunde Originalität der Juden war der Tatsache geschuldet, dass sie eine Reihe von Gesetzen ersannen, die ihnen nicht nur halfen, der Gewalt der sie umgebenden Mehrheitsgesellschaft zu begegnen, sondern sich auch von dieser fernzuhalten und der Versuchung einer Konversion oder Assimilation zu widerstehen, indem sie das Jüdische zu einer Essenz erhoben, die wiederum das Nichtjüdische in eine andere, der jüdischen entgegengesetzte Essenz verwandelte. »Judentum« bezeichnete nun eine Gruppe mit festen, angeborenen, nationale Grenzen überschreitenden Eigenschaften, der nicht leicht beizutreten und aus der nicht leicht auszutreten war.

Zusammengenommen bildeten diese Überzeugungen und institutionalisierten Praktiken (in der Form halachischer Verbote und Vorschriften) ein außerordentliches Instrument zur Bewahrung der jüdischen Identität. Ein einfacher Vergleich: Der griechische Begriff des »Barbaren« grenzte jeden ab, der nicht griechisch war. Er benannte aber keine Essenz. »Barbaren« bezog sich auf Menschen in einem geographischen Gebiet (Persien, Ägypten) sowie auf all jene, die unfrei waren, unter tyrannischen Regimen lebten, kein Griechisch sprachen und von daher nicht vernunftbegabt sein konnten. Ein Barbar zu sein war keine Essenz, sondern ein Zustand, der sich ändern ließ, vorausgesetzt man war in der Lage, seine Vernunft (*logos*) zu gebrauchen, die als ein universelles Vermögen galt. Sokrates beispielsweise konnte Menons Sklaven – einem Barbaren – Geometrie beibringen und ihn dadurch in einen Griechen verwandeln. In ähnlicher Weise waren Nichtchristen für Christen Menschen, die nur darauf warteten, (zwangsweise) bekehrt zu werden, was zugleich bedeutet, dass die Grenze zwischen beiden (durch Zwangsbekehrungen) leicht zu überschreiten war. Das Selbstverständnis der Juden hingegen kannte kein ausgesprochenes Interesse, andere zu bekehren, und betonte die eigene Abgrenzung von den Nichtjuden. Die Juden waren mithin dreifach ausgegrenzt, und dreifach wurde ihnen die Erfahrung ihrer Abweichung von den Nichtjuden eingebläut: erstens durch die symbolische, räumliche und physische Segregation, die ihnen durch die Gewalt und den Hass der Nichtjuden aufgezwungen wurde; zweitens aufgrund ihres Korpus selbst auferlegter Gesetze, der dem Kontakt zu Nichtjuden einen Riegel vorschob; und drittens durch den jüdischen Glauben an ihre eigene einzigartige Beziehung zu Gott und ihre historische Mission. Vielleicht ist das der Grund, warum die Juden über einen radikalen und ausgeprägten Sinn für Differenz verfügen, der sie zu einem äußerst originellen Volk machte und zugleich zu einem, das mit der Erhaltung der Reinheit der Gruppe beschäftigt war. Die radikale Unterscheidung von den Nichtjuden ist ein Schlüsselmotiv der jüdischen Theologie und religiösen Praxis und hat über die Jahrhunderte einen nahezu unüberwindlichen Schutzschirm für die jüdische Identität dargestellt.

Ein solches Bewusstsein radikaler Verschiedenheit ist eine tief verankerte kulturelle Schablone, die zu erklären hilft, wie die Juden über 2500 Jahre der Gewalt und Zerstreuung überlebten. Ich möchte jedoch die folgende These aufstellen: Die Instrumente und Strategien, die für das Überleben und die Bewahrung der Identität der am meisten verfolgten Minderheit in der Geschichte geeignet, zweckmäßig und höchst nützlich waren, sind für eine Mehrheit unangemessen, ja sogar gefährlich. Kulturelle Schablonen lassen sich auch dann noch reproduzieren, wenn die ursprünglichen Bedingungen, denen sie sich verdanken, nicht mehr bestehen. Die zionistische Bewegung, die dem jüdischen Volk eine säkulare Revolution verhieß, machte sich eine religiöse Schablobe zu eigen und passte sie dem Staat in Form seines Staatsbürgerschaftsrechts an. Doch eine Mehrheit, die mittels liberaler und universalistischer Grundsätze und Institutionen regiert werden möchte, kann sich nicht auf eine solcherart festgeschriebene Identität stützen.

Zwei Beispiele genügen, um dies zu veranschaulichen. Das eine ist die massive Ausgrenzung von Arabern in Israel, die abgesondert in ihren eigenen Städten und Vierteln leben und denen die volle Staatsangehörigkeit versagt bleibt. Wie die NGO Adalah[10] auf ihrer Website schreibt, gibt es über fünfzig Gesetze, die Araber diskriminieren, ob beim Zugang zu Land, Bürgerrechten, Bildung oder bei der Verwendung staatlicher Gelder. Diese Gesetze bewirken de facto eine Ausgrenzung und Segregation der einheimischen arabischen Bevölkerung aus dem jüdischen Kollektiv. Das zweite Beispiel bildet die Ausgrenzung zahlreicher legitimer Formen liberalen Judentums aus dem israelischen Staat. Das liberale Judentum wird in Israel aus einem einfachen Grund nicht akzeptiert: weil liberalere Bestimmungen zum Religionsübertritt oder zur Eheschließung Nichtjuden einen flexiblen und fließenden Übertritt ins Judentum ermöglichen würden. Das heißt: Die Diskriminierung des nichtorthodoxen Judentums ist im Kern durch die Regulierung und die Ausgrenzung von Nichtjuden aus dem jüdischen Kollektiv motiviert – die aus Angst um die Reinheit der Gruppe erfolgt. So legitim diese Sorgen von einem streng religiösen Standpunkt aus sind, führen sie zu einer Missachtung des religiösen Pluralismus und grundlegender Menschenrechte, sobald sie zu staatlich sanktionierten Praktiken werden. In den Händen einer orthodoxen Minderheit verwandelt sich der Staat in einen Grenzschutz, der die hohen Mauern jüdischer ethnischer Reinheit bewacht.

Die jüdische Identität des israelischen Staates ist somit doppelt inakzeptabel: Erstens kann keine traumatische Geschichte Israels Versäumnis rechtfertigen, den Prinzipien sämtlicher liberaler Länder auf der Welt zu folgen und wie sie auf eine Entflechtung des Verhältnisses zwischen dem Staat und einer einzigen religiösen und ethnischen Gruppe hinzuarbeiten. Durch dieses Versäumnis hat Israel seiner moralischen und rechtlichen Berufung, alle seine Gruppen gleich zu repräsentieren, abgeschworen. Der zweite Grund wiegt sogar noch schwerer: Weil der jüdische Glaube die Juden streng von den Nichtjuden abgeschirmt hat, fehlt dieser Religion jede Richtschnur für ein liberales Gemeinwesen. Wir müssen endlich einsehen, dass einige Aspekte des jüdischen Gedankenguts modernen, liberalen und universalistischen Denkweisen abträglich sind. Diese Religion, die so einfallsreich, originell und effektiv war, als es darum ging, dem am schlimmsten verfolgten Volk der Geschichte bei der Bewahrung seiner Würde und Identität zu helfen, wird zum Instrument einer institutionalisierten Politik zum Schutz der eigenen ethnischen Gruppe, wenn sie als Staatsreligion fungiert, gerade weil die jüdische Religion so stark darauf ausgerichtet war, den Unterschied der Gruppe zu den Nichtjuden aufrechtzuerhalten.

In den vergangenen rund zehn Jahren ist die partikularistische jüdische Binnenlogik, die immer schon Teil des Staates Israel war, so unübersehbar geworden, dass sich niemand mehr dieser Thematik entziehen kann. Da war Benjamin Netanjahus Rede an der Bar-Ilan-Universität, in der er forderte, dass die Palästinenser Israel als jüdischen Staat anerkennen (man fragt sich, was falsch daran ist, Israel als einen israelischen Staat anzuerkennen). Da war die Ausweisung einer großen Zahl von Arbeitsimmigranten durch den Vorsitzenden der Schas-Partei und seinerzeitigen Innenminister, Elijahu Jischai, aufgrund der »Gefahr«, die sie angeblich für die Reinheit des zionistischen Projekts darstellten. Sie seien nämlich »Träger ansteckender Krankheiten und zeichnen sich durch Drogenmissbrauch und sexuelle Übergriffe aus«.[11] Und da sind die zunehmende Instrumentalisierung des Holocaust in den internationalen Beziehungen, um politische Ziele und

Maßnahmen zu rechtfertigen, die vom damaligen Bildungsminister Gideon Sa'ar initiierten, für viele Schüler obligatorischen Rundfahrten durch Hebron, mit denen die jüdische Identität der Stadt reklamiert werden soll, und viele weiterer solcher Initiativen, die eine unmissverständliche Judaisierung der israelischen Kultur anzeigen.

Diese Bekundungen des zunehmend jüdischen Charakters der israelischen Gesellschaft gleichen einer nach Israel hineinkopierten Diaspora: Sie zielen darauf, eine Minderheitenidentität nachzuahmen und zu verteidigen, tun dies aber mit einer mächtigen, militärisch starken Mehrheit im Rücken. Meinungsumfragen bestätigen den Trend zur Betonung des Jüdischen an Israel. Die Friedrich-Ebert-Stiftung stellte in einer Erhebung von 2010 eine dramatische Veränderung in den Einstellungen israelischer Jugendlicher fest. Galt ihnen der jüdische Charakter des Landes 1998 nur als drittwichtigstes Ziel nach Frieden und Demokratie, das von 18 Prozent der Befragten genannt wurde, belegte Jüdischsein als nationales Ziel 2010 den ersten Platz (mit 33 Prozent der Befragten).[12] Die Zustimmung zur Demokratie ging deutlich zurück, und antidemokratische Gesinnungen nahmen zu.[13] Einer anderen, 2012 durchgeführten und von der *Haaretz* veröffentlichten Umfrage zufolge war die Hälfte der Abgänger höherer Schulen nicht bereit, mit Arabern zusammen in einem Viertel zu wohnen.[14] Diese Untersuchungen lassen eine starke Korrelation zwischen dem zunehmend jüdischen Charakter der israelischen Identität, dem Misstrauen gegenüber der Demokratie und rassistischen Trends in der israelischen Gesellschaft erkennen. Auf den Einwand, in Frankreich respektive Deutschland würden Araber respektive Türken diskriminiert und Israel sei nicht schlimmer als diese Länder, gibt es eine einfache Antwort: Ein Rassismus, der aus der Bevölkerung kommt, ist etwas anderes als ein Rassismus, der sich in den

Gesetzen des Staates niederschlägt. Findet Rassismus erst einmal Widerhall in den Gesetzen, ist es auch leichter, ihn zu legitimieren – etwa einen Rassismus von der Sorte, wie man ihn von Ovadja Josef und seinen Anhängern kennt. Es ist der Staat selbst, der zu solch einem Verhalten die Berechtigung zu geben scheint, und deshalb setzt er sich auch der pauschalen Ablehnung durch andere aus. Zudem schwächt es die öffentlichen Normen gegen Rassismus, wenn dieser durch die mächtigste Institution eines Landes, den Staat, institutionalisiert und amtlich zugelassen wird. Widerstand gegen Rassismus zu leisten und die Menschenrechte zu verteidigen wird als eine Spezialität der radikalen Linken wahrgenommen, obwohl es sich dabei doch um Grundwerte handelt, die Linken wie Rechten in liberalen Staaten auf der ganzen Welt gemeinsam sind. Der skizzierte Gesinnungswandel hatte nicht zuletzt auch gravierende politische Konsequenzen. Wie der große französische Journalist und Verfasser des Buches *Au nom du Temple*, Charles Enderlin, behauptet, liegt der Grund, warum die Zweistaatenlösung so geringe Aussichten auf Erfolg hat, genau darin, dass die israelische Gesellschaft immer religiöser wird und sich immer mehr der extremistischen messianischen Auffassung anschließt, die besetzten Gebiete seien von Haus aus jüdisch. (Dies ist sicherlich die Meinung eines Gutteils der Mitglieder des heutigen Likud.)

Wenn wir die derzeitige politische Kultur Israels betrachten – die tiefe und weitreichende Verstrickung religiöser Parteien in die israelische Politik, die sich stetig mehrenden Bezugnahmen auf das Jüdische in der Öffentlichkeit –, dann müssen wir den Schluss ziehen, dass das israelische Modell der Staatsbürgerschaft, in dem Religion und Staat nicht voneinander getrennt sind, gescheitert ist. Wenn der jüdische Staat zwanzig Prozent seiner Bevölkerung ausgrenzt, das liberale Judentum diskriminiert und »israelisch« nicht als zulässige Form von Staatszugehörigkeit anerkennen kann, dann ist mit seiner politischen Kultur etwas nicht in Ordnung.

Nationen sind entscheidend dadurch geprägt, mit wem sich ihre Angehörigen in ihrer Vorstellung solidarisieren. Die israelische nationale Imagination verdankte sich drei Reflexen aus der Diaspora: Israel begriff die Zugehörigkeit zur Nation als eine religiöse Frage; es war viel eher zur Solidarität mit entfernt lebenden Juden bereit als mit Menschen, die im selben Land wie sie lebten; und es separierte und segregierte ohne Weiteres Juden und Nichtjuden. Diese drei Reflexe bestimmten die Art der sozialen Bindungen, die in Israel geknüpft wurden. Dass Israelis ihren geistigen Raum bereitwilliger mit Juden in anderen Ländern teilen als mit den Arabern und Christen in ihrer Nachbarschaft, mag vielleicht das Identitätsbedürfnis von Juden befriedigen, die über die ganze Welt verstreut sind. Es bedeutet aber zugleich eine geistige Verrenkung der israelischen Nation, zu deren ständigen Begleitern Misstrauen und Angst vor den Nichtjuden gehören, die einer sich selbst speisenden Logik folgen und im Laufe der Zeit immer weiter zugenommen haben. Während Angst und Misstrauen historisch realistische, passende und angepasste Reaktionen auf Antijudaismus und Antisemitismus darstellten, bringen sie in der Form institutionalisierter staatlicher Politik eine isolationistische und isolierte Nation hervor, die zwischen der Angst vor anderen und prahlerischer Krafthuberei schwankt.

Die jüdische Geschichte und Israels Ablehnung durch die arabischen Länder erklären, warum das Land den Weg der militärischen Stärke ging. Sie geben jedoch keine Antwort auf die Frage, warum es sich für einen politisch schwachen Weg entschied. Warum politisch schwach? Weil nichtliberale Länder, die sich auf eine religiöse und ethnische Vormachtstellung stützen, langfristig keine Legitimität erzeugen. Israel ist heute unter Juden wie unter Nichtjuden viel isolierter als noch vor zwanzig Jahren: Ein Bericht des Pew Research Center zeigt deutlich, dass sich Juden (aufgrund seiner Politik) von Israel lossagen; Europa hat Schritte gegen Israel eingeleitet; Boycott, Divestment und Sanctions, die internationale politische Kampagne gegen Israel, ist in den Vereinigten Staaten überraschend erfolgreich und wird dies auch bleiben – und zwar nicht nur aufgrund der gutgeölten palästinensischen Propagandamaschine, sondern auch deshalb, weil Israels Isolation eine Folge seiner Politik ist, die drastisch von den moralischen Normen der liberalen Staatenwelt abweicht.

Der vom Liberalismus geforderte säkulare und neutrale Charakter des Staates ist nichts anderes als ein Mittel, um dessen Fähigkeit zu sichern, unterschiedliche Gruppen in die politische Willensbildung und Entscheidungsfindung einzubeziehen. Alexander Hamilton, einer der Koautoren der amerikanischen Verfassung, formulierte es triftig im zehnten *Federalist Paper*:

> »Keiner der vielen Vorteile, die von einer sinnvoll aufgebauten Union zu erwarten sind, verdient sorgfältiger untersucht zu werden als der, mittels ihrer die Gewalt von Parteienkämpfen brechen und unter Kontrolle halten zu können. Nichts läßt den Befürworter der Volksregierung so sehr um deren Ruf und Schicksal bangen wie das Wissen, welche starke Neigung zu dem gefährlichen Laster des Parteienkampfes eine solche Regierung gewöhnlich zeigt.«[15]

Man kann Hamilton schwerlich des Radikalismus verdächtigen, seine Vision aber ist merkwürdigerweise eine echte Herausforderung für Israel. Ein Staat ist eine Union, schreibt er, und eine Union kann nicht als solche funktionieren, wenn sie keinen Rahmen bietet, in dem sie unterschiedliche religiöse und ethnische Gruppen zusammenbringen kann.

Mit ihrem jüngsten Buch, *Am Scheideweg. Judentum und die Kritik am Zionismus*, hat die radikale linke Philosophin Judith Butler ein Plädoyer gegen Israel vorgelegt, das sich auf eine Ethik der Minderheiten stützt, vermutlich weil Minderheiten keinen Zugang zur Macht haben.[16] Eine solche Auffassung ist bestenfalls naiv. An Minderheiten ist nichts romantisch. In dieser Hinsicht war der Zionismus eine politisch ungemein reife Bewegung, weil er verstand, dass Minderheiten ein kulturell und politisch verkrüppeltes Leben führen. Wichtiger noch: Minderheiten sind nicht ethisch aufgeschlossener als Nicht-Minderheiten; in Wirklichkeit war historisch oft das Gegenteil der Fall. Minderheiten denken oft nur an sich selbst, nicht an andere Minderheiten; nur Mehrheiten sorgen sich um Minderheiten. Minderheiten neigen dazu, sich moralisch vollkommen im Recht zu fühlen, und vermögen nur selten eine moralische Sprache zu entwickeln, mit der sie mit anderen Gruppen ins Gespräch kommen können. Sie haben kein Gefühl der Pflicht und Verantwortung Mehrheiten oder anderen Minderheiten gegenüber, so sehr sind sie mit ihrem eigenen Überleben beschäftigt. Minderheiten werden oft zum Opfer gemacht und empfinden sich auch so, weshalb ihre erste Sorge ihrem eigenen Fortbestand gilt. In diesem Zusammenhang haben die Israelis viel von den Nichtjuden und ihren Jahrhunderten politischer Souveränität zu lernen. Denn nur eine lange Praxis der Macht und der Souveränität verhelfen zu der Weisheit und dem Wissen, wie Macht auszuüben ist.

Israel und der Zionismus sind weitaus mehr als ein nationales Projekt: Sie bieten dem Judentum eine historisch einmalige Chance, zu einer der chinesischen, islamischen oder europäischen vergleichbaren Kultur zu werden. Kulturen umfassen Religionen, gehen aber darin über sie hinaus, dass sie auch andere Kulturen und Bevölkerungen integrieren und sich anverwandeln können. Sie verfügen über eine weitere, universelle Ausstrahlung, die ihre Reichweite zusätzlich steigert. Kurz vor seinem Tod im Jahr 2010 schrieb der sozialistische Historiker Tony Judt: »Radikale, bedingungslose Loyalität – gegenüber einem Land, einem Gott, einer Idee oder einer Person – macht mir inzwischen Angst. Der dünne Firnis der Zivilisation beruht auf einem (womöglich illusorischen) Glauben an unser aller Humanität. Aber illusorisch oder nicht, wir sollten daran festhalten.«[17] Es kann keine bessere Weise geben, die Juden und das Judentum zu lieben, als auf der Forderung zu bestehen, dass Israel ein universalistischer und säkularer Staat wird, dass es alle seine Bürger gleich repräsentiert und die Idee von unser aller Humanität verkörpert.

Anmerkungen

1 Zitiert in: Natasha Mozgovaya, »ADL slams Shas spiritual leader for saying non-Jews ›were born to serve Jews‹«, in: *Haaretz* (20.10.2010), online verfügbar unter: {http://www.haaretz.com/jewish-world/adl-slams-shas-spiritual-leader-for-saying-non-jews-were-born-to-serve-jews-1.320235} (Stand Januar 2015).

2 Die Schas, kurz für Shomrei Sfarad (»Sephardische Thora-Wächter«), ist eine ultraorthodoxe israelische Partei; Anm. d. Übers.

3 Jackie Houri, »ראש העיר גפסו: נצרת עילית היא עיר ליהודים בלבד«, in: *Haaretz* (05.06.2011), online verfügbar unter: {http://www.haaretz.co.il/news/education/1.1176222} (Stand Januar 2015), sowie Edo Konrad, »Mayor: Maintaining Jewish identity of Upper Nazareth is most important task«, in: +972 *Magazine* (12.04.2013), online verfügbar unter: {http://972mag.com/nstt_feeditem/mayor-maintaining-jewish-identity-of-upper-nazareth-is-most-important-task/} (Stand 2015).

4 Chaim Levinson, »כשהרב הראשי של צפת, שמואל אליהו, מתחיל לדבר, יש סיבה לדאגה«, in: *Haaretz* (18.11.2010), online verfügbar unter: {http://www.haaretz.co.il/misc/1.1230800} (Stand Januar 2015), sowie Eli-

sheva Goldberg, »Where racism meets the rabbinate«, in: *The Daily Beast* (13.05.2013), online verfügbar unter: {http://www.thedailybeast.com/articles/2013/05/13/jewish-home-s-racist-pick-for-sephardi-chief-rabbi.html} (Stand Januar 2015).

5 Akronym für den französischen Rabbiner Schlomo ben Jizchak aus dem 11. Jahrhundert, einen der bedeutendsten mittelalterlichen jüdischen Gelehrten, Kommentator des Tanachs und des Talmuds und der bekannteste jüdische Bibelexeget überhaupt; Anm. d. Übers.

6 Siehe Aaron Kalman, »Supreme court rules against ›Israeli‹ ethnicity on ID«, in: *The Times of Israel* (03.10.2013), online verfügbar unter: {http://www.timesofisrael.com/supreme-court-rules-israeli-ethnicity-doesnt-exist/} (Stand Januar 2015).

7 Jacob Katz, *Tradition und Krise. Der Weg der jüdischen Gesellschaft in die Moderne*, übers. von Christian Wiese, München 2002, S. 44, 31.

8 Sacha Stern, *Jewish Identity in Early Rabbinic Writings*, Leiden/New York/Köln 1994, S. 22.

9 Ebd., S. 57f.

10 Adalah (arab. Gerechtigkeit) ist eine 1996 gegründete unabhängige NGO, die es sich zum Ziel gesetzt hat, die Rechte der arabischen Israelis zu fördern und zu verteidigen und Menschrechtsverletzungen gegenüber Palästinensern in den besetzten Gebieten zu bekämpfen. Zu diskriminierenden Gesetzen führt die Organisation eine Datenbank: {http://adalah.org/eng/Israeli-Discriminatory-Law-Database} (Stand Januar 2015).

11 Siehe Dana Weiler-Polak, »אידס נשאיות שהן יחשבו שלא להתלונן ומפחדות זרים ידי על נאנסו רבות נשים :ישי«, in: *Haaretz* (31.05.2012), online verfügbar unter: {http://www.haaretz.co.il/news/education/1.1720247} (Stand Januar 2015), siehe auch Dana Weiler-Polak/Ophir Bar-Zohar, »Yishai forms task force to deal with Israel's ›infiltrator problem‹«, in: *Haaretz* (05.06.2012), online verfügbar unter: {http://www.haaretz.com/news/national/yishai-forms-task-force-to-deal-with-israel-s-infiltrator-problem-1.434598} (Stand Januar 2015).

12 Ralf Hexel/Roby Nathanson, *All of the Above. Identity Paradoxes of Young People in Israel*, Friedrich-Ebert-Stiftung, Israel 2010, S. 124, online verfügbar unter: {http://www.fes.org.il/internal.asp?PiD=0.700&id=702} (Stand Januar 2015).

13 Ebd., S. 20.

14 Talila Nesher, »מהגרים גירוש בעד התלמידים רוב ,ערבים ליד לגור רוצים לא י"ב מעל מחצית תלמידי«, in: *Haaretz* (21.08.2012), online verfügbar unter: {http://www.haaretz.co.il/news/education/1.1806596} (Stand Januar 2015.

15 Alexander Hamilton/James Madison/John Jay, *Die Federalist Papers*, übers. von Barbara Zehnpfennig, Darmstadt 1993, S. 93.
16 Judith, Butler, *Am Scheideweg. Judentum und die Kritik am Zionismus*, übers. von Reiner Ansén, Frankfurt a. M./New York 2013.
17 Tony Judt, *Das Chalet der Erinnerungen*, übers. von Matthias Fienbork, München 2012, S. 205.

4. Israel, ein Feudalstaat?

Die tektonischen Platten unter Israel verschieben sich. Die sozialen Proteste und die unablässigen rechten Angriffe auf den linken Aktivismus hängen enger miteinander zusammen, als es scheint

Das Jahr 2011 brachte zwei bedeutsame Entwicklungen in der israelischen Politik: soziale Proteste, die uns und unsere Medien über Wochen in Atem hielten, und eine extreme Rechte, die mit Unterstützung der traditionellen Rechten einen frontalen, militanten Angriff auf linke Organisationen, die Demokratie und das Rechtsstaatsprinzip startete, innerhalb wie außerhalb der Korridore der Macht.[1] (Die aggressive Kampagne der Im-Tirtzu-Bewegung gegen den New Israel Fund, eine US-amerikanische NGO, die sich den Werten von sozialer Gerechtigkeit und Gleichheit für alle Israelis verschrieben hat, ist ein Beispiel für einen scharfen Angriff auf linke Organisationen.[2]) Obwohl es vielleicht nicht so scheint, hängen beide Phänomene miteinander zusammen.

Für jemanden wie mich, der in Europa aufgewachsen ist, waren die Proteste in mehr als einer Hinsicht überraschend. Da war erstens ihr behaglich konsensorientierter Charakter. Sie erweckten das der israelischen Gesellschaft schon lange abhandengekommene Gefühl nationaler Solidarität zu neuem Leben. Während europäische Proteste oft in harten Auseinandersetzungen mit der Polizei enden, nahmen die israelischen die gutmütige Form eines feierlichen, bunten nationalen Volksfests an, mit Zelten und allem. Die Zusammenarbeit mit den staatlichen Stellen war optimal. Rasch entwickelte sich ein Gefühl der nationalen Solidarität zwischen Gruppen, die sonst durch ihre Klassenzugehörigkeit oder ihren religiösen Glauben getrennt sind.

Zweitens verliefen die Proteste friedlich. Für eine Gesellschaft, die sowohl von Außenstehenden als auch von ihren eigenen Angehörigen oft für ihre Gewaltsamkeit verurteilt wird, war diese Friedfertigkeit über einen Zeitraum von vielen Monaten wahrlich bemerkenswert. Die israelischen Demonstranten hielten an ihrem pazifistischen Kurs fest, indem sie beispielsweise Angriffe auf jene führenden Politiker unterließen, von denen sie in den ersten Wochen der Proteste verächtlich als »Sushi-Fresser« tituliert worden waren. Sie errichteten keine Verkehrsblockaden und griffen eigentlich zu keiner der Taktiken, die man bei solchen Gelegenheiten aus den meisten anderen Ländern kennt.

Die dritte Überraschung bestand in ihrer Weigerung, die schreiende Ungerechtigkeit beim Namen zu nennen, unter der die israelische Gesellschaft leidet: nämlich die Privilegien, die Siedler und Ultraorthodoxe, aber auch die produktiven Klassen innerhalb der Grünen Linie genießen, jener Demarkationslinie zwischen Israel und den von Israel im Sechstagekrieg besetzten Gebieten. Obwohl Intellektuelle und Künstler die Protestierenden aufforderten, ihre politischen Forderungen zu nennen, weigerten diese sich, »politisch zu sein«. In einer so stark polarisierten Gesellschaft wie der israelischen, die in politischen Fragen tief gespalten ist, entschieden sich die Protestierer lieber für einen ausgesprochen pragmatischen Kurs der Konsensfindung: Ihre Forderungen äußerten sich in einer ökonomisch-sozialen Revolte. Was sie verlangten, war bezahlbarer Wohnraum, eine Senkung der Lebenshaltungskosten sowie eine Verbesserung der Bildungsangebote und Gesundheitsversorgung.

Am meisten aber überraschte vielleicht der Umstand, dass es nicht schon viel früher zu Protesten gekommen war. Alle Besonderheiten der Demonstrationen und ihr konsensorientierter, friedlicher und unpolitischer Charakter hängen mit dem offiziellen und dem illegalen Aktivismus der extremen Rechten zusammen.

Die israelische Gesellschaft verkörpert Eigenschaften von drei verschiedenen Arten politischer Regime. Das erste ist das einer klassischen sozialen Demokratie, in der Wohlfahrtsstaat und Staatsbürger durch einen Vertrag aneinander gebunden sind: Der Staatsbürger zahlt Steuern im Tausch gegen die staatliche Garantie gesetzlicher und sozialer Rechte, freie oder subventionierte Bildung, Gesundheitsversorgung, Beschäftigung und Sicherheit usw. Die meisten sozialen Demokratien stellen einen »neutralen« Rahmen zur Verfügung, in dem produktive Bürger unterschiedlichen konfessionellen und ethnischen Hintergrunds ihre Vorstellungen vom »guten Leben« verfolgen können, wobei ihnen sowohl bürgerliche Rechte als auch ein minimaler Lebensstandard garantiert sind. Insofern sind solche Bürger ungeachtet all ihrer Unterschiede durch ihre Staatsbürgerschaft miteinander verbunden, die ihnen einen gemeinsamen Rahmen zur Organisation des gesellschaftlichen Lebens bietet. In Israel sind solche Prinzipien in der Unabhängigkeitserklärung verankert.

Zweitens lässt sich Israel in dreierlei Hinsicht als vormodernes Regime beschreiben. Der erste Aspekt hat mit der Kontrolle über das Land zu tun, von dem der Großteil unverkäuflich und schlicht nicht in privater Hand ist. Im Mittelalter war die Kontrolle über Land eine Frage der Religionszugehörigkeit; ein Jude beispielsweise konnte keines besitzen. Ähnlich untersteht der überwiegende Teil des Grund und Bodens in Israel heute der Kontrolle der Israelischen Landbehörde, laut eigenen Angaben sind es nicht weniger als 93 Prozent. Landbesitz ist nämlich von ethnischen und religiösen Zugehörigkeiten abhängig – statt dass dieses einfach eine Ware wäre wie in reinen sozialen Demokratien.

Der zweite unübersehbar vormoderne Aspekt an Israel betrifft die Aufteilung der Gesellschaft in »Stände« mit erheblichen qualitativen Unterschieden. Das feudale Europa etwa war in drei Stände unterteilt: jene, die beteten, jene, die kämpften, und jene, die arbeiteten, wobei jede Gruppe Verpflichtungen gegenüber den anderen hatte. Auch Israel verfügt über drei Stände, die wie im Feudalzeitalter nicht miteinander interagieren und unterschiedliche Rechte und Status haben: Nichtjuden (in der Mehrzahl Araber), Juden, die beten und nicht kämpfen (Orthodoxe und Ultraorthodoxe, die in Jeschiwas studieren und ökonomisch gesehen unproduktiv sind), sowie Juden, die sowohl arbeiten als auch kämpfen (die orthodoxen Nationalisten, die arbeiten und kämpfen, haben im Übrigen mehr mit der betenden als mit der produktiven Klasse gemeinsam).

Das dritte vormoderne Charakteristikum Israels ist ein System von Privilegien, in dem eine Klasse den Lebensunterhalt der Priesterklasse sichert, weil die gesamte Gesellschaft darauf ausgerichtet ist, Glaubensüberzeugungen zu pflegen und/oder die religiöse Schicht zu unterhalten. So sorgte im christlichen Europa der dritte Stand für die Bedürfnisse des Klerus. In Israel erhalten diejenigen, die beten, wie früher der christliche Klerus in Europa Zuwendungen und Privilegien auf der Grundlage ihrer religiösen Überzeugungen und Praktiken.

Das dritte politische Regime, das die israelische Gesellschaft strukturiert, ist das Militär. Kinder werden zu Soldaten herangezogen, und die Armee nimmt besonders großen Einfluss auf das Leben von Männern, denen sie die Tugenden der Tapferkeit, brüderlichen Bande und Aufopferungsbereitschaft eintrichtert. Die IDF spielen eine ungewöhnlich bedeutende Rolle in der Wirtschaft, Kultur und im politischen System des Landes.

Eyal Chowers, Professor für Politische Philosophie an der Universität Tel Aviv, bringt es auf den Punkt: Er argumentiert, dass die Armee in den besetzten Gebieten sämtliche Rollen übernommen hat, die normalerweise den verschiedenen Staatsgewalten zukommen – Exekutive, Judikative und Legislative.[3] Auch innerhalb des israelischen Kernlands neige sie dazu, die Grenzen der Gewaltenteilung zu verwischen. Das Militär präge die Einstellungen der Menschen, indem es den Nationalismus und die Auffassung nähre, die Sicherheit des Staates sei das höchste Gut. Tatsächlich würden viele politische Probleme, so Chowers, routinemäßig vom Tisch gewischt, weil sie von »nationalen Bedrohungen« übertrumpft oder als »Sicherheitsfragen« konzeptualisiert würden, womit der Einfluss des Militärs auf Politik und Gesellschaft immer weiter zunehme.

Der jüdische Charakter des Landes

Diese drei politischen Regime schlagen sich in einem sehr speziellen staatsbürgerlichen Selbstverständnis nieder, das es so nur in Israel gibt und das sozialdemokratisch, vormodern und militärisch in einem ist. Im Vergleich mit ihren europäischen Pendants sind die israelischen Bürger ihrem Staat unheimlich ergeben und willfährig: Sie zahlen einen der höchsten Steuersätze der Welt, opfern ihr Wohl und manchmal ihr Leben in der Armee und tragen wie einst der dritte Stand auch noch dazu bei, den Klerus zu subventionieren.

Zusammengehalten wurden diese drei Regime bislang dadurch, dass sich der Wohlfahrtsstaat und das Militär über den jüdischen Charakter des Landes definierten. Weil Israel als ein jüdischer Staat konzipiert wurde, gaben die israelischen Bürger allzu bereitwillig den Forderungen von Gruppen nach, die sich zu Vorkämpfern für die Fortexistenz jenes Volkes erklärten – schließlich bildete das Jüdische in der politischen

Arena immer die Trumpfkarte. Selbst Sicherheitsanforderungen werden letztlich mit der Notwendigkeit begründet, es gelte, das Jüdische als eine Gemeinsamkeit zu bewahren, die die Menschen eint. Umgekehrt war der jüdische Charakter in den Wohlfahrtsstaat und das System der sozialen Demokratie in Israel eingeschrieben, die diesen jüdischen Charakter ihrerseits unter ihre Fittiche genommen hatten.

Oft sind Demonstrationen Reaktionen auf Kräfte, die die Teilnehmer selbst nicht vollständig begreifen. Was die Menschen im Sommer 2011 auf die Straße trieb, war etwa die Tatsache, dass sich die genannten drei politischen Regime in immer stärkerem Maße aus dem gemeinsamen Rahmen losreißen, der sie bislang zusammenhielt: Sie werden auf jeweils unterschiedlichen Feldern mächtiger und kollidieren immer häufiger.

Die Demonstranten gaben sich bewusst unpolitisch und verlangten nicht nach einem Umbau der Sozialstruktur des Landes schlechthin, sondern nach besseren Lebensbedingungen. Und doch war ihr Protest politisch – nicht in dem trivialen Sinn, dass er von einer politischen Partei organisiert worden wäre, sondern in dem tieferen Sinn, dass sein Auslöser in den zunehmenden Funktionsstörungen des politischen Systems bestand. Die Demonstranten reagierten, mitunter ohne es zu wissen, auf den Umstand, dass etwas in diesem System, das einst die Koexistenz der drei Regime ermöglichte, unhaltbar geworden ist.

Besonders die vormoderne und die militärische Dimension sind immer weniger mit jenen des Wohlfahrtsstaates und der sozialen Demokratie unter einen Hut zu bringen. Erstens nämlich verdankt sich heutzutage die Legitimität von Wohlfahrtsstaaten überall auf der Welt ihrer Fähigkeit, einen hohen bzw. adäquaten Lebensstandard zu gewährleisten. Und zweitens sind Marktwirtschaften wie soziale Demokratien ethnisch und religiös inklusiv und nicht darauf ausgerichtet, ethnische, rassische und religiöse Distinktionen aufrechtzuerhalten. Vor allem aus diesem Grund sind Märkte und soziale Demokratien so mächtige Instrumente zur Herstellung sozialen Friedens. In Israel jedoch werden sie durch das vormodern-religiöse politische Regime rigoros eingeschränkt.

Als der Likud-Block 1977 an die Macht kam, begann er mit dem Abbau der verstaatlichten Wirtschaft und des Wohlfahrtsstaates. Man muss wissen, dass dieses Projekt auf keinerlei nennenswerten Widerstand aus anderen Bereichen der Gesellschaft traf. Die meisten Israelis aus der Mittel- und der Arbeiterschicht ersehnten vielmehr den Anschluss an die Weltwirtschaft, schärferen Wettbewerb, ausländische Investitionen und die Entfaltung eines vollwertigen Konsumentenmarktes. Der Abbau des Wohlfahrtsstaates führte zu einer Erosion öffentlicher Dienstleistungen (Verschlechterung des Schulsystems und der Gesundheitsversorgung), zu wachsender wirtschaftlicher Konzentration und Ungleichheit. Begleitet wurde dieser Prozess von einem für Israel neuen Verständnis der sozialen Bindungen zwischen den Menschen, wie es in den meisten Marktwirtschaften vorherrscht und das auf Eigeninteresse, Individualismus, einem globalen Lebensstil und der Einbeziehung jeder Gruppe (wie beispielsweise ausländischen Arbeitern) beruht, die sich am Produktionssystem beteiligen will.

Die Geistlichkeit und das Militär förderten jedoch ein entgegengesetztes Ethos. Beide verlangen Opferbereitschaft und Einsatz für das Kollektiv, die geistige und die territoriale Verteidigung des jüdischen Volkes. Somit zeichnet sich die israelische Staatsbürgerschaft mittlerweile durch eine merkwürdige Kombination aus: eine entschieden marktorientierte Ideologie, die Individualismus und Wettbewerb betont, ökonomische Konzentration, eine starke staatliche Kontrolle von

Grund und Boden sowie den Abbau des Wohlfahrtsstaates und die Forderung einer ideologisch motivierten Hingabe an die Nation als militärisches und religiöses Kollektiv.

Diese Kombination gibt es kein zweites Mal auf der Welt. Oder anders gesagt: Mit Ausnahme von Ministerpräsident Netanjahus Kürzung der Beihilfen für die streng orthodoxen Charedim sind die Transferleistungen an gläubige Menschen und andere Gruppen, die augenscheinlich den jüdischen Charakter des Landes verteidigen (Jeschiwaschüler, Siedler usw.), in den vergangenen dreißig Jahren permanent gestiegen.

Es fehlt ein säkularer Rahmen

Die Erosion des Wohlfahrtsstaates wurde somit nicht nur, wie in anderen Ländern, durch einen einzigen Faktor beschleunigt, sondern gleich durch drei: den Neoliberalismus, die wirtschaftliche Konzentration und die gestiegenen Zuwendungen für den religiösen Sektor. Dies bedeutet schlicht, dass den säkularen Werktätigen ein Bezugssystem fehlt, an dem sie ihre kollektive Identität ausrichten können. Die jüdische Identität oder der Nationalismus, für sich genommen oder in Kombination, sind zunehmend die einzigen Ideologien, auf die sich in Israel eine kollektive Existenz noch stützen kann.

Der Staat vertritt die Interessen der Investoren und Tycoons, der Verteidiger der jüdischen Identität und des jüdischen Territoriums, und in viel geringerem Maße die Interessen der zahlreichen anderen, auf deren Schultern die Last des Staates ruht. Die Proteste reagierten somit darauf, dass es für arbeitende und nichtreligiöse Bürger immer schwieriger wird, sich durch den Staat repräsentiert zu fühlen. Spruchbänder mit Aufschriften wie »Eine ganze Generation will eine

Zukunft« bedeuteten in Wirklichkeit: »Eine ganze Generation will wissen, wer ihre Interessen vertritt.« Das eher merkwürdige Verlangen nach Solidarität und Einigkeit während der Proteste hatte seinen Grund darin, dass dem schwer arbeitenden dritten Stand in diesem neoliberalen Staat so wenig geblieben ist, woraus er eine gemeinsame Identität ableiten könnte.

An diesem Punkt tritt die religiöse Rechte auf den Plan. Ihre Aggressivität ist ein Ausdruck derselben Prozesse, das heißt, sie hat durch das demographische Wachstum religiöser Bevölkerungsgruppen jeder Couleur objektiv die politische und ideologische Macht erobert, die durch den Abbau des Wohlfahrtsstaates freigesetzt worden war. Wo der frühere säkulare Rahmen einer sozialen Demokratie der Mannigfaltigkeit der Bevölkerung gerecht werden konnte, hat jetzt das vormoderne, religiös orientierte Regime Autonomie und Machtzuwächse erlangt.

Dass heute fast die Hälfte aller Kinder in den Grundschulen religiös praktizierend sind, ist ein klares Indiz für das veränderte Kräfteverhältnis. Statt dass der Wohlfahrtsstaat jener mächtige Akteur ist, der zwischen den drei unterschiedlichen Regimen reguliert und vermittelt, wird der Staat selbst von den Repräsentanten des vormodernen Regimes herausgefordert. Dies geschieht an mehreren Fronten – durch gewaltsame Konfrontationen mit der Armee ebenso wie durch Versuche, den demokratischen Charakter von Israels Rechtssystem und Medien zu verändern, sowie schließlich durch Bestrebungen, den Universitäten einen Maulkorb zu verpassen.

Obwohl verschiedene Fraktionen innerhalb der religiösen Öffentlichkeit die Demokratie auf unterschiedliche Weise attackieren, eint sie doch ein gemeinsames Interesse: die Verteidigung eines vormodernen Regimes und seiner religiösen und ethnischen Exklusivität. Die Armee wiederum steckt offensichtlich in einem Zwiespalt, weil sie widersprüchliche Interessen unter einen Hut bringen muss: Sie ist auf den Etat angewiesen, den nur eine florierende Wirtschaft ermöglicht, und kann sich auf bestimmte religiöse Restriktionen nicht ohne Weiteres einlassen. Zugleich aber kommt sie immer mehr unter den Einfluss religiöser Gruppen, die ihr einen neuen Vorrat an messianischen Vorstellungen über ihre historische Mission bereitstellen, nämlich die Bewahrung und Ausweitung jüdischen Territoriums. Weil das Verwalten des Konflikts mit unseren Nachbarn zur Routine geworden ist, braucht das Militär eine neue Quelle der Begründung und Rechtfertigung seiner Existenz, für die sich die religiöse Weltanschauung nur allzu gerne anbietet.

Die sozialen Proteste und die Aktionen der extremen Rechten sind gleichsam tektonische Platten unter dem israelischen Erdboden, die in Bewegung geraten sind und den Gesellschaftskörper erschüttern. Der rechte Aktivismus repräsentiert die religiösen, nationalistischen und militärischen Kräfte, die die jüdische Identität des Landes zu verteidigen suchen. Und dieser Aktivismus sowie die sozialen Proteste sind ein deutlicher Ausdruck zutiefst gegensätzlicher Kräfte und der Unfähigkeit sowohl des Wohlfahrtsstaates als auch der sozialen Demokratie, die gegensätzlichen Regime der israelischen Gesellschaft noch länger unter einem Dach zu vereinen.

Anmerkungen

1 Einzelheiten zu diesem Angriff finden sich in einer Demokratiedebatte, die die Zeitung *Haaretz* im November 2011 unter dem Titel »Schwarze Flagge über Israels Demokratie« veranstaltete. Von der Redaktion wurde die Debatte wie folgt eingeleitet: »Die Demokratie in Israel ist unter Beschuss geraten. Eine Reihe von Gesetzesvorlagen wurde in die Knesset eingebracht, die darauf abzielen, die Freiheit

von Minderheiten, Judikative und Medien einzuschränken. Frauen werden immer häufiger diskriminiert, und der politischen Meinungsfreiheit werden Zügel angelegt.« (*Haaretz*, »Black flag over Israel's democracy«, 17.11.2011, online verfügbar unter: {http://www.haaretz.com/black-flag-over-israel-s-democracy} [Stand Januar 2015]).

2 Der im Februar 2010 begonnenen Kampagne zufolge finanzierte der New Israel Fund (NIF) israelische Organisationen, die Informationen an die von Richard Goldstone geleitete UN-Kommission weitergaben. Der Bericht der Goldstone-Kommission beschuldigte die Israelischen Verteidigungsstreitkräfte, im Zuge ihrer Operation »Gegossenes Blei« im Gazastreifen Kriegsverbrechen begangen zu haben. Der NIF bestritt jedoch rundheraus alle von Im Tirtzu veröffentlichten Daten. Das Plakat, das Im Tirtzu zu der Kampagne herausbrachte, zeigte eine Karikatur der damaligen Präsidentin des NIF, der ehemaligen Knessetabgeordneten Naomi Chazan, mit einem Horn auf der Stirn – und galt selbst in der israelischen Öffentlichkeit als schlimme Entgleisung, siehe Jonathan Lis, »Amid row over contentious ad, Jerusalem Post fires Naomi Chazan of New Israel Fund«, in: *Haaretz* (05.02.2010), online verfügbar unter: {http://www.haaretz.com/print-edition/news/amid-row-over-contentious-ad-jerusalem-post-fires-naomi-chazan-of-new-israel-fund-1.265894} (Stand Januar 2015).

3 Siehe seinen Artikel in der *Haaretz* vom 13.01.2012, online verfügbar unter: {http://www.haaretz.co.il/opinions/1.1616306} (Stand Januar 2015).

5. Dreyfus in Israel. Ein Gedankenexperiment

Eine unheilige Allianz von Religion, Nationalismus und Sicherheitsbesessenheit bahnte Frankreichs dunkelsten Stunden den Weg. Wie steht es diesbezüglich um das heutige Israel?

Die Dreyfus-Affäre war ein Wendepunkt für Frankreich und den Zionismus. Frankreich spaltete sich in zwei Lager. Zwölf Jahre lang tobte ein Kampf zwischen den republikanischen Kräften und denen des Antisemitismus und Nationalismus. Die Affäre war auch der Moment, in dem Theodor Herzl angesichts der Menschenmengen, die »Tod den Juden« skandierten, zu der Einsicht kam, dass nur eine nationale Heimstätte für die Juden das Problem des Antisemitismus lösen würde. (Auch wenn diese Zusammenfassung historisch fragwürdig ist, gehört sie zur kollektiven Folklore über die Entstehung des Zionismus nach dem Motto: »Wir sind hier, weil es eine Dreyfus-Affäre gab.«) Wenn »die Affäre« die Saat war, aus der das fruchtbare Feld des zionistischen Nationalismus spross, wenn sie Zeugnis von den dunklen Mächten ablegte, die der Zionismus überwinden wollte, dann können wir diese historische Episode aus der Perspektive derer überprüfen, die wir heute geworden sind. Die Dreyfus-Affäre kann uns zweifellos als Spiegel dienen: Wenn wir uns die Akteure in jenem Drama anschauen, verstehen wir vielleicht noch einmal auf neue Weise, wer wir selbst sind.

Wir schreiben das Jahr 1894 in Paris. In der deutschen Botschaft findet eine Putzfrau, die nebenher für den französischen Geheimdienst spioniert, ein zerrissenes Schreiben, aus dem hervorgeht, dass ein Angehöriger der französischen Armee dem Deutschen Kaiserreich militärische Geheimnisse verraten hat. Prompt gerät der jüdische Artillerie-Hauptmann Alfred Dreyfus ins Visier von antisemitischen Offizieren, für die Juden ganz selbstverständlich unter dem Verdacht der Illoyalität gegenüber dem Staat stehen. Die Anschuldigung ist umso widersinniger, als Dreyfus wie Hunderte anderer französischer Juden der französischen Nation in der Armee mit dem für viele »assimilierte« Juden typischen glühenden Patriotismus gedient hatte. Dennoch wird er auf der Grundlage höchst wackliger »graphologischer« Beweise vor ein Kriegsgericht gestellt, für schuldig befunden, öffentlich degradiert und auf der Teufelsinsel vor der Küste Französisch-Guayanas, einer brutalen Strafkolonie, in Isolationshaft gesteckt. Zu diesem Zeitpunkt waren mit Ausnahme seiner engsten Angehörigen und des Sozialisten Bernard Lazare die meisten Franzosen von seiner Schuld überzeugt.

Ein Jahr darauf, 1895, wurde Oberstleutnant Marie-Georges Picquart zum Leiter des Deuxième Bureau ernannt, jener Abteilung des Geheimdienstes, die den Generalstab über militärische Gegner informieren sollte und die Dreyfus beschuldigt hatte. Wie so viele seiner Kameraden war Picquart ein Antisemit, manche behaupten sogar, ein besonders extremer. Zufällig fiel ihm ein verdächtiges Schreiben in die Hände, dessen Handschrift der jenes Papieres glich, welches Dreyfus belastet hatte. Es stammte aus der Hand eines Majors namens Ferdinand Walsin-Esterházy. Picquart sah sich die Beweismittel gegen Dreyfus genauer an und begriff, als er erkannte, wir dürftig sie waren, dass dieser zu Unrecht der Spionage bezichtigt worden war.

Picquart teilte diese Entdeckung seinen Vorgesetzten mit, die ihn indes zum Stillschweigen verpflichteten und die Beweise zu unterdrücken versuchten. »Was interessiert es Sie, wenn dieser Jude auf der Teufelsinsel ist?«, fragte einer von ihnen rhetorisch. Picquart aber interessierte es offenbar doch, was für ihn mit erheblichen Risiken verbunden war: Er wurde schließlich auf einen fernen Vorposten in Tunesien abgeschoben. (Und noch ein wenig später wurde er sogar zu sechzig Tagen Festungshaft verurteilt.) Picquart loszuwerden löste das Problem der Militärs jedoch nicht. Louis Leblois, Picquarts Anwalt, war ebenfalls ein Mann mit Prinzipien und entsprechend aufgewühlt. Er beschloss, den Vizepräsidenten des französischen Senats, Auguste Scheurer-Kestner, über die Entdeckungen seines Mandanten und das Verhalten der französischen Armee zu informieren.

Scheurer-Kestner, der aus einer protestantischen Industriellenfamilie stammte, war ein hoch angesehener Republikaner, der wie viele andere (unter anderem Georges Clemenceau) Dreyfus zunächst für schuldig hielt. Nachdem aber Leblois mit ihm gesprochen hatte, notierte er in seinem Tagebuch, er verspüre etwas »Vages und Schmerzliches«, als sei die Stimme des Gewissens stärker als seine Gewissheit über Dreyfus' Schuld. Mathieu Dreyfus, der Bruder des verurteilten Hauptmanns, beschrieb ihn als »passionnément épris de justice«, einen Mann von leidenschaftlicher Gerechtigkeitsliebe.

Als Scheurer-Kestner schließlich von Dreyfus' Unschuld überzeugt war, setzte er sich für eine öffentliche Wiederaufnahme des Falles ein. Dieses Ansinnen hatte genau die Konsequenzen, die er hätte voraussehen können. Es entfesselte den Hass des antisemitischen und nationalistischen Lagers und führte dazu, dass seine Bemühung um eine Wiederwahl zum Vizepräsidenten des Senats scheiterte. Doch trotz der Kosten und Risiken für seine Karriere und öffentliche Stellung sprach er den Staatspräsidenten, den Premierminister und andere prominente politische Figuren unablässig auf den Fall an. Als ihm der endgültige Beweis für Esterhazys Schuld vorgelegt wurde, handelte er nicht wie ein (im schlechten Sinne des Wortes) guter Politiker, sondern wie ein moralisch empörter Staatsbürger und machte seiner Meinung in einem offenen Brief in der Zeitung *Le Temps* Luft, womit er Schockwellen im gesamten politischen System Frankreichs auslöste. 1898 sah sich die Armeeführung durch die öffentliche Diskussion und politische Agitation dazu gezwungen, Esterhazy vor ein Kriegsgericht zu stellen, um seinen Namen reinzuwaschen. Und tatsächlich wurde Esterhazy freigesprochen.

Zwei Tage darauf nahm die Affäre mit dem wohl berühmtesten Zeitungsartikel aller Zeiten eine neue und entscheidende Wendung. »J'accuse«, von dem französischen Romancier Émile Zola verfasst, elektrisierte Frankreich und war eine Sensation, die inner- und außerhalb des Landes nachhaltige Folgen weit über die »Affäre« hinaus haben sollte. Der als offener Brief an den französischen Staatspräsidenten Félix Faure formulierte Text war eine direkte Anklage gegen die höchsten Ränge der französischen Armee, denen Zola Behinderung der Justiz und Antisemitismus vorwarf. Er forderte den Präsidenten dazu auf, sich dieses »Verbrechen[s] einer Verletzung der Menschlichkeit und der Gerechtigkeit« anzunehmen und ihm ein Ende zu bereiten. In leidenschaftlichen Worten schrieb er, er werde diesen Kampf zweifellos gewinnen: »Die Wahrheit ist auf dem Wege, und nichts wird sie aufhalten ...«[1] Zola ging damit ein erhebliches Risiko ein, bestand sein unmittelbares Ziel doch darin, von der Armee wegen Verleumdung verklagt zu werden, so dass der Dreyfus-Prozess wiederaufgerollt und neue Beweise vor Gericht eingebracht werden könnten. Genau das tat die Armee, sie stellte Zola vor Gericht. Er wurde verurteilt und musste nach England fliehen. Dennoch war sein Artikel von enormem Einfluss und führte allmählich zu einem Umschwung der öffentlichen Meinung.

Die Monate von Januar bis August 1898 waren von seltener politischer Dramatik. Die Regierung von Premierminister Félix Jules Méline trat zurück, Zola wurde aus der Ehrenlegion ausgeschlossen, ein neuer Kriegsminister kam ins Amt, Unruhen und Proteste erschütterten die französische Gesellschaft. Die Armee erhob aggressiv neue Vorwürfe gegen Dreyfus, basierend auf Dokumenten, die ein gewisser Major Hubert-Joseph Henry gefälscht hatte. Der neue Kriegsminister jedoch, Godefroy Cavaignac, war ein Mann von großer Integrität. Wie viele andere war er von Dreyfus' Schuld genauso überzeugt gewesen wie davon, dass diese Dokumente sie bewiesen. Als aber mit Hauptmann Louis Cuignet ein weiterer Anti-Dreyfusard (und wahrscheinlich Antisemit) entdeckte, dass Henry die Papiere gefälscht hatte, und Cavaignac darüber informierte, sah dieser seinen Irrtum ein. Henry kam ins Gefängnis, schrieb ein Geständnis und beging Selbstmord, was die nationalistischen Antisemiten nur noch mehr aufhetzte. Cavaignac übernahm die Verantwortung für das Fehlverhalten der Streitkräfte und sein Versäumnis, die Wahrheit früher zu erkennen, und trat zurück. Ein General und Kriegsminister nach dem anderen schieden nun aus dem Amt, weil keine Zustimmung zur Forderung nach einem Wiederaufnahmeverfahren zu erlangen war. Ein ganzes Kabinett trat zurück, begleitet von Protesten und antisemitischen Ausschreitungen. Die folgende politische Instabilität brachte die Armee noch mehr gegen das Lager der Dreyfusards auf.

Am Ende wurde Dreyfus 1899 von dem fortschrittlichen Premierminister Pierre Waldeck-Rousseau begnadigt.

Eine andere Perspektive

Lösen wir diese Geschichte nun aus unserer nationalen israelischen Folklore heraus und nehmen sie aus einem anderen Blickwinkel in Augenschein. Nicht weil ich die allgemeine

Sichtweise bestreite, die französische Armee sei von einem aggressiven Antisemitismus befallen gewesen, der sich mit dem weitverbreiteten Antisemitismus der gewöhnlichen französischen Bevölkerung deckte. Sondern weil historische Ereignisse wie Gegenstände sind, die wir in die Hand nehmen können: Wir können sie von oben oder von unten betrachten, von vorne oder von der Seite, und jede Position wird uns etwas anderes zu sehen erlauben. Wohl können wir ein Objekt nicht gleichzeitig von oben und von unten anschauen, doch widerspricht die eine Perspektive nicht der Existenz der anderen.

Erstens ist an dieser Geschichte bemerkenswert, dass es sich um ein politisches Drama von einer Intensität handelt, die wir in Israel gar nicht begreifen, geschweige denn reproduzieren können. Zwölf Jahre lang war ein katholisches Land in der Frage der Schuld oder Unschuld eines unbedeutenden jüdischen Hauptmanns zutiefst gespalten. Um die moralische Wucht dieses Dramas zu ermessen, möchte ich meine Leser um folgendes Gedankenspiel bitten: Stellen wir uns vor, ein Araber, der in der israelischen Armee dient, werde der Spionage für ein arabisches Land bezichtigt. Das Militär legt Beweise vor, stellt ihn vor Gericht, befindet ihn für schuldig und verurteilt ihn zu Isolationshaft. Zwei Jahre später fällt einem Offizier, der zugleich ein rechtsgerichteter Siedler ist und Araber normalerweise schnell für illoyale Staatsbürger hält, ein Dokument in die Hände, das Zweifel an der Richtigkeit des Urteils aufkommen lässt. Dieser Siedleroffizier macht sich nun daran, das Urteil anzufechten, zieht die Integrität seiner Kameraden und Vorgesetzten in Zweifel – all das im Namen von Wahrheit und Gerechtigkeit für einen Menschen, der nun mal ein Araber ist. Er ignoriert seine üblichen Vorurteile, entfremdet sich von seinen Kameraden und Vorgesetzten, wird von ihnen schikaniert – für einen Araber. Unser rechter Armeeoffizier steckt all diese Schläge ein und stellt die Version der IDF unverdrossen infrage, bis die Militärbehörden die Nase voll von ihm haben und ihn im Ausland kaltstellen. Und selbst jetzt lässt er sich nicht verbiegen und kämpft weiter im Interesse des Arabers, trotz seines Exils, trotz der lebhaften Verachtung, die ihm aus seinem Umfeld entgegenschlägt, trotz anschließender Anklage wegen Verrats und Haftstrafe. Dieser Siedler ist nicht der Einzige, der so handelt; tatsächlich kämpfen auch andere Siedler mit erheblicher Entschlossenheit für den Araber, dem die israelische Armee Unrecht getan hat.

Stellen wir uns nun vor, der Sprecher der Knesset, bislang von der Schuld des Arabers überzeugt, erführe, dass an dieser Schuld einige Zweifel bestünden. Er ändert seine Meinung und macht seinen gesamten politischen Einfluss zugunsten des Arabers geltend. Wiederholt bedrohen ihn rechtsgerichtete und gewalttätige Organisationen, die an die 1923 in Riga gegründete zionistische Jugendorganisation Betar erinnern, Menschenmengen attackieren ihn und nationalistische Autoren verspotten ihn; er wird nicht als Sprecher wiedergewählt, verliert seinen Rückhalt und seine Verbündeten im politischen System und gibt trotzdem nicht auf, sondern versucht unermüdlich, die Unterstützung des Präsidenten, des Ministerpräsidenten und aller anderen relevanten politischen Entscheidungsträger zu bekommen.

Stellen wir uns weiter vor, Israel sei inzwischen in zwei Lager gespalten, die einander in der Frage der Schuld oder Unschuld des Arabers mit glühendem Hass gegenüberstehen. Stellen wir uns vor, dass sie je nach ihrer Position in dieser Frage nicht mehr zusammen an einem Tisch sitzen und essen können. Stellen wir uns vor, dass ein Verteidigungsminister zurücktritt, als ihm klar wird, dass er in gutem Glauben, aber zu Unrecht von der Schuld des Arabers ausgegangen ist. Stellen wir uns vor, dass aufgrund der landesweiten Erregung über einen einfachen Araber ganze Regierungen abdanken. Stellen wir uns vor, dass der Mann, der die Beweise gefälscht hat, sich das Leben nimmt, weil er sich seiner Taten schämt.

Und während wir uns zu guter Letzt vielleicht noch einen israelischen Journalisten mit der Verve und der Courage eines Zola vorstellen können, können wir uns kaum vorstellen, ein Artikel wie »J'accuse« würde die Bürger in einem solchen Ausmaß elektrisieren, dass sie auf die Straße gehen, würde Schriftsteller und Intellektuelle dazu zwingen, sich fieberhaft in bisher nicht gekannter Weise zu organisieren, würde eine politische Krise nach der anderen auslösen. Wir können uns nicht vorstellen, dass sich die israelische Gesellschaft wegen eines zu Unrecht beschuldigten Arabers spaltet. (Auf die Frage, warum er sein Geburtsland Litauen gegen Frankreich eintausche, pflegte der französisch-jüdische Philosoph Emmanuel Lévinas mit einem Ausspruch seines Vaters zu antworten: »Es lohnt sich irgendwo, in ein Land zu gehen, das sich selbst zerreißt, um die Ehre eines kleinen jüdischen Hauptmanns zu verteidigen.«)

Sie und ich, wir können uns wahrscheinlich nicht vorstellen, dass sich irgendetwas von alldem in Israel zutragen könnte. Und warum nicht? Zum einen ist hier eine der Prämissen dieser Geschichte nicht gegeben. Die französischen Juden waren durch eine universelle Staatsbürgerschaft geschützt. Die Araber in Israel sind Inhaber einer Staatsbürgerschaft, doch ist diese lediglich ein leeres bürokratisches Faktum. Sie gleicht eher der einer ethnischen Enklave im Osmanischen Reich als der des inklusiven Universalismus der französischen Staatsbürgerschaft. Die Dreyfus-Affäre war überhaupt nur möglich, weil in Frankreich ein universelles Staatsbürgerschaftsmodell existierte. Das ist aber nicht der einzige Grund. Wir könnten uns wahrscheinlich nicht einmal vorstellen, dass eine solche Geschichte einem zu Unrecht angeklagten Juden in Israel widerfährt. In der israelischen Gesellschaft könnte ein ungerechtfertigt angeklagter Jude keine Dreyfus-Affäre heraufbeschwören, weil israelischen Politikern und sogar Armeeoffizieren die Art von moralischen Normen abgeht, die sie dazu veranlassen würde, gegen ihre eigenen unmittelbaren politischen Vorteile und Interessen zu handeln. Der Grund ist, dass es für die meisten Politiker und Offiziere hoffnungslos naiv klingt, für Wahrheit und Gerechtigkeit einzutreten, und nicht wie ein naheliegendes Gebot. Zudem lassen sich israelische Bürger selten von ihren moralischen Überzeugungen und ihrer Empörung leiten. Moralische Empörung kann nur aus der Verinnerlichung universeller Gerechtigkeitsnormen erwachsen.

Die Antisemiten Picquart und Cuignet verdienen unsere uneingeschränkte Bewunderung, gerade weil sie Antisemiten waren, die ihre Karrieren und ihre Freiheit für den Juden Dreyfus opferten. Das heißt, sie setzten nicht nur ihre beruflichen Laufbahnen, ihr Eigeninteresse und ihren Frieden aufs Spiel, sondern sie handelten zumal gegen ihr eigenes (antisemitisches) Vorurteil, um einen moralischen Grundsatz zu verteidigen. Nicht weniger heldenhaft war Scheurer-Kestner, der seinen Status, seine Wiederwahl, seine ihm zuträgliche öffentliche Stellung, seine Gesundheit und seine politischen Verbindungen zugunsten eines unbedeutenden jüdischen Hauptmanns riskierte. Gibt es einen einzigen israelischen Politiker, der seine Karriere wegen eines gewöhnlichen Juden, geschweige denn eines »kleinen Arabers« riskieren würde? Koalitionen schmieden, Überleben und Durchlavieren sind die Spezialgebiete unserer Politiker.

Wenn wir den Antisemitismus betrachten, der während der Dreyfus-Affäre große Teile der französischen Gesellschaft erfasst hatte, können wir noch etwas anderes lernen. Wer waren die Anti-Dreyfusards, jene Menschen, die historisch heute als die dunklen Mächte dastehen, die Frankreich fast an den Abgrund brachten? Im Deutsch-Französischen Krieg von 1870/71 verlor Frankreich Elsass-Lothringen an Preußen. Die Folgen waren ein erlahmender Kampfgeist und die Wahl einer konservativen Regierung in Frankreich. 1871 schlug diese Regierung in einer gewaltsamen und blutigen Konfrontation die Pariser Kommune nieder – eine Revolte von Pariser Bürgern gegen wachsende Ungleichheit und hohe Steuern, verbunden mit dem Gefühl der nationalen Niederlage und Demütigung sowie dem Verlangen, Frankreich möge seinen Kampf gegen Preußen wieder aufnehmen. Das Land war somit tief gespalten. Ein Teil war verunsichert über seinen militärischen Rang, von der Niederlage gedemütigt und begierig darauf, wieder an die Macht zu kommen. Ein anderer hatte das Gefühl, dass die revolutionären Ideale der Gleichheit und der Menschenrechte mit Füßen getreten worden waren. Das Lager der Anti-Dreyfusards war zugleich voller Ängste und voller Rachegelüste; es war geschwächt, wollte aber präpotent seine Stärke beweisen. Es wurde »sicherheitsbesessen«, sorgte sich vor äußeren und inneren Feinden, verdächtigte Staatsbürger, Ausländer und Juden der Illoyalität. Weil sich die Intellektuellen auf die Seite der Juden und der Ausländer schlugen, hasste das Lager der Dreyfusgegner auch all jene, die sich für die »hehren Prinzipien« der Moral starkmachten, also die Intellektuellen. Der notorische Antisemit Maurice Barrès warnte die Franzosen vor den Intellektuellen, denn, wie er sagte, »einzig militärische Tugenden machen die Stärke einer Nation aus«.[2]

Das Lager der Anti-Dreyfusards war also bunt gemischt: Einige wollten ein Frankreich nur für Katholiken; andere fürchteten Ausländer und Juden; wieder andere wollten eine starke Armee und Rache an Preußen. Diese Themen kursierten in dem Dreigespann Kirche – Nation – Armee. Diese überaus unheilige Allianz von Religion, Nationalismus und militärischer Sicherheitsbesessenheit war es, die Frankreichs dunkelsten Stunden den Weg bahnte. Möge die Leserin selbst entscheiden, ob sie noch ein Land kennt, das dieselbe Mischung aus Religion, Sicherheitswahn, Nationalismus und Angst vor inneren Feinden an den Tag legt.

Was Frankreich vor der Schande bewahrte, war nicht nur die Existenz von Dreyfusards, sondern auch die von moralischen Normen, die stark genug waren, um selbst Antisemiten dazu zu bewegen, ihre Meinung zu ändern und ihre Karrieren wie ihre Freiheit aufs Spiel zu setzen, um diesen Normen Geltung zu verschaffen. Diese Normen überstiegen religiöse und politische Zugehörigkeiten. Für Picquart lag die Ehre der französischen Armee in ihrer Fähigkeit, die Ideale von Wahrheit und Gerechtigkeit zu verteidigen. In Wirklichkeit wurde Dreyfus nicht von französischen Linken und Intellektuellen gerettet, sondern von dem überwältigenden Gefühl, Ehre bedeute, »das Richtige zu tun«.

Bei Ausbruch des Ersten Weltkrieges meldete sich Dreyfus, der zu diesem Zeitpunkt bereits pensioniert war, als Freiwilliger an die Front. Nach allem, was er erlitten hatte, nachdem seine brillante Zukunft durch den Antisemitismus französischer Offiziere zerstört worden war, verspürte er den Drang, der Armee zu dienen, die ihn so gnadenlos verraten hatte. Dies sollte uns zu denken geben. Was wohl könnte ihn dazu motiviert haben? Ich glaube nicht, dass das ein großes Rätsel ist. Dreyfus meldete sich freiwillig, weil er sein Land noch immer liebte. Und warum? Weil Frankreich durch ihn die Gerechtigkeit für jedermann verteidigt und damit seine moralische Autorität gerettet hatte. Zu Herzl können wir somit sagen: Der Zionismus wird sein Ziel erreicht haben, wenn Israel zu seiner Dreyfus-Affäre fähig ist.

Anmerkungen

1 Émile Zola, »Ich klage an«, in: *Reden, die die Welt bewegten*, Essen 1996, 9. aktual. Aufl., S. 189.

2 Zit. nach Jacqueline Rose, *Proust Among the Nations. From Dreyfus to the Middle East*, Chicago 2011, S. 50.

6. Ich? Eine Jüdin? Antisemitisch?

Jüdische Kritiker Israels werden immer öfter des Antisemitismus bezichtigt. In Wirklichkeit aber stehen sie für den »normalisierten« Juden, der aus der Position einer Mehrheit heraus denkt. Eine Antwort auf die Kritiker meines Dreyfus-Artikels

Wie Hester Prynne, die Hauptfigur von Nathaniel Hawthornes Roman *Der scharlachrote Buchstabe*, der die strenge Frömmigkeit der Puritaner im 17. Jahrhundert thematisiert, werden heute viele zeitgenössische jüdische Intellektuelle mit einem Buchstaben gebrandmarkt, der ihre Schande bezeichnen soll: nicht mit einem A für Ehebruch (*adultery*) wie in Hawthornes Buch, sondern mit einem A für Antisemitismus. Peter Beinart, Noam Chomsky, Judith Butler, Avi Shlaim, Shlomo Sand und jüngst ich selbst auf der Website der französischen Zeitung *Le Monde* teilen die fragwürdige Ehre, von Angehörigen ihrer eigenen ethnischen und religiösen Gemeinschaft als antisemitisch abgestempelt zu werden. Was haben wir getan, um uns ein so schändliches Schimpfwort einzuhandeln? Nicht mehr, als von dem Recht Gebrauch zu machen, die Leistungen und das Versagen des Staates Israel kritisch zu reflektieren und zu bewerten.

Im jüdischen Volk – das mit außerordentlicher Brillanz die talmudische Kunst der Debatte und Argumentation entwickelte – gibt es heute viele Individuen und Institutionen, die auf Kritik mit der so gar nicht dialogischen Praxis der Exkommunikation reagieren. (Einen kritischen Juden als antisemitisch zu bezeichnen ist lediglich eine neue Variante des Glaubensfanatismus.) Der Vorwurf des Antisemitismus ist besonders unverständlich, wenn er sich gegen Jüdinnen und Juden wie mich richtet, die sich bewusst dafür entschieden haben, in Israel zu leben. Er ist aber nicht weniger verstörend, wenn er Juden an den Kopf geworfen wird, die sich stark mit ihrem Judentum identifizieren und leidenschaftlich für es einsetzen, wie es viele der Obenerwähnten tun. Diese Anschuldigung und die Art und Weise, wie sie erhoben wird, verweist auf ein beunruhigendes Phänomen in der weltweiten jüdischen Gemeinschaft. In einem Prozess, den der US-amerikanische Autor und Gründer des Middle East Forum Daniel Pipes – ein russischstämmiger Jude, der etwas von den Techniken der Einschüchterung zu verstehen scheint – angestoßen hat, werden Juden, die von der offiziellen Linie einer bedingungslosen Unterstützung Israels und seiner Politiken abweichen, zunehmend skeptisch beäugt und drangsaliert. Interessanterweise sind es sehr viel eher Mitglieder jüdischer Gemeinschaften außerhalb Israels als solcher aus Israel selbst, die sich derart schikanöser Taktiken bedienen (obwohl sich inzwischen auch israelische Gruppen wie Im Tirtzu und Journalisten wie Ben-Dror Yemini von der *Maariv*, einer der meistgelesenen israelischen Tageszeitungen, dieser Rhetorik befleißigen). Dies sollte uns innehalten und über den Zustand des Verhältnisses nachdenken lassen, das Israelis und Diasporajuden – hauptsächlich in den Vereinigten Staaten und Frankreich – miteinander verbindet oder voneinander trennt.

Eine simple Erklärung für die wiederholten Angriffe auf Israelkritiker ist, dass sich hinter Wut oft Angst verbirgt. Dieser Auffassung zufolge erfährt sich die französische (oder die amerikanische) jüdische Gemeinschaft als verletzlich und solidarisiert sich dementsprechend gegen einen gemeinsamen Feind – den Antisemiten. Das gilt insbesondere für Frankreich, wo der muslimische Antisemitismus im Lauf der vergangenen zehn Jahre erheblich zugenommen hat. (Man denke nur an die entsetzliche Ermordung Han Halimis vor einigen Jahren, die Schießerei auf dem Gelände der Ozar Hatorah-

Schule in Toulouse mit vier Toten oder die täglichen Gewaltakte auf offener Straße, die Muslime an Juden verüben.) Diese Erklärung überschneidet sich mit dem Argument der »schmutzigen Wäsche«: Was sich unter Angehörigen der eigenen Gruppe sagen lasse, könne nicht in Anwesenheit anderer gesagt werden, und was sich in Israel sagen lasse, könne nicht außerhalb Israels gesagt werden.

Beide Argumente sind berechtigt. Die Interpretation jeder Behauptung und jedes Textes ist in einen kulturellen Kontext eingebettet. Wenn Juden Juden kritisieren, trifft dies bei Nichtjuden, denen man nicht immer und ausschließlich wohlwollende Überzeugungen und Einstellungen zu Juden unterstellen kann, zwangsläufig auf eine andere Resonanz. Sollen wir diese Argumente also akzeptieren und in ein vorsichtiges und ängstliches Schweigen verfallen? Keineswegs. Denn damit würden wir Israelis hinnehmen, dass unsere Gedanken und Meinungen von der Situation und dem existentiellen Horizont derjenigen bestimmt werden, die außerhalb Israels leben. Hinter den Differenzen zwischen israelischen Kritikern Israels und Vertretern der Diaspora, die mit einer brachialen Abwehrhaltung auf diese Kritiker reagieren, verbergen sich drei Widersprüche und Paradoxien, die die Haltung jüdischer Gemeinschaften gegenüber Israel umtreiben:

1. Der Zionismus wurde ins Leben gerufen, um die Anomalie zu beenden, unter der die Juden zu leiden hatten, die jahrhundertelanger Verfolgung in christlichen Ländern ausgesetzt waren (weitaus stärker als in islamischen Ländern). Diese europäische nationalistische Bewegung machte geltend, dass die Juden eine nationale Heimstätte bräuchten, um ihre Existenz zu »normalisieren«. Für die zionistischen Vordenker beschränkte sich die nationale Souveränität nicht allein auf ihre territoriale Dimension, sondern sie war auch eine Praxis gegenüber sich selbst, in Bezug auf das eigene

Selbstverhältnis, seinen *rapport à soi*, um mit Foucault zu sprechen. Die neuen Juden sollten Ängste und Schwächen überwinden, um das kollektive Schicksal der Juden zum Resultat einer politischen Willensbestimmung zu machen – um Objekte in politische Subjekte zu verwandeln. Ein selbstbestimmtes politisches Subjekt nach zionistischer Auffassung zu sein bedeutet, dass die Furcht (vor Antisemitismus) nicht die eigenen existentiellen und politischen Positionen diktiert.

Das heißt nicht, dass sich die Israelkritiker des weitverbreiteten Antisemitismus nicht bewusst wären, dass sie nicht entsetzt über ihn und alle Formen von Rassismus wären. Es heißt vielmehr, dass ihr emotionales und politisches Vokabular nicht von Furcht geprägt ist. Die israelischen Kritiker Israels repräsentieren den Zionismus in seiner Absicht, das jüdische Subjekt neu zu erschaffen, in Reinform: Sie stehen für den »normalisierten« Juden, der mit dem Nichtjuden in seinem Vermögen, sich selbst als Mehrheit zu begreifen, gleichgezogen hat. Und dazu gehört, dass man fähig sein muss, sich um die Minderheiten, die unter einem leben, zu kümmern.

Diese Position der Sicherheit und Souveränität im Hinblick auf ihr eigenes Selbst erlaubt den Kritikern Israels, eine Reihe von vermeintlichen Selbstverständlichkeiten zu hinterfragen: die Ungleichheit, die mit einer auf die Mehrheitsreligion in Israel gestützten Definition der Staatsbürgerschaft einhergeht, die Politik der Unterdrückung eines anderen Volkes, die Ungleichheit zwischen säkularen und religiösen Juden, die hartnäckige und allgegenwärtige Diskriminierung arabischer Israelis. Diese Ungleichheiten, eine natürliche Folge der Definition Israels als jüdischer Staat, werden von denen unter uns infrage gestellt, denen die Gerechtigkeit am Herzen liegt, gerade weil die Juden jetzt souverän sind. Man kann also nicht Zionist sein und die Konsequenzen einfach von sich weisen, die damit verbunden sind, wenn man zur Mehrheit wird.

2. Der zweite Widerspruch ist sogar noch verstörender. Diasporajuden pochen gegenüber Frankreich und den Vereinigten Staaten oft (mit Fug und Recht) auf einen universalistischen Bürgerstatus – selbst die Rechte kultureller Minderheiten sind letztlich immer in universalistische Forderungen eingebettet. Und doch akzeptieren sie die Tatsache, dass israelische Araber als Bürger dritter Klasse behandelt werden. Das darf nicht sein. Ein Jude, der (zu seinen eigenen oder zu Gunsten anderer Gruppen) für Gleichheit in Europa eintritt, muss diese auch von Israel fordern. *Ein* arabischer Richter am Obersten Gericht kann den Umstand nicht wettmachen, dass Araber – immerhin zwanzig Prozent der israelischen Bevölkerung – von der aktiven Mitwirkung in den meisten militärischen, kulturellen und politischen Institutionen ausgeschlossen sind, so wenig wie den Umstand, dass die Besatzung die moralische Sensibilität der Israelis abgestumpft hat, oder den, dass es israelischen Politikern in spektakulärem Ausmaß an moralischer Orientierung mangelt. Es stimmt: Ein universaler Staatsbürgerstatus bedroht den jüdischen Charakter des Landes (der die Ausgrenzung und Diskriminierung der Araber impliziert). Über diese Konsequenz aber sollten sich die Menschen, die die biblischen Propheten hervorbrachten, den Kopf zermartern und sie nicht als unvermeidlich und daher tolerabel in Kauf nehmen.

Unsere politischen Institutionen sind tatsächlich besser als die der undemokratischen und blutigen Regime in der Region. Aber ist das der Maßstab, an dem wir uns messen lassen wollen? Mein in der *Haaretz* und in *Le Monde* abgedruckter Artikel, der das Frankreich von Dreyfus mit dem heutigen Israel vergleicht, wurde als ein Punkt-für-Punkt-Vergleich zwischen Frankreich und Israel interpretiert. Er war jedoch vielmehr eine Einladung zu einer Übung in historischer und politischer Vorstellungskraft, um zu veranschaulichen, dass etwas Grundlegendes an der universalistischen Moral im israelischen Gemeinwesen zunehmend Schaden erleidet. Mein Punkt ist schlichtweg der: Indem es die Staatsbürgerschaft auf der Grundlage der Religion definiert, hat das israelisch-jüdische Gemeinwesen die Reichweite, Kraft und Eindringlichkeit der Moral in der israelischen Öffentlichkeit erheblich eingeschränkt.

3. Und schließlich handeln viele Juden unverantwortlich, wenn sie jeden Kritiker Israels als Antisemiten bezeichnen. Sie schmälern die Wirksamkeit des Kampfes gegen den echten Antisemitismus und lassen ihn geradezu idiotisch erscheinen, als ob die Beleidigung als »Antisemit« ein billiger Trick wäre, um die universalistischen Kritiker Israels zum Schweigen zu bringen. Es gibt doch wohl einen Unterschied zwischen einer moralischen Kritik und Rassenhass? Zwischen dem Willen, eine Gruppe zu unterdrücken, und dem Verlangen nach Gerechtigkeit für alle? Die Juden außerhalb Israels helfen uns nicht, wenn sie ihre verwickelten Verhältnisse mit den Mehrheitskulturen, in denen sie leben, auf uns projizieren, wie schmerzlich diese auch sein mögen. Solche Projektionen tragen nicht dazu bei, das aktuelle Gespräch über Israels Schicksal voranzubringen.

Der Zionismus war eine Bewegung der nationalen Selbstbestimmung, die sich selbst als ein gerechtes politisches Projekt verstand. Es entsprang dem glühenden Verlangen von Juden, sich das aufklärerische Ideal eines selbstbestimmten Lebens ohne Furcht zu eigen zu machen. Während jedoch andere nationale Befreiungsbewegungen ihr Ziel erreichten, war der Zionismus, der europäische Ideen in den Nahen Osten einführte, mit wesentlich schwerwiegenderen – inneren wie äußeren – Herausforderungen konfrontiert. Seine Legitimität wurde beharrlich infrage gestellt, und das Problem, vor dem wir Intellektuelle und Kritiker stehen, ist, dass dies sowohl aus den richtigen als auch aus den falschen Gründen geschah. Aus den falschen Gründen, weil manche den Juden in unannehmbarer Weise ihr legitimes Selbstbestimmungsrecht abgesprochen haben. Aber auch aus den richtigen Gründen, weil der Zionismus zu einer Ideologie geworden ist, in deren Namen koloniale und gewaltsame Politiken gerechtfertigt werden. Wenn der Zionismus ein gerechtes und universalistisches Projekt bleiben soll, müssen wir die Grenzen unserer politischen Imagination in beispielloser Weise erweitern. Um diese Aufgabe zu meistern, müssen Juden inner- wie außerhalb Israels mit der Unterstützung nichtjüdischer Philosophen und Aktivisten alle ihre Kräfte aufbieten – und aufhören, Schlammschlachten gegeneinander zu führen.

7. Die Gewohnheit des Gehorsams

Politische Apathie oder die Zerschlagung von Israels heiliger Dreieinigkeit aus Siedlern, Religiösen und Reichen. Besteht irgendeine Hoffnung, dass sich der radikale Geist der frühen Zionisten wiederbeleben lässt?

Étienne de La Boétie wurde 1530 geboren. Leicht hätte die Geschichte über diesen brillanten Geist hinweggehen können, wäre er nicht der innig geliebte Freund Michel de Montaignes gewesen, des berühmten Verfassers der *Essais* – und dank dieser Freundschaft überdauerte sein Name die Zeiten. Um das Jahr 1548 schrieb er, als Achtzehnjähriger, ein schmales Buch mit dem Titel *Discours de la servitude volontaire*. Die Abhandlung gab sich den Anschein einer gelehrten Übung in der besten humanistischen Schreibtradition des 16. Jahrhunderts. Ihre Bezugnahmen auf griechische und römische Autoren waren indes nur ein leicht durchschaubares Manöver, um ihren Autor zu schützen. Der verfolgte in Wirklichkeit ein weitaus radikaleres Ziel, nämlich die Monarchie anzugreifen und neue, aufrührerische Ideen über die Natur der Souveränität und der politischen Macht vorzubringen.

König Franz I. hatte beschlossen, die extrem unbeliebte Salzsteuer rücksichtslos einzutreiben. Die sogenannte *gabelle* besteuerte nicht nur den Salzkonsum, sondern zwang die Bürger auch dazu, Salz zu kaufen. Etwa zu der Zeit, als La Boétie seinen berühmten Essay schrieb, gab es Aufstände gegen die Steuer, die von der königlichen Armee gewaltsam niedergeworfen wurden. (Franz I. war da bereits tot. Sein Nachfolger wurde sein Sohn Heinricht II.) Dieses Zeugnis der Unnachgiebigkeit des Monarchen und seiner wachsenden Macht beunruhigte Adel und Bürgertum.

Einige Jahre später wurde der Essay weithin unter dem Titel »Anti-Monos« bekannt. Die Protestanten zogen ihn in ihrem Widerstand gegen die gewaltsame Unterdrückung durch die Katholiken heran, besonders nach der Bartholomäusnacht vom 23. auf den 24. August 1572, in der Katholiken landesweit in über zwanzig französischen Städten Protestanten massakrierten. In den folgenden Jahrhunderten erlebte das Buch mehrere Nachdrucke, merkwürdigerweise immer kurz vor dem Ausbruch verschiedener Rebellionen. In der schneidenden Schärfe seines Denkens leuchtet es für uns auch heute immer noch wie ein funkelnder Kristall in einem dunklen Raum.

Dieser kurze, eindringliche Essay wirft eine täuschend einfache Frage auf: Warum sind Menschen freiwillig dazu bereit, Tyrannen zu dienen? Er möchte nur erklären, so formuliert es La Boétie in seiner gespielten Naivität, »wie es geschehen kann, daß so viele Menschen, so viele Dörfer, Städte und Völker manchesmal einen einzigen Tyrannen erdulden, der nicht mehr Macht hat, als sie ihm verleihen, der ihnen nur so weit zu schaden vermag, als sie es zu dulden bereit sind, der ihnen nichts Übles zufügen könnte, wenn sie es nicht lieber erlitten, als sich ihm zu widersetzen«.[1] La Boétie zeigt uns also ein ganz anderes Bild als das, das später die linke politische Philosophie zeichnen sollte, wenn er schreibt: »Das Volk unterwirft sich selbst und schneidet sich die Kehle durch, und bei der Wahl, Sklave zu sein oder frei, gibt es seine Unabhängigkeit auf und beugt sich unter das Joch, es willigt in sein Elend ein oder jagt ihm vielmehr nach.«[2] Wo Marx, die Sozialisten oder die Feministinnen »das Volk« zum Opfer von wirtschaftlichen Interessen oder von Machtgelüsten erklären würden, war es hier das Volk selbst, das unmittelbar für das Joch verantwortlich war, unter dem es lebte. Kein Tyrann auf Erden bliebe auch nur einen Tag länger ein solcher, wenn ihm das Volk nicht in Wirklichkeit zu seiner Macht verhälfe.

Warum aber verzichten die Menschen bereitwillig auf ihre Freiheit? Auf diese Frage entgegnete La Boétie schlicht: Sie hatten nicht weniger als die Fähigkeit verloren, frei sein zu wollen, sich nach Freiheit zu sehnen. Ungeduldig mögen wir weiterfragen: Und wie haben sie sie verloren? Auch darauf hatte La Boétie eine verblüffend einfache Antwort: Sie haben diese Fähigkeit vergessen. La Boétie stellt den bizarren Gedanken in den Raum, dass Menschen irgendwie sogar das Vermögen, sich nach Freiheit zu sehnen, vergessen könnten.

La Boétie konnte nichts von Verhaltensökonomik wissen, also der Erforschung eingefleischter kognitiver Voreingenommenheiten, die es den Menschen schwer machen, ihr eigenes Wohl genau zu bedenken und auf es hinzuarbeiten. Wie viele andere klassische Denker ging er davon aus, dass die Freiheitsliebe zu unseren natürlichen Instinkten gehörte. Neu an seinen Überlegungen war die Idee, dass sich Instinkte verändern ließen. Mehr noch: Wie grundlegend sie auch sein mochte, die Freiheitsliebe ließ sich unerhörterweise verlernen. Wie kann man einen Instinkt vergessen? Ganz einfach, indem ein noch mächtigerer Mechanismus des menschlichen Geistes ins Spiel kommt: die Gewohnheit. Schon Aristoteles und nach ihm viele Bildungstheoretiker hatten die Rolle der Gewohnheit in der Charakterbildung betont. La Boétie griff diese Theorie auf und gab ihr eine überraschende Wendung: Er wandte sie auf ein Kollektiv an – das Volk –, um mit ihr nicht moralische Tugenden oder Sünden zu erklären, sondern ein politisches Faktum, die Beständigkeit der Tyrannei. Für ihn waren politische Gesinnungen eine Folge der Art und Weise, wie politische Institutionen den Charakter habituell prägen – das heißt wie sie die Menschen zu konstanten Verhaltensweisen zwingen. Genau das sollte Alexis de Tocqueville als »Gewohnheiten des Herzens« bezeichnen, jenes Bündel an Dispositionen, auf deren Grundlage die Menschen sich zu ihren politischen Institutionen verhalten.

Für La Boétie war die Gewohnheit, die über die Macht verfügte, die Menschen die Freiheit vergessen zu lassen, der »Gehorsam«. Diese Theorie war deshalb so radikal (und ist es vielleicht heute noch), weil sie nicht davon ausging, dass die Tyrannei von ihrer Macht Gebrauch machen und Gewalt anwenden muss. Gehorsam wird durch gewöhnliche, an und für sich nicht politische Routinen erlernt: durch die harte Arbeit auf dem Feld, den regelmäßigen Anblick des herumschlendernden Herrn, die Erschöpfung des eigenen Körpers in der Armee des Monarchen, die Verinnerlichung täglicher Dosen von Furcht. Diese täglichen Gewohnheiten des Körpers und des Geistes sind es, die einem Menschen den Freiheitsinstinkt abtrainieren. Sobald der Körper die Freiheit vergisst, kann sich der Geist nicht mehr nach ihr sehnen. Die Menschen beginnen zu glauben, ihre Sehnsucht nach wahrer Freiheit sei unvernünftig, ihr Schicksal könne nicht verbessert werden, ihr Land sei in seiner gegenwärtigen Form das einzig Vernünftige, was sie erwarten können, und mehr erwarten könnten nur unheilbare Idealisten.

Gehorsam lebt von Entschuldigungen: »So sagen sich die Menschen, daß sie immer untertan gewesen seien und auch ihre Väter so gelebt haben, sie glauben, daß sie das Übel ertragen müssen, und überreden sich selbst durch Beispiele, ja sie selbst begründen das Besitzrecht ihrer Tyrannen in der Verjährung.«[3] In manchen extremen und perversen Fällen glauben die versklavten Menschen sogar, ihr politisches Regime und sein Volk seien die besten der Welt.

La Boétie formulierte eines der hartnäckigsten Probleme der politischen Philosophie: Warum willigen Menschen in politische Regime ein, die sie dazu zwingen, im Stande der

Unterwerfung zu leben, die ihnen das Recht auf Freiheit versagen? Was bringt Menschen dazu, passiv eine Autorität zu akzeptieren, die sie ihres Rechts auf ein gutes und sicheres Leben beraubt? Damit verschreibt La Boétie einer emanzipatorischen und fortschrittlichen Politik ein anderes Programm als sonst üblich: Das Ziel lautet hier nicht, politische Strukturen, Systeme oder Regime anzugreifen, sondern den Blick in die andere Richtung, nämlich auf den Bürger zu lenken. Wenn wir mit La Boétie davon ausgehen, dass kein Regime ohne die Kooperation und Zustimmung seiner Bürger Bestand haben kann, dann ist es die Aufgabe politischen Handelns, herauszufinden, warum die Bürger blind für ihre eigene Lage sind. Dies ist keine Politik des Handelns per se, sondern eine Politik, die darauf zielt, den Willen und die Wünsche des Bürgers an der Wurzel zu verändern.

Seltsamerweise haben die von La Boétie aufgeworfenen Fragen mit dem Aufstieg der Massendemokratien nichts an Relevanz verloren, im Gegenteil. Dies liegt daran, dass Demokratien ihre Tyrannei unvergleichlich viel besser verbergen können als andere Regime – sie können Tyranneien der Reichen sein, der ethnischen oder geschlechtlichen Vorherrschaft einer Gruppe über eine andere oder die Tyrannei einer nationalistischen Ideologie. Tocqueville beispielsweise – der für die Ideale der Aufklärung nicht allzu viel übrig hatte – sah die Gefahr demokratischer Regime genau darin, dass sie verschiedene Formen von Tyrannei besser verschleiern konnten. Wenn sich der Wille der Bürger manipulieren ließe, wäre damit schon die Idee der »Zustimmung«, auf der Demokratien aufbauen, effektiv nichtig gemacht. Die Idee der Demokratie hat nur dann Sinn, wenn wir annehmen, dass die Zustimmung der Bürger auf einem wahren Verständnis ihrer (privaten wie kollektiven) Interessen sowie auf ihrer Fähigkeit zu moralischem Handeln beruht.

Dieser Traktat aus dem 16. Jahrhundert, von dem wenige Israelis gehört haben werden, ist von unheimlicher Relevanz für die israelische Gesellschaft. Er hilft uns nämlich, das beharrliche Fortbestehen von Formen der Tyrannei zu begreifen, die sich nur durch eine weitverbreitete und unbewusste Gewohnheit des Gehorsams erklären lassen. Hier sind drei offensichtliche Beispiele:

1. Die seit Langem von den Ultraorthodoxen über die israelische Gesellschaft ausgeübte Tyrannei, die soziologisch nur mit altertümlichen Kastengesellschaften zu vergleichen ist. Wie in einer Kastengesellschaft wird auch hier eine gesellschaftliche Gruppe materiell von anderen (säkularen Juden, Reformjuden, konservativen und modern-orthodoxen Juden sowie Arabern) unterstützt, und zwar nicht aufgrund ihrer Verdienste oder Bedürftigkeit, sondern allein aufgrund ihrer religiösen Praxis. Und wie in einer Kastengesellschaft hält diese privilegierte Gruppe die Nichtmitglieder für weniger rein als sich selbst. Die Nichtmitglieder sind gleichermaßen Werkzeuge, mit denen man sich materielle Privilegien sichert, und Quellen von Verunreinigung und Gefahr.

Es gibt jedoch einen wesentlichen Unterschied zu traditionellen Kastensystemen: Die Ultraorthodoxen sind in der Knesset vertreten, wo sie in Fragen der Sicherheitspolitik, der Wirtschaft und des Staatshaushalts, der Gesetzgebung, der Menschenrechte, der Einwanderungspolitik und in anderen Dingen über das Schicksal der »Unreinen« mitbestimmen. Das eigentliche Rätsel ist aber noch nicht einmal diese bizarre Zuteilung knapper Ressourcen, sondern dass dieses System, das weltweit einzigartig ist, so lange Bestand haben konnte und lediglich in konventionellen und häufig unfähigen Parteien diskutiert worden ist, ohne je nennenswerte Straßenproteste und breiten Widerstand auf den Plan zu rufen.

2. Die faktische Annexion der besetzten Gebiete hat den Charakter des israelischen Nationalismus grundlegend verändert. Er ist heute ein eindeutiger, unverhohlener und unverfrorener Kolonialismus, der die Palästinenser einschnürt und ihnen die Luft zum Atmen nimmt, der primitive und brutale Herrschaftsmethoden hervorbringt[4] und die Israelis zunehmend von der Staatengemeinschaft und den in der Diaspora lebenden Juden isoliert.

Die Siedlungsbewegung hat eine radikale politische Philosophie hervorgebracht, in der – in einem zutreffenden Verständnis ihrer eigenen Geschichte – Gewalt und Vorherrschaft gerechtfertigt und als triviale staatliche Maßnahmen verharmlost werden. Aber nicht das ist das Rätsel, sondern die vielen Israels, die über ein Moralbewusstsein verfügen und denen die Demokratie am Herzen liegt. Warum ließen sie sich die Demokratie aus der Hand nehmen? Wir sind unter unseren halb ungläubigen, halb duldsamen Blicken der Demokratie und eines minimalen kollektiven moralischen Sicherheitsnetzes beraubt worden, innerhalb wie außerhalb der Grenzen von 1967. Somit drängt sich die Frage auf: Wie können wir erklären, dass sich all die Hunderttausende, vielleicht Millionen, denen etwas an der Bewahrung Israels als eines liberalen Staates liegt, nicht in einer Massenbewegung engagiert haben, um sich gegen die Banalisierung von Brutalität und Rassismus zu stellen?

3. Der (säkular-traditionalistische) israelische Staatsbürger dient in einer der anspruchsvollsten Armeen der Welt, leistet im Schnitt vierundzwanzig Tage Reservedienst im Jahr, unterbricht regelmäßig seine alltäglichen Routinen und muss auf Familie, Arbeit und Einkommen verzichten, um in der Armee zu dienen. Derselbe Staatsbürger zahlt exorbitante Steuern, braucht oft zwei Jobs zum Überleben und sieht sich dann mit überfüllten Krankenhäusern, explodierenden Im-

mobilienpreisen, einem sehr kurzen Schultag, sinkender Bildungsqualität, vernachlässigten öffentlichen Parks und Straßen, extrem kostspieligen kulturellen Aktivitäten sowie schlechten oder mangelnden öffentlichen Bibliotheken konfrontiert. Dieser Staatsbürgeresel will nun seinen Rücken nicht länger krumm machen für die Lebensführung der Ultraorthodoxen, den luxuriösen Lebensstil der Siedler und eine Steuerpolitik, die den Reichen dabei hilft, noch reicher zu werden. Also tat er 2011 das, was Bürger auf der ganzen Welt tun – er startete eine politische Protestbewegung.

Zunächst schien sie den Protestwellen zu ähneln, die seit 2008 Europa und die Vereinigten Staaten erfasst hatten. Andere Länder erlebten Unruhen und Chaos aus viel geringerem Anlass, als sie mit der Finanzkrise zu ringen hatten. Die Occupy-Bewegung, die Indignados, die Ausschreitungen in Griechenland und die italienischen Massendemonstrationen waren allesamt politische Bewegungen, die über Jahre anhielten. Sie waren mit gewalttätigen Auseinandersetzungen zwischen Bevölkerung und Polizei sowie ernsthaften politischen Krisen verbunden; Regierungen traten zurück oder wurden abgewählt. Die Israelis aber, die eselhaftesten Staatsbürger der entwickelten Welt, protestierten in höchst freundlicher Form, indem sie sich erst weigerten, politische Forderungen zu formulieren – was so viel heißt wie, dass sie schwimmen gehen wollten, ohne nass zu werden –, und sich dann für die nationale Solidarität starkmachten.

Dies war, glaube ich, ein Moment von historischer Wahrheit. Die israelischen Bürger offenbarten ein grundlegendes Element ihrer politischen Psyche: Das starke Magnetfeld der »kollektiven Solidarität« neutralisierte die zentrifugalen Kräfte des Protestes. Im Verkehr mögen Israelis Rowdys sein, aber auf der Straße, bei Demonstrationen, sind sie die nettesten Zeitgenossen. Zwischen Solidarität und Protest entschieden sie sich für Erstere. Daher meine Frage: Wie konnte die »nationale Solidarität« den politischen Protest übertrumpfen? Warum verhalten sich die israelischen Bürger nicht wie die anderer Nationen und betrachten ihre Interessen und die des Staates als zwei Paar Schuhe? Nur ein Volk, das an ein ungewöhnliches Maß an Gehorsam gewöhnt ist, kann die genannten verschiedenen Formen von Tyrannei mit so taktvollem Verständnis ertragen. In La Boéties markanter Formulierung herrscht in Israel eine »hartnäckige Knechtsgesinnung«[5] – nicht nur die Bereitschaft zur Unterwerfung, sondern auch eine Lust daran.

Wenn dies zutrifft, stellt sich als Nächstes die Frage: Wo erwerben die Israelis so tiefsitzende und weitverbreitete Gewohnheiten des Gehorsams, die sie politisch de facto derart gefügig machen, dass sie vor einer echten Politik des Protestes zurückschrecken? Sich auf eine allgemeine »Verzweiflung« herauszureden, kann keine Antwort sein, denn zweifellos haben schon Bevölkerungen in weitaus schlimmeren Lagen als der unseren die politischen Ressourcen gefunden, um sich ihres Schicksals zu erwehren. Ich möchte zu dieser Frage einige vorläufige Überlegungen anstellen, um eine Diskussion anzustoßen.

Dem großen Soziologen Max Weber zufolge ist historisch die Armee der wichtigste Ort zum Erlernen von Disziplin gewesen – dazu, Gehorsam und Befehlserteilung in Routineerfahrungen zu verwandeln.[6] Weil die Armee den Körper und das Leben eines Menschen fordert, muss sie seinen Selbsterhaltungsinstinkt so umschulen, dass er Befehle mit Sicherheit bedingungslos befolgt und sich ohne zu zögern selbst opfert. Armeen sind also mächtige Systeme, um in Menschen die Disziplin, die erforderlich ist, um Bedrohungen entgegenzutreten, zur Routine zu machen. (Ein »Held« ist oft jemand, der in diesem Sinne erfolgreich trainiert worden ist.)

In Israel ist die Armee prüfenden Blicken ausgesetzt, wenn sie Fehler begeht, auf Unbeteiligte schießt, die örtliche Bevölkerung misshandelt, wenn ein Offizier brutal mit seinen Soldaten umspringt oder wenn unverhältnismäßige Gewalt angewendet wird. Dies lenkt unsere Aufmerksamkeit freilich von dem wichtigeren Effekt der Streitkräfte ab, der sich in ihren gewöhnlichen, ereignislosen, regulären, normalen Operationen findet. In allen Ländern ist die Armee eine gewaltige Quelle der Selbstdisziplinierung. In Israel aber wird dieser Effekt aus mancherlei Gründen noch erheblich verstärkt: weil allgemeine Wehrpflicht besteht, weil der Militärdienst extrem lange dauert (für Frauen einundzwanzig Monate, für Männer drei Jahre), weil er beide Geschlechter betrifft, weil er seit mindestens sechzig Jahren von überwältigender Präsenz im israelischen Leben ist und weil er sich durch den Reservedienst über die Wehrpflicht hinaus bis zu einem Alter von Mitte oder Ende vierzig erstrecken kann.

Betrachten wir im Folgenden einige Berichte junger Schulabgänger über die Tironut oder Grundausbildung genannte Phase ihres Wehrdienstes. (Ich habe sie in informellen Gesprächen mit jungen Menschen gesammelt, die gerade mit ihrem Wehrdienst begonnen hatten.) Yoav: »[Im Tironut] brüllen sie dich die ganze Zeit an; du wirst nur angesprochen, wenn du einen Befehl bekommst, normale Sprache gibt es hier nicht.« Yinon: »Im Tironut musst du immer ›Ja, mein Kommandant‹ [*ken, hamefaked*] sagen, das ist das Erste, was einem beigebracht wird – das immer zu sagen.« Die Soldaten müssen lernen, die Gebote des Gehorsams in ihrer Kleidung umzusetzen, in ihrer Körperhaltung, ihrer Sprache und vor allem in ihrer Fähigkeit, Befehle sofort zu befolgen.

Ori: »Es gab eine verbreitete Übung während Tironut, bei der der Befehlshaber unmögliche Befehle erteilte, zum Beispiel, renne von Punkt A nach Punkt B und dann wieder nach

Punkt A in zwei Minuten. Das war aber nur in zweieinhalb Minuten oder mehr zu schaffen. Nachdem man den Befehl nicht erfolgreich ausführen konnte, verhängte er eine Strafe, meistens die, es immer wieder zu tun.«

Für die Befehlshaber ist es offensichtlich, dass diese Aufgabe nicht zu erfüllen ist; auch die Soldaten selbst verstehen es schnell. Der Sinn des Befehls besteht somit gerade darin, willkürlich, unvernünftig und unverständlich zu sein, um die Fähigkeit des Soldaten zu überprüfen, einen absurden Befehl zu befolgen. Wird ein Befehl, der den Grundannahmen von Rationalität und Vernünftigkeit zuwiderläuft, trotzdem befolgt, so bedeutet das, dass die Autorität des Befehlenden fest verankert ist und somit echten Gehorsam erzeugen kann.

Daniel, ein weiterer junger Mann, der gerade mit seinem Grundwehrdienst begonnen hatte: »Eine der Übungen, die ich besonders bizarr finde, ist die, dass sie uns befehlen, dem Kommandanten nicht in die Augen zu blicken, wenn wir mit ihm sprechen. Du musst geradeaus schauen; ich kann mir nicht vorstellen, welchem Zweck das dienen soll.« Sigal, eine junge Frau, schilderte: »Der Kommandeur forderte uns auf, die Zimmer in drei Minuten zu putzen; drei Minuten, um ein sehr großes Zimmer zu putzen, das ist unmöglich. Als wir fertig waren, mussten wir wieder von vorne anfangen, weil wir es nicht rechtzeitig geschafft hatten. Ich kann nicht verstehen, warum sie uns so etwas machen lassen.«

Die IDF sind eine Volksarmee, die ein sehr breites Spektrum von Männern und Frauen einzieht. Sie flößt tiefgreifende und mächtige Gewohnheiten des Erteilens und Befolgens von Befehlen ein. Soziologisch gesprochen, erzieht die Armee einen ganz bestimmten Habitus an, in dem sich verschiedene Gewohnheiten niederschlagen, nämlich die, Befehle zu empfangen, unvernünftige Befehle auszuführen, die Vorstellung zu akzeptieren, dass der Staat es besser weiß, sowie ständig in einem Geisteszustand der Gefahr und des Überlebenskampfes zu verharren.

Dieser Habitus wird durch höchst effektive Techniken erzeugt, die Psychologen wohlbekannt sind: durch die Angst vor Strafe und durch Belohnungen. Bestrafung ist integraler Bestandteil des Armeesystems. Noch einmal Yoav: »Es ist idiotisch, aber wissen Sie, obwohl die Strafen, die man uns androht, lächerlich sind, funktionieren sie trotzdem. Sie drohen uns damit, dass wir zur Strafe erst eine Stunde später nach Hause dürfen oder dass sie uns gar nicht nach Hause lassen oder die Pause streichen. Aber auch wenn das keine große Sache ist, hat doch jeder Angst davor. Ich weiß nicht, warum und wie, aber wir alle haben Angst vor dieser Bestrafung.«

Bestrafung ist eine sehr wirkungsvolle Technik, um das Erlernen von Disziplin zu erzwingen. Im Unterschied zu vielen Armeen auf der Welt bieten die israelischen Streitkräfte darüber hinaus überzeugende Belohnungen an und domestizieren die Soldaten auf diese Weise noch viel stärker. Eine ist die emotionale Einbeziehung in die horizontale und die vertikale Solidarität: Die horizontale Solidarität findet zwischen verschiedenen sozioökonomischen Gruppen statt, während die vertikale, die stärkste Form von Solidarität, sowohl Soldaten als auch Kommandeure mit der Geschichte und dem Schicksal des jüdischen Volkes und der israelischen Nation verbindet. Durch vertikale Solidarität kann bei den Soldaten sogar das Gefühl entstehen, dass sie und die Kommandeure dieselben Ziele und Interessen verfolgen und in Wirklichkeit eine einzige Gruppe bilden – die nur zeitweilig hierarchisch getrennt ist. Wie Yoav sagte, als er ein Fazit seiner Tironut-Erfahrung zog: »Es hat Spaß gemacht mit den Jungs und Mädels.«

Es sollte klar sein, dass der solcherart anerzogene Gehorsam nichts mit bewussten politischen Meinungen zu tun hat.

Er spielt sich vielmehr auf der Ebene unbewusster Emotionen ab, die tiefgreifende politische Auswirkungen haben, nämlich einerseits Ohnmacht (das System kann nicht geändert werden oder, wie Daniel zu mir sagte: »Man sieht sehr schnell ein, dass man nur ein kleines Rädchen im großen Getriebe ist, dass es nichts gibt, was man tun könnte«) und andererseits Zynismus (Sigal: »Das System ist so schlecht und missbräuchlich, dass man lernt, wie nutzlos der Versuch ist, etwas dagegen zu unternehmen, also kann man gleich versuchen, so billig wie möglich davonzukommen. Ich habe zu betrügen gelernt wie noch nie in meinem Leben«). Die wichtigste Folge aber ist schlichtweg die automatische Gewohnheit, zu akzeptieren, dass das »System größer ist als man selbst«, dass sich die Dinge nicht ändern lassen, dass man versuchen sollte, auf sich allein gestellt zu überleben, und dass der Staat immer die Oberhand behält. Eine Gewohnheit ist eine automatische Reaktion, die wir nicht einmal bemerken. Ich möchte daher noch einmal betonen: Der Kern der israelischen Staatsbürgerschaft besteht im Gehorsam gegenüber dem Staat vermittels der Disziplin, die in dem langen Militärdienst durch die ausgesprochen wirksame Kombination von Disziplin, Bestrafung und Belohnung erlernt wird.

Man könnte vielleicht meinen, ich übertriebe die Bedeutung eines unerheblichen Abschnitts im Leben von Männern und Frauen: die paar Wochen Tironut, die wahrscheinlich schon bald vergessen sein werden. Doch das Gegenteil ist der Fall. Die Sozialisierung in die Armee beginnt sehr früh und prägt das ganze Erziehungssystem. Schon lange bevor sie ihren Militärdienst antreten, wissen Jungen und Mädchen, dass sie Befehlen gehorchen werden müssen. Die Streitkräfte sind enorm präsent im Leben der Kinder und üben eine ungeheure Autorität über sie aus. Heranwachsende Jungen besuchen oft intensive Vorbereitungskurse für die Armeeausbildung. Zudem verlängert der Reservedienst die Routine des Erteilens und Empfangens von Befehlen. Er ist erst in einem Alter beendet, in dem diese Gewohnheiten zutiefst verinnerlicht sind und keiner weiteren Einübung bedürfen. Wie ein Freund von mir, der bekannte Journalist Danny Rubinstein, gerne witzelt: »Weißt du, worüber ich und meine siebzigjährigen Freunde sprechen, wenn wir uns treffen? Tironut!«

Dieser Effekt wird soziologisch durch zwei Umstände verstärkt: Der eine besteht darin, dass die jüdische Geschichte zwar viele bemerkenswerte Traditionen des Widerstands gegen nichtjüdische Tyrannen hervorgebracht hat, aber nur wenige Traditionen jüdischen Widerstands gegen missbräuchliche jüdische Institutionen kennt, an die sich anknüpfen ließe. Dafür ist unsere kulturelle DNS zu sehr auf Gruppensolidarität ausgerichtet. Der zweite Umstand hat damit zu tun, dass die Eliten, die am ehesten einen sozialen und politischen Wandel anführen würden, zugleich diejenigen sind, die mit größter Wahrscheinlichkeit zur Armee gehen und dort Offiziere werden, was eine echte Herausforderung des Staates aus den Reihen der Eliten verhindert. Die Führungsschicht überidentifiziert sich mit den Bedürfnissen des Staates, eine Haltung, die den Erfordernissen demokratischer Staatsbürgerschaft widerspricht. Warum dies? Das Militär ist definitionsgemäß ein Organ organisierter Gewalt. Darum kann es sein Handeln auch niemals rechtfertigen. Erklärungen und Rechtfertigungen sind Sache der Politik. Wahre Soldaten, die nicht von demokratischen politischen Normen angekränkelt sind, definieren sich durch ihre Fähigkeit, ihresgleichen und Zivilisten zu verteidigen und jeden zu töten, der sie bedroht. Aus diesem Grund haben demokratische Normen der öffentlichen Rechenschaftspflicht, Diskussion und rationalen Rechtfertigung sehr wenig Platz in den Streitkräften, in denen

Hierarchie, Autorität und Gewalt die Oberhand behalten müssen – Größen, die für den prüfenden Blick der Öffentlichkeit letztlich nicht zu rechtfertigen sind.

Demgegenüber ist die Distanz der Zivilgesellschaft zum Staat eine Voraussetzung für die freie Ausübung der Bürgerrechte. Ein Bürger einer liberalen Demokratie darf nicht von einer »Notsituation« oder seiner Identifikation mit dem Staat überwältigt werden, da beides die Distanz neutralisieren würde, die notwendig ist, damit er sein Moralbewusstsein und seine kritischen Fähigkeiten zur Auseinandersetzung mit staatlichen Institutionen gebrauchen kann.

Ist Widerstand möglich?

Ich zweifle nicht daran, dass meine Thesen auf Unglauben stoßen werden, weil sie ein vertrautes Stereotyp in Zweifel ziehen – das des aufmüpfigen Israelis, der sogar dem Gesetz gegenüber respektlos ist. Wie kann der hier beschriebene Gehorsam mit der ungebändigten, wilden und in Israel so weitverbreiteten Mentalität von Menschen koexistieren, die Regeln am liebsten umgehen? Nun, aus einem einfachen Grund: Sowohl der Gehorsam als auch die Neigung, Regeln zu umgehen, verdanken sich der Tatsache, dass nur der Staat über echte Autorität verfügt.

Eine Staatsbürgerin, die das Gesetz in sich trägt – wie Immanuel Kant und zahllose moderne Moralphilosophen uns aufzeigen –, ist eine, die nicht davor zurückschreckt, den Staat herauszufordern, wenn er gegen grundlegende moralische Prinzipien verstößt. In liberalen Demokratien repräsentiert jede Bürgerin und jeder Bürger, individuell und privat, einen Teil des öffentlichen Rechts. In Ländern hingegen, in denen Staat und Armee einen sehr großen geistigen Raum in der

Erziehung und Sozialisation der Bürgerschaft beanspruchen, haben die Bürger weitaus mehr Schwierigkeiten, moralische Standards unabhängig vom Staat zu entwickeln und diesen als eine Größe zu sehen, die klaren moralischen Standards gehorchen muss. Gerade weil sie vom Staat überwältigt sind, werden sie lernen, unter seinem Radar durchzuschlüpfen, wann immer es passt. Nur Bürger, die nicht mental und emotional an die erdrückende Präsenz des Staates gewohnt sind, wollen sowohl das Gesetz achten und wahren als auch zu kreativen politischen Maßnahmen greifen, die dem Staat Widerstand leisten können, etwa Massenprotesten, zivilem Ungehorsam oder friedlichem Widerstand. (Den bemerkenswerten Protestbewegungen, die aus den innersten Reihen der Armee kamen, verweigerten die Israelis im Großen und Ganzen ihre Gefolgschaft.)

Mit alldem will ich nicht dazu aufrufen, den Wehrdienst zu verweigern. Ich habe, ehrlich gesagt, keine unmittelbare praktische Lösung für die Tausenden von Raketen der Hamas und der Hisbollah oder den massiven Judenhass, der sich in vielen arabischen Ländern aufgestaut hat. Aber ich fordere die Israelis, denen Demokratie, universelle Werte und Menschenrechte am Herzen liegen, dazu auf, ihre verkümmerten politischen Muskeln spielen zu lassen und zu gebrauchen. Gewiss kann die Linke – die der Mitte, die moderate und die radikale Linke – diese Werte entschlossener verteidigen als bisher. Am 6. Mai 2013 wurde vom Ministerialausschuss für Gesetzgebung ein Gesetz gebilligt, das private Klagen wegen Verleumdung der IDF erlaubt und damit Kritik an den Streitkräften verhindert – und es sind nicht Hunderttausende auf den Straßen?[7] Palästinenser sterben an unmenschlichen Maßnahmen – und wir sitzen zu Hause vor unseren Fernsehern? Wo ist die politische Entschlossenheit der Hunderttausenden, vielleicht Millionen geblieben, denen Demokratie und Gleichheit noch etwas bedeuten? Wie konnte es geschehen, dass der radikale, fast schon anarchistische Geist der frühen Zionisten, die ihre eigene Geschichte mit solcher Entschlossenheit in die eigene Hand nahmen, keine Spuren in der israelischen politischen Psyche hinterlassen hat? Der Grund ist, dass es sich beim fundamentalen Ethos und Eros der israelischen Gesellschaft um mächtige Gewohnheiten der »Zugehörigkeit« handelt, die zutiefst in die Geschichte der Diaspora eingeschrieben sind.

Die israelische Gesellschaft ist vor langer Zeit der heiligen Dreieinigkeit von Siedlern, Religiösen und Reichen in die Hände gefallen. Können wir uns den Tyranneien widersetzen, die den demokratischen Geist Israels ausgelöscht haben? Der achtzehnjährige Étienne de La Boétie macht uns Hoffnung: »Entschließt euch, nicht länger Knechte zu sein, und ihr seid frei.«[8] La Boétie hatte vermutlich nicht die Absicht, einen anarchistischen Aufruf zum Widerstand zu verfassen, doch wurde sein Buch in späteren Zeiten als ein Manifest für zivilen Ungehorsam gelesen (Ralph Waldo Emerson und womöglich auch Henry David Thoreau zehrten stark von seiner Schrift, um ihre Ideen zum zivilen Widerstand zu entwickeln). Auch heute können und müssen wir sagen: Verweigert eure Zustimmung, und die politische Macht bricht in sich zusammen wie ein Kartenhaus.

Anmerkungen

1 Étienne de La Boétie, *Von der freiwilligen Knechtschaft*, zweisprachige Ausg., unter Mitw. von Neithard Bulst übers. und hrsg. von Horst Günther, Frankfurt a. M. 1980, S. 33-35.

2 Ebd., S. 41.

3 Ebd., S. 65.

4 Vgl. den Film *5 Broken Cameras* von Emad Burnat und Guy Davidi (2011).

5 La Boétie, *Von der freiwilligen Knechtschaft*, S. 45.

6 Max Weber, *Wirtschaft und Gesellschaft*, hrsg. von Johannes Winckelmann, Tübingen 1980, S. 654-687.

7 Siehe Revital Hovel, »מידתי בלתי באופן הביטוי בחופש פוגעת ›ג'נין ג'נין‹ החוק הצעת: וינשטיין«, in: *Haaretz* (25.06.2013), online verfügbar unter: {http://www.haaretz.co.il/news/law/1.2055192} (Stand Januar 2015), Gideon Levy, »›Jenin, Jenin Law‹ will prove something's rotten in the IDF«, in: *Haaretz* (09.05.2013), online verfügbar unter: {http://www.haaretz.com/opinion/standing-at-attention.premium-1.520038} (Stand Januar 2015).

8 La Boétie, *Von der freiwilligen Knechtschaft*, S. 45.

8. Ein soziologisches Rätsel

Wenn Geheimhaltung zur Norm wird, fällt es immer schwerer, zwischen Moral und Unmoral zu unterscheiden. Und so wurde eine unschuldige Ärztin zur Erfüllungsgehilfin eines Mörders

Normen sind unsichtbare, aber mächtige Größen. Es gibt sie in jeder sozialen Gruppe, sie bilden die Verhaltensgrundlage für die meisten Menschen. Selbst wenn sie uns nicht immer bewusst sind, bringen sie uns dazu, auf berechenbare Weise zu handeln. Sie gebieten uns, das gefundene Portemonnaie seinem Besitzer zurückzugeben, einem älteren Menschen unseren Sitzplatz anzubieten, uns nicht vorzudrängeln. Normen sind die leise innere Stimme, die uns dazu anhält, gut, ehrenhaft oder anständig zu sein.

Für Soziologinnen sind Normen deshalb so etwas wie der Heilige Gral. Tatsächlich lautet ja eine der schwierigsten Fragen, die die Soziologie zu beantworten versucht, wie es dazu kommt, dass sich unterschiedliche Menschen in ähnlicher und berechenbarer Weise verhalten, selbst wenn sie ersichtlich niemand dazu zwingt. Auf einer ersten Ebene ist die Antwort hierauf einfach – durch die Normen, die sie erlernen und aus ihrer Umwelt übernehmen. Mehr noch: Durch ihre Fähigkeit, sich nach den Normen einer Gruppe zu richten, werden Menschen zu deren kompetenten Mitgliedern. Wenn sie eine Gruppennorm verinnerlichen, erwerben sie eingebaute Sensoren, die ihnen dabei helfen, ohne großes Nachdenken zu entscheiden, was erlaubt und was verboten, was moralisch und was unmoralisch ist.

Deshalb ist auch der Normenwandel so faszinierend: Warum werden manche Normen irrelevant und bilden sich neue

Normen heraus? Der Soziologe Norbert Elias beispielsweise hat in einflussreichen Studien gezeigt, dass im Spätmittelalter und in der Frührenaissance neue Normen »erfunden« wurden. Zu ihnen zählten das (damals neue) Verbot, mit den Händen zu essen, Speisen auf einem gemeinsamen Teller mit denselben Fingern anzufassen, mit denen man sich noch vor ein paar Sekunden die laufende Nase abgewischt hat, in der Öffentlichkeit zu furzen oder zu rülpsen, in nächster Nähe anderer Menschen zu pinkeln oder den Darm zu entleeren usw. Was im 15. Jahrhundert neue Normen waren, scheint heute so natürlich, dass wir ein entsprechendes Verhalten nicht einmal als Folge von Normen ansehen.

Besonders wirksame Normen sind mithin bis zur Unsichtbarkeit Routine für uns geworden. Sie bilden den Rahmen, in dem wir unser Verhalten und unsere Gefühle organisieren. Wir sehen den Rahmen nicht, doch begrenzt er unsere Handlungen und prägt, was wir »instinktiv« für zulässig, angemessen und einen Grund zum Stolz (oder zur Scham) halten. Normen sind gleichermaßen das, was uns den Wunsch verspüren lässt, einem älteren Menschen unseren Sitzplatz anzubieten, als auch das, was das Gefühl der Schuld oder Scham hervorruft, das wir empfinden, wenn wir unsere Hilfe verweigern. Eine Norm leitet also nicht unbedingt unser Handeln, dafür dann aber unsere Reaktion auf unser Versäumnis, sich an sie zu halten. Sie ist es – nicht die Tat selbst –, die uns unwohl bei dem Gedanken werden lässt, in der Schweiz einen Kaugummi auf die Straße zu spucken, und völlig entspannt dabei, leere Flaschen auf einem öffentlichen Strand in Tel Aviv zu hinterlassen. Aus diesem Grund bedeuten »Norm« und »normal« dasselbe: Normal ist nichts als der Name, den wir dem geben, was Normen stillschweigend diktieren.

Wie entstehen Normen, wie verschaffen sie sich Geltung? Darauf gibt es keine einfache Antwort. Manchmal genügt eine einzige beeindruckende Person, um eine Norm zu etablieren. Nehmen wir das Beispiel von Refik Veseli, einem muslimischen Albaner, der als Siebzehnjähriger im Zweiten Weltkrieg sein Leben riskierte, als er eine jüdische Familie (die Mandils) vor den Nationalsozialisten versteckte. Sein Handeln inspirierte ein ganzes Dorf von Muslimen dazu, es ihm gleichzutun, unter Lebensgefahr. Öfter aber hängen Normen an mächtigen Institutionen. Das mit der Institution der Ehe verbundene Patriarchat beispielsweise gestattete Männern, nicht aber Frauen sexuelle Beziehungen außerhalb der Ehe. Die Institution der Ehe wiederum – die ihrerseits mit der Institution des Privatbesitzes zusammenhängt – entwickelt sich zu einer Norm, die unverheiratete Frauen als »alte Jungfern« stigmatisiert.

Institutionen können für die nötigen Mechanismen sorgen, um eine Norm aufrechtzuerhalten. Diese reichen von formellen (Gefängnis-, Geld-)Strafen bis zu informellen Strafen wie denen, jemanden lächerlich zu machen, zu brandmarken, zu beschämen oder auszugrenzen. Und schließlich wird eine Norm üblicherweise in einem breiten Spektrum an sozialen und kulturellen Kontexten wiederholt. Dies verleiht ihr ihre Macht und lässt sie zu einem unsichtbaren und wirksamen Merkmal unseres Denkens werden. In Kriminalromanen und -filmen werden beispielsweise immer wieder die im Rechtssystem, im Bildungswesen und in den Institutionen der Polizei enthaltenen Normen dargestellt – nämlich dass Ordnungswidrigkeiten und Verbrechen verwerflich sind, entdeckt und bestraft werden.

Warum unterscheiden sich Länder und Organisationen so drastisch in ihrer normativen Struktur? Warum gibt es Nationen, in denen Bestechung üblich ist, und andere, in denen sie als schnöder Bruch des öffentlichen Vertrauens gilt? Wie kommt es, dass in manchen Staaten ein Politiker, der bei einer

Lüge ertappt wird, zurücktreten muss, während das Lügen in anderen Teilen der Welt (etwa bei uns in Israel) als fester Bestandteil der öffentlichen Angelegenheiten angesehen wird? Die Antwort auf diese beiden Fragen lautet nicht, dass es in einigen Ländern Normen gibt und in anderen nicht, sondern vielmehr, dass es in beiden Fällen unterschiedliche Institutionen sind, die ihre jeweiligen Normen prägen.

Maria Zkotsky ist eine Ärztin russischer Herkunft, die vor vielen Jahren nach Israel einwanderte und als Anästhesistin in einem israelischen Krankenhaus arbeitete. Vor etwa sechs Jahren verliebte sie sich in einen Mann – Shimon Cooper –, der, wie er ihr sagte, ein Agent des Mossad sei, des namhaften israelischen Geheimdienstes. Er behauptete, er sei einer der Agenten, denen man streng geheime Informationen anvertraut und die man mit vielen schwierigen und heiklen Missionen beauftragt habe. In einigen Fällen habe er auch töten müssen. Eines Tages bat er Maria, ihm bei einem schwierigen Einsatz zu helfen: Er müsse einen Staatsfeind ausschalten. Weil der Mossad ihn angewiesen habe, diesen Auftrag ohne Unterstützung des Dienstes auszuführen, müsse er ein Mittel finden, das einen Menschen töten könne, ohne nachweisbar zu sein. Als Anästhesistin konnte Maria Zkotsky ihm das erforderliche Medikament beschaffen, wobei ihr voll und ganz klar war, dass es einen Menschen töten konnte und in diesem Fall auch würde. Einige Monate später wurde sie unter dem Vorwurf verhaftet, ihrem Freund bei der, wie sich herausstellte, grausigen Ermordung seiner Frau geholfen zu haben.

In einem Interview erklärte sich Maria Zkotsky:

> »Unsere Beziehung war traumhaft ... Er sagte mir, er sei seit fünfundzwanzig Jahren Mossad-Agent und arbeite in einer Spezialeinheit für Anschläge. Er erzählte mir von Missionen im Iran, Irak und der Türkei, und ich glaubte ihm ... Rund sechs Monate bevor Jenny Mor-Ha-

> im [Shimon Coopers dritte Frau] ermordet wurde, berichtete er mir von einem Attentatsauftrag in den Vereinigten Staaten und interessierte sich für Medikamente, die jemanden töten konnten, ohne Spuren zu hinterlassen … Ich erzählte ihm alles, was ich darüber wusste. Ich hatte das Gefühl, damit dem Land zu dienen.«[1]

Diese Affäre hat alle Zutaten zu einem B-Movie: die Liebe zwischen einem Einheimischen und einer Russin, geschenktes und missbrauchtes Vertrauen, die Vorspiegelung einer Position in einer mächtigen staatlichen Behörde, die Ermordung einer Ehefrau, die Bedrohung durch einen Staatsfeind, Geheimdienste. Wie sich herausstellte, hatte der Mann seine zwei früheren Frauen unter ähnlichen Umständen ermordet und es geschafft, die Polizei über die seltsame Ähnlichkeit ihres vorzeitigen Todes hinwegzutäuschen. Sechs Jahre lang spielte er Maria Zkotskys hingebungsvollen Freund, während er in Wirklichkeit verheiratet war, und machte ihr vor, Geheimagent des mächtigen Mossad zu sein.

Die Geschichte vereint diverse Genres – das schmuddelige Sexdrama, die Geschichte eines kaltblütigen Verbrechens sowie die eines Hochstaplers, das erhabene nationale Drama. Was an ihr aber verblüfft, ja fasziniert, ist der tiefe Einblick in die Normalität der israelischen Gesellschaft, den sie vermittelt. Die Story hat zwei Ebenen: die vorgetäuschte (wer der Mann zu sein vorgab) und die reale (wer er wirklich war). Polizei und Öffentlichkeit interessieren sich für die Ebene der Realität – wer der Mann in Wirklichkeit war, was er getan oder nicht getan hat, die Fakten bezüglich des Mordes. Soziologen hingegen interessieren sich für die Dimension der Vortäuschung – dafür also, wie der Anschein von Normalität konstruiert wird, sowohl für Maria Zkotsky als auch für den gewöhnlichen Leser dieser Geschichte. Wie konnte eine Frau, die in jeder Hinsicht eine normale, pflichtbewusste Bürgerin zu sein scheint, zur unwissentlichen Helfershelferin bei einem grausigen Mord werden? Deshalb, weil dieser Mann, Shimon Cooper, an einen weitverbreiteten Sinn von Normalität appellierte.

Als Ärztin und Anästhesistin ist Maria Zkotsky auf die Pflichten ihres Berufsstands eingeschworen. Keine anderen Fachkräfte unterliegen so strengen Regeln wie Ärzte. Der Beruf des Mediziners setzt in vielfacher Weise die unbedingte ethische Sorge um das Leben von Menschen voraus. Ärzte sind darin ausgebildet und dazu verpflichtet, das menschliche Leben wertzuschätzen und zu retten. Wenige medizinische Spezialgebiete verlangen so viel Vertrauen wie die Anästhesiologie. Eine Anästhesistin versetzt Patienten in den Zustand der Bewusstlosigkeit, in dem sie keine Schmerzen empfinden, um sie nach ihrer Operation wieder aus ihrem totenähnlichen Schlaf zu erwecken. Wie also konnte diese Ärztin, die in der Wertschätzung des Lebens geschult war, die Menschen aus einem Quasikoma wieder zum Leben erwecken kann, zur (unwissenden) Komplizin einer kriminellen Tat werden? Für den Leser, der sich mit einer kurzen und denkfaulen Analyse zufriedengibt, wird die Antwort auf der Hand liegen – und mit ihren psychischen Schwächen zusammenhängen. Wie Maria Zkotsky in einem Fernsehinterview recht barsch gefragt wurde: »Sind Sie also naiv, oder sind Sie dumm?«

Soziologinnen haben einen anderen Ansatz. Sie unterstellen, dass Zkotsky aller Wahrscheinlichkeit nach ein kompetentes Mitglied einer sozialen Gruppe ist. Sie beschloss, Shimon Cooper zu helfen, weil sein Ansinnen in einen bestimmten Rahmen fiel, der für sie normativ akzeptabel war. Sehr wenige Menschen – Kriminelle zum Beispiel – handeln außerhalb des Rahmens erlaubten Verhaltens. Ich sage nicht, dass jede Frau auf Coopers Ersuchen eingegangen wäre. Ich möchte lediglich behaupten, dass etwas an dem Rahmen normativ möglicher Verhaltensweisen in der israelischen Gesellschaft sein Ansinnen für eine Frau plausibel machte, die eine kompetente Angehörige ihrer Gesellschaft ist. Und diese Plausibilität ist es, die wir untersuchen müssen. Wir müssen fragen, was an seiner Bitte so glaubwürdig erschien, dass sie mitziehen konnte, dass ein Gericht darin einen Beweis ihrer Unschuld zu sehen vermochte, und dass die Leser, wie ich annehme, verstehen, was sie meinte, als sie sagte: »Ich hatte das Gefühl, damit dem Land zu dienen.« Kurz gefragt: Was verlieh Maria Zkotsky das Gefühl, eine pflichtbewusste Bürgerin zu sein, wenn sie einem mutmaßlichen Mossad-Agenten dabei half, einen ihr unbekannten Menschen mit nicht nachweisbaren tödlichen Medikamenten umzubringen?

Enge Freunde von mir, mit denen ich oft freitagabends zusammen esse, haben einen Sohn, der vor Kurzem mit einem Intensivkurs für eine Elite-Aufklärungseinheit der Armee begonnen hat. Als wir uns eines Abends wieder zum Essen trafen, hörte ich verblüfft und bestürzt, wie er auf die neugierigen Fragen seiner Mutter über sein neues Tätigkeitsfeld mit absolutem Stillschweigen reagierte. Sie versuchte zu verstehen, welche Kenntnisse genau ihm vermittelt wurden, wer seine Ausbilder waren, welche Funktion er übernehmen sollte – kurz, worin diese langen Tage bestanden, die um sieben Uhr morgens begannen und erst um Mitternacht endeten. Doch er antwortete stets nur: »Das ist geheim. Ich kann dazu nichts sagen.« Im Lauf der Zeit hat meine Freundin gelernt, dieses Thema zu umschiffen und einfach nicht mehr danach zu fragen. Sie akzeptiert inzwischen, dass Geheimhaltung das Ritual ist, mit dem Männer (und manche Frauen) sich die Abgrenzung vom gewöhnlichen Leben von Familien, Vätern, Müttern, Frauen, Kindern und Alten antrainieren.

Wie mir selbst nach und nach klar geworden ist, strukturiert Geheimhaltung die israelische Gesellschaft in einer einzigartigen Weise. Sie trennt Ehemänner von Ehefrauen, Mütter von Söhnen und bezeugt, zwischen der Suppe und dem Fisch, die mächtige und überwältigende Präsenz des Staates. Sie bindet (zumeist) Männer an ihr Land, treibt einen Keil zwischen sie und ihre Familien und lehrt die Frauen, keine Fragen zu stellen. Die Verschwiegenheit der Männer ist etwas, das Frauen hinzunehmen lernen müssen, und was sie damit akzeptieren, ist das starke Band der Solidarität der Männer mit dem Staat und mit anderen Männern, die wie sie im Geheimen Dienst tun.

Der Mossad ist Israels Auslandsgeheimdienst. Ein Geheimdienst operiert im Verborgenen und schützt seine Aktivitäten vor neugierigen Blicken. Tatsächlich gleicht der Auftrag des Mossad, der Informationen über potentielle Staatsfeinde inner- und außerhalb Israels sammelt, dem ähnlicher Dienste im Rest der Welt. Doch hat der Mossad noch eine weitere Mission, die ihn von der CIA und anderen unterscheidet: Er ist damit betraut, das jüdische Volk auf der ganzen Welt zu beschützen. Dazu kann es gehören, gefährdete Juden nach Israel zu bringen oder Feinde des jüdischen Volkes zu bestrafen, wobei mit »jüdischem Volk« alle jüdischen Gemeinschaften weltweit gemeint sind. 1960 entführte er beispielsweise Adolf Eichmann und schaffte ihn nach Israel, damit ihm dort der Prozess gemacht werden konnte. 2002 brachte er die Verantwortlichen für den Terroranschlag in Mombasa zur Strecke, bei dem seinerzeit mindestens fünfzehn Menschen ums Leben kamen, darunter drei Israelis. Mit seiner quasispirituellen Mission, das gesamte jüdische Volk zu verteidigen, wo immer es in Gefahr ist, macht der Mossad Israel zu einem Staat ohne Grenzen, dessen Verbindung zu den Juden dorthin reicht, wo immer diese sich befinden. Den israelischen Geheimdienstoperationen ist dadurch auch eine immense moralische Macht verliehen – denn was könnte legitimer sein als der Akt und der Fakt, die spirituelle Größe namens »das jüdische Volk« zu verteidigen?

Der Mossad spielt eine einflussreiche Rolle bei der Korrektur dessen, was er als Versagen oder zu große Zurückhaltung anderer Länder im Kampf gegen die Gefährdung israelischer und weltweiter jüdischer Sicherheitsinteressen definiert. Eine seiner zentralen Aufgaben besteht deshalb darin, Personen aufzuspüren und zu töten, die Israel gefährden und sich zumal in arabischen Ländern verstecken. Man vermutet den Mossad hinter Anschlägen wie denen auf Fathi Schakaki, den Generalsekretär des Islamischen Dschihad, 1995, auf einen iranischen Atomwissenschaftler im Jahr 2012 und auf Gerald Bull, den kanadischen Waffeningenieur, der den Irakern 1990 eine »Superkanone« zu verkaufen versuchte. Die israelischen Medien behandeln die erfolgreichen Operationen des Mossad mit Stolz, Erleichterung und einem merkwürdigen Gefühl von Macht, wenn sich das kleine jüdische Volk an der großen und feindlichen Welt der Nichtjuden rächt.

Aufgrund solcher Reaktionen wissen wir, dass eine Institution zu einer Quelle von Normativität geworden ist – sie prägt, was wir wertschätzen. Mit dieser Feststellung ist kein Urteil über die Qualitäten der Führung des Mossad verbunden. Sie hebt lediglich hervor, dass manche Institutionen mächtig genug sind, um ganz unabhängig vom Wert und den Absichten ihres Führungspersonals Normen zu setzen.

Nun ist der Mossad nicht der einzige Dienst seiner Art in Israel. Er bildet vielmehr mit vielen ähnlichen Einrichtungen ein mächtiges Ensemble. In seinem bemerkenswerten Film *Töte zuerst – Der israelische Geheimdienst* von 2012 interviewt der israelische Regisseur und Produzent Dror Moreh sechs ehemalige Direktoren des israelischen Inlandsgeheimdienstes Schin Bet bzw. Schabak über dessen Aktivitäten. Juval Diskin, Avraham Schalom, Karmi Gilon, Jakob Peri, Avi Dichter und Ami Ajalon sprechen unwissentlich wie Soziologen, die die Herausbildung neuer, durch die von ihnen geleitete Organisation geprägter Normen nachzeichnen – Normen, deren sie sich nicht vollkommen bewusst waren, sogar dann nicht, als sie ihnen Geltung verschafften. Worin bestehen diese Normen? Ich möchte ihre Ausführungen wie folgt übersetzen:

1. Die ehemaligen Leiter des Schin Bet erörtern die Methode der gezielten Tötungen, mit der in den achtziger Jahren in den besetzten Gebieten begonnen, die aber erst in den neunziger Jahren in vollem Umfang angewandt wurde. Im Film wird sie mit der Bus-300-Affäre von 1984 in Verbindung gebracht, bei der palästinensische Attentäter, die einen Bus entführt hatten, nach ihrer Überwältigung von Schin-Bet-Einsatzkräften gefangen genommen und getötet wurden, statt dass man ihnen den Prozess gemacht hätte. Die Affäre bewies seinerzeit einen relativ großen Respekt für die Rechtsstaatlichkeit in Israel, weil sie sich zu einem Skandal entwickelte, obwohl Zeugen über die Vorgänge logen. Was damals noch einen Skandal auslöste, verwandelte sich nach und nach in eine systematische Politik der gezielten Tötungen. (Meiner Ansicht nach gibt es einen analytischen Unterschied zwischen der Bus-300-Affäre und gezielten Tötungen, aber man kann sich natürlich fragen, ob die Auswirkungen auf die Gesellschaft nicht dieselben sind.)

Menschen – selbst Staatsfeinde – außerhalb aller Rechtsstaatlichkeit zu töten sendet zwei starke Signale an die Gesellschaft. Das erste besagt, dass der Staat das Recht, die Souveränität und die Macht hat, zu tun und zu lassen, was er will, dass er das Völkerrecht verletzen und Staatsgrenzen missachten kann, um sich an seinen faktischen oder potentiellen Feinden zu rächen. Der Staat verteidigt eine primitive Form von Gerechtigkeit, die sich über Recht und Gerichte hinwegsetzt. Dadurch macht er deutlich, dass er über der Staatsbürgergesellschaft steht, wenn wir darunter das verstehen, was Bürger vor willkürlicher Macht und Gewalt schützt. Zentrale Grundsätze der Demokratie werden so verletzt, da sich die Souveränität der Bürger nicht mehr im staatlichen Handeln niederschlägt, ganz im Gegenteil: Es ist der Bürger, der sich den Forderungen des Staates beugen muss. Das zweite Signal besteht darin, dass sich Gewalt als routinemäßige, akzeptierte Form der Problemlösung durch den Staat darstellt. Gewalt wird normalisiert, wird in Wirklichkeit sogar unsichtbar, weil sie zur Norm wird.

2. Juval Diskin trifft die instruktive Feststellung, die Arbeit des Schin Bet beruhe auf dem Bild einer Welt, in der es nur Freunde und Feinde gibt. Anders gesagt: Die Aufgabe des Dienstes – Feinde aufzuspüren und zu verfolgen – diktiert ihm ein binäres Denken. Das hat mindestens zwei Folgen. Die erste ist eine kognitive: Wenn man die Welt sauber in Freunde und Feinde aufteilt, werden die Denkweisen holzschnittartig, schwarz und weiß. Wie Diskin selber sagt: Die Entscheidungsträger schätzten es nicht, gleichzeitig über mehrere Optionen nachzudenken. War eine Entscheidung zu treffen, musste sie auf eine von zwei Alternativen hinauslaufen – ein Denken im Modus des Entweder-oder. Dass eine solche Denkweise keinen Raum für Kreativität oder Komplexität lässt, ist offensichtlich. Sie schwächt aber auch das kognitive und emotionale Vermögen, die Welt in neutralen Kategorien zu betrachten, als eine Menge von Prozessen, die man unabhängig davon verstehen muss, ob sie für oder gegen die Juden arbeiten. Zweitens leistet eine solche dichotome Aufteilung der Welt paranoiden Denkweisen Vorschub, deren einziges

Ziel es ist, Feinde auszumachen und zu vernichten. Diese Mentalität des »wir gegen sie«, »Freund oder Feind« durchdringt die Zivilgesellschaft zutiefst. Und wie wirkt sie sich auf die Zivilgesellschaft aus? Dahingehend, dass sie soziale Solidarität auf die Angst vor einem gemeinsamen Feind gründet. Aus dem Blick gerät damit eine positive Solidarität, die aus dem universalistischen Bewusstsein und dem Wunsch geboren wird, Menschenrechte und Gerechtigkeit für alle Menschen zu verteidigen, unabhängig von ihrer ethnischen oder religiösen Zugehörigkeit.

3. Die Folge ist, dass Moral irrelevant für die menschlichen Angelegenheiten wird. Die Welt als eine von Freund oder Feind zu definieren rechtfertigt die Wahrnehmung, dass jeder, der kein Freund ist, automatisch ein Feind ist. Viele Feinde zu haben rechtfertigt es wiederum, die Moral zu ignorieren. Wie Avraham Schalom einmal mit sarkastischem Lächeln im Film sagt: Wenn man kämpft, dann will man nur eines: gewinnen. Fürwahr, ein Staat, der den von ihm so definierten »Terror« bekämpft, gestattet es sich per definitionem, sich über die Moral hinwegzusetzen, weil er den Anderen per definitionem nur als existentielle Bedrohung sehen kann und sich selbst im Zustand eines permanenten existentiellen Bedrohtseins erfährt. Deswegen werden auch Folter und Misshandlungen zur Routine im Umgang mit dem Feind: Sie sind lediglich die Instrumente, mit denen man den Gegner schwächen kann. Die Vorstellung, dass man den Körper und die Würde seiner Feinde verletzen kann und tatsächlich auch verletzen sollte, um sein Ziel – maximale Sicherheit – zu erreichen, wird zu einer selbstverständlichen Denkweise, die die Andersheit und Verletzlichkeit des Anderen ausblendet.

4. Und schließlich operiert der Schin Bet wie der Mossad im Geheimen. Geheimhaltung wirkt wie ein glanzvolles Merk-

mal von Organisationen und Personen. Der Mossad, der Schin Bet, der Armee-Nachrichtendienst Haman und andere Einheiten dieser Art in den Streitkräften, die zahlreichen unterschiedlichen staatlichen und privaten Sicherheitsdienste – sie alle zusammen bilden ein großes Segment der israelischen Gesellschaft und ein sogar noch größeres der männlichen israelischen Gesellschaft. Ich würde sogar die grobe Schätzung wagen, dass einer von fünf Männern, die im aktiven Dienst sind oder waren, an irgendeinem Punkt in der einen oder anderen Form die Gebote der Geheimhaltung lernt. Während die CIA nur ein kleines Segment der amerikanischen Gesellschaft ausmacht, berührt die Praxis der »Geheimhaltung« in Israel erheblich größere Teile der Bevölkerung und breitet sich entsprechend aus. Die Geheimhaltung spielt eine so große Rolle in der Ausformung der Mentalität von Männern und ganzen Gruppen, dass wir darüber vergessen, nach ihren Konsequenzen zu fragen. Naturgemäß kann sie von der Öffentlichkeit nicht überwacht, abgewogen, geprüft oder kritisiert werden. Sie ist eine Handlungsgewohnheit fernab aller öffentlichen Kontrolle und negiert dadurch die Voraussetzung eines demokratischen Gemeinwesens, das auf Transparenz beruht. Mehr noch: Die Geheimhaltung lehrt, die öffentliche Rechenschaftspflicht zu verachten. Sie steht im Zentrum einer antidemokratischen Geisteshaltung. Sie bringt den Menschen bei, zu akzeptieren, dass sie keine Fragen stellen sollen. (»Über unsere Methoden kann ich Ihnen nichts sagen«, befinden mir die Sicherheitsbeauftragten der israelischen Fluglinie El Al immer schroff.) Ich möchte daher einen bescheidenen Vorschlag machen, um das soziologische Rätsel zu lösen, mit dem ich begonnen habe: Es ist die von mir umrissene normative Struktur, die Maria Zkotskys Verhalten erklärt. Ihr Schulterschluss mit Cooper basierte auf einer Reihe von Normen:

a) Seine Geheimhaltung – dass dieser Mann ihr nichts Genaues zu seiner Aufgabe sagen konnte – ist ein akzeptierter und sogar verherrlichter Aspekt der israelischen Gesellschaft.

b) Sie stellte keine Fragen, weil sie wie meine Freundin beim freitäglichen Abendessen weiß, wie sich Frauen zu verhalten haben: Sie fragen die Männer, die auf gefährliche Missionen gehen, nicht, worin ihre Arbeit besteht.

c) Noch verstörender ist die naive Zustimmung dazu, dass der Staat Israel einen Einwohner eines anderen Landes ermorden kann, ja sogar muss, wenn dieser zum Feind erklärt wird. Cooper berief sich auf ein sehr holzschnittartiges Weltbild, das nur Freunde und Feinde kennt.

d) Die Herrschaft des Rechts außer Kraft zu setzen gehört in Israel mittlerweile zu den Üblichkeiten staatlichen Handelns. Dies ist meines Erachtens die normative Matrix, von der Zkotsky zehrte, als sie Partnerin des Kriminellen Cooper wurde. (Natürlich können wir uns auch fragen – nur fragen –, ob nicht diese normative Struktur der israelischen Gesellschaft Ähnlichkeiten mit dem paranoiden und brutalen Charakter des Sowjetstaats aufweist, mit dem Zkotsky vertraut war, bevor sie nach Israel auswanderte.)

Alle ehemaligen Schin-Bet-Direktoren – Diskin, Schalom, Gilon, Peri, Dichter, Ajalon – waren sich in einem einig: Das nationalreligiöse Lager, in dem mancher über Rabins Ermordung frohlockte, war eine Folge der blinden Politik verschiedener (linker wie rechter) israelischer Regierungen. Und eine Folge der Umsetzung einer eisenharten Politik der Überwachung, Einschüchterung, Folter und Ermordung von Palästinensern in den besetzten Gebieten durch den Schin Bet.

Die Siedlerbewegung nahm ungebremst zu, weil der jüdische Staat im Stillen ihren Interessen diente. Damit dies klar ist: Die religiöse Siedlerbewegung steht für die finstersten Kräfte, die eine demokratische Gesellschaft ausbrüten kann. Sie betrachtet die Welt als feindlich, rechtfertigt den himmelschreienden Mangel an Moral, der dazu dient, andere mit Gewalt zu kontrollieren und zu unterwerfen, macht Brutalität und Gewalt zu geistigen Gewohnheiten und, was am schlimmsten ist, hüllt all dies in den blauen Gebetsmantel jüdischer und patriotischer Werte. All dies zusammen verdammt Israel dazu, zu einem jener Länder zu werden, die sich ihre eigene Gewalt nicht mehr bewusst machen können. Vielen Israelis scheint ihre eigene Gewalt stets wie von Zauberhand gerechtfertigt und sogar moralisch – man denke, pars pro toto, nur an den Knessetabgeordneten Danny Danon vom Likud-Block, der selbstgerecht vorschlug, dass die IDF für jede auf Israel abgeschossene Rakete ein Viertel in Gaza zerstören sollten.[2]

Wie der Film *Töte zuerst* klarmacht, war das Phänomen der Siedler – mit seiner widerrechtlichen Beschlagnahme von Land, der regelmäßigen Schikane von Palästinensern durch Armee und Siedler, dem Kolonialverhältnis der Grundherrschaft und der routinemäßigen Anwendung von Gewalt – das schrittweise Resultat der systematischen Politik verschiedener israelischer Regierungen sowie der Normen, die nach und nach von den Sicherheitsdiensten und den Streitkräften durchgesetzt wurden. Naftali Bennett, Vorsitzender von Habajit Hajehudi und Minister für Wirtschaft und Handel, für Religionsangelegenheiten sowie für Diasporaangelegenheiten und Jerusalem, und seine Wählerschaft können sich gerne in den Gebetsmantel der jüdischen Spiritualität hüllen, doch ist dieser nicht groß genug, um den primitiven Charakter ihrer Weltanschauung zu verbergen. Die jüdischen Werte, die die Siedlungsbewegung so laut und so stolz vor sich herträgt, basieren de facto auf Normen der Gewalt und der Rechtlosigkeit; nicht nur billigte sie weithin den Mord an Rabin, der Likud-Abgeordnete Moshe Feiglin, Gründer der Bewegung Su Arzeinu (»Dies ist unser Land«), rief sogar zu zivilem Ungehorsam auf, um gegen das Friedensabkommen von Oslo zu protestieren. Maria Zkotsky, die unfreiwillige Komplizin eines Mörders, ist nur eines der vielen Bindeglieder, die die israelische Gesellschaft mit den Siedlungen verbinden – in einer langen Kette von Normen, die zu trostloser Normalität geworden sind.

Anmerkungen

1 Der Fall ist dokumentiert in Artikeln der *Times of Israel*, online verfügbar unter: {http://www.timesofisrael.com/topic/shimon-cooper/} (Stand Januar 2015). Die Zitate stammen aus den Artikeln, auf die der Link verweist.

2 Ami Kaufman, »Likud MK: ›Delete‹ Gaza neighborhood for each rocket fired«, in: *+972 Magazine*, online verfügbar unter: {http://972mag.com/likud-mk-%E2%80%9Cdelete%E2%80%9D-one-gaza-neighborhood-for-each-rocket-fired-from-the-strip/27411/} (Stand Januar 2015).

9. Der Zement der ethnischen Zugehörigkeit

Menachem Begin brach die Hegemonie der aschkenasischen Elite und machte aus den Mizrachim eine Klasse, die sich ihrer Interessen bewusst war. Doch die Mizrachim zeigten sich unfähig, die Gelegenheit zu ergreifen

Ich wurde in Marokko geboren und lebte dort, bis ich zehn Jahre alt war. Ich sprach Französisch mit meinen Eltern und Lehrern, Judäo-Arabisch mit meiner Großmutter und Arabisch mit den Leuten, die in unserem Haushalt arbeiteten. Ich ging auf eine französische Privatschule, so wie meine beste Freundin Nathalie Bessières, ein Mädchen, dessen katholische Eltern aus der Bretagne nach Marokko gekommen waren, um dort eine Zeit lang zu arbeiten. Zu Hause spielte ich bei gutem Wetter jeden Tag im Hof unseres Hauses mit Nadia Benmoussa und ihren beiden Brüdern (Achmed und Dris, wenn ich mich recht erinnere). Samstagmorgens pflegte ich mit meinem Vater zur Synagoge zu gehen, wo ich mit meinen Cousins im Hinterhof herumtollte und den Gebeten der Männer zuhörte. Mein Großvater sprach und las drei Sprachen: Französisch, Arabisch und Hebräisch. Zu den engsten Freundinnen meiner Mutter gehörte eine fromme Jüdin ebenso wie eine der wenigen feministischen arabischen Anwältinnen, Latifa Maroufi, die erste Präsidentin des Marokkanischen Frauenbunds. Ein großer Teil unserer Familie lebte in Frankreich, wo wir unsere Sommerurlaube verbrachten. Spielend überbrückten wir unterschiedliche Welten, Religionen und Sprachen, ohne je das Gefühl einer Verwirrung oder Grenzüberschreitung zu haben. Wir umfassten viele Gruppen und Sprachen in einer.

1971 wanderten wir nach Frankreich aus. Bis zu meiner

Einbürgerung mit achtzehn Jahren war ich technisch gesprochen eine Ausländerin, fühlte mich aber nie aufgrund meiner ethnischen und religiösen Herkunft aus der französischen Gesellschaft ausgeschlossen. Im Gegenteil: Frankreich stärkte alle Ecken und Winkel meiner privaten Identität, weil es öffentlich allein an meinen Noten und meiner Beherrschung des Altgriechischen, Lateinischen und Englischen sowie meinen Kenntnissen der französischen Literatur interessiert war. Solange ich diese Noten vorweisen konnte, war ich in den Augen der anderen und in meinen eigenen eine vollwertige Bürgerin. 1985 ging ich in die Vereinigten Staaten, um an der Universität von Pennsylvania zu promovieren. Dort lernte ich das entgegengesetzte Gefühl von Zugehörigkeit kennen: Ich war für andere interessant und wertvoll, nicht weil ich mir das »amerikanische« Modell zu eigen machen konnte, sondern weil ich anders war, eine in Marokko geborene französische Jüdin.

Wo immer ich lebte, hatte ich mich nie durch die Mitgliedschaft in irgendeiner der Gruppen, denen ich angehörte, herabgesetzt gefühlt. Ich bin auch nie auf den Gedanken gekommen, dass aschkenasische und misrachische Juden auf verschiedenen Stufen stehen könnten.[1] Die Sepharden und Aschkenasen, die ich in Frankreich und den USA getroffen hatte, begegneten sich nicht im Bewusstsein einer Hierarchie; sie waren wie die rechte und die linke Hand ein und desselben Körpers, des jüdischen Volkes. Bei unseren langen freitäglichen Abendessen zu Hause hatten mir meine Eltern ein vages Gefühl von Verantwortung vermittelt, die wir Sepharden für die Aschkenasen trügen: Unsere Mission war es, ihnen dabei zu helfen, ihr Vertrauen in die Geschichte zurückzugewinnen, nachdem wir, die Sepharden, von dieser Geschichte verschont und privilegiert worden waren.

Meine Romanze mit multiplen Identitäten endete freilich,

als ich nach Israel auswanderte, wo ich zum ersten Mal in meinem Leben das Gefühl hatte, ich müsste ethnische Identitätspapiere vorweisen. Schon bald nach meiner Ankunft lernte ich den Mann kennen, den ich später heiraten sollte, einen Aschkenasen. Ich entschied mich für eine traditionell marokkanische Hochzeitszeremonie, zu der eine Henna-Nacht und auf traditionellen Instrumenten gespielte Musik gehörten. Ich trug einen Kaftan und ließ traditionelles marokkanisches Essen kommen, ohne je einen Widerspruch zwischen diesen Dingen und der Tatsache zu empfinden, dass ich einer Fakultät der Universität von Tel Aviv angehörte. Da ich, wie meine Mutter, Feministin war, kam es mir nicht in den Sinn, meinen sephardischen Nachnamen für den meines aschkenasischen Mannes aufzugeben.

Die erste Irritation erfuhr dieses Selbstverständnis, als ein Freund, ein prominenter misrachischer Intellektueller, zu mir sagte, ich sei keine »echte Mizrachi«. Mizrachi zu sein bedeutete für ihn, dass man mit dem tiefen Gefühl der Demütigung aufgewachsen ist, mit dem die Mizrachim in Israel von Kindesbeinen an konfrontiert sind. Ich hatte meinen misrachischen Nachnamen beibehalten, sprach den judäo-arabischen Dialekt, hatte in traditionell marokkanischer Weise geheiratet und erfüllte trotzdem nicht die Kriterien für eine misrachische Identität. Meine Identität war eine amateurhafte, eine Luxusidentität, für die der Preis der Diskriminierung nicht entrichtet worden war. Dann kam es zu dem zweiten kleinen Vorfall, als eine befreundete Aschkenasin mir komischerweise ebenfalls sagte, ich sei keine »echte Mizrachi«. Mit erstaunlicher Naivität meinte sie damit, dass jemand, der mit Proust, Rilke oder Schubert vertraut war und sie liebte, nicht »wirklich misrachisch« sei. Ich war also für doppelt »untauglich« erklärt, eine Mizrachi zu sein, erst von einem Mizrachi, der diese Zugehörigkeit als eine der Erfahrung und des Bewusstseins von Ausgrenzung definierte, und dann von einer Aschkenasin, der ich kein sichtbares Zeichen von Unterlegenheit vorweisen konnte. Die misrachische Identität war mithin ein starkes, eindimensionales Kennzeichen: Man musste entweder Opfer sein oder kulturelle Inkompetenz signalisieren. Zwischen der Opferrolle und kultureller Spießigkeit war ich disqualifiziert worden.

Bevor ich weiter auf das Verhältnis von Aschkenasen und Mizrachim in den vergangenen dreißig Jahren eingehe, möchte ich die weniger interessante Behauptung dieses Artikels begründen: Auf die Frage, ob die Mizrachim diskriminiert wurden und werden, scheint mir die Antwort so offensichtlich zu sein, dass sie kaum einer Diskussion bedarf: Sie ist ein schallendes »Ja«.

Mir ist natürlich bewusst, dass misrachische und aschkenasische Juden immer häufiger Mischehen eingehen, dass die Zahl hochrangiger Mizrachim in der Armee, im Bankwesen und in der Politik steigt, dass sich ein größerer Prozentsatz misrachischer Studierender an Universitäten und Fachhochschulen einschreibt. Diesen Prozess hat mein Kollege Momi Dahan von der Hebräischen Universität in Jerusalem gut dokumentiert, und er ist zweifellos sehr ermutigend. Wie aber, wenn wir dorthin schauen, wo der Test auf Diskriminierung besonders zweifelsfrei und deutlich ausfällt: auf Israels kulturelle Eliten. Mizrachim bildeten und bilden eine spektakuläre Leerstelle in den Kreisen, die die Identität des Landes prägen. Als Angehörige des israelischen Universitätssystems staune ich täglich darüber, dass es in den Reihen der Professoren fast keine Mizrachim gibt und in akademischen, journalistischen und kulturellen Führungspositionen überhaupt keine. Man würde Mühe haben, unter Universitätspräsidenten, Rektoren oder Dekanen, unter Stiftungsprofessoren, Leitern von Forschungsinstituten oder unter den Trägern des Israel-Preises, des Ernet-Preises, des Rothschild-Preises, des Michael-Bruno-Gedenkpreises und des Dan-David-Preises Mizrachim zu finden. Unter den Mitgliedern der Israelischen Akademie der Natur- und Geisteswissenschaften, den Chefredakteuren der nationalen Zeitungen, den Trägern des Sapir- und des Sokolow-Preises, den Theaterleitern, Dirigenten, Direktoren staatlicher Museen oder den kanonisierten, in der Schule gelesenen Schriftstellern und den in Museen ausgestellten Künstlern wird die Zahl ebenfalls verschwindend gering sein. Mizrachim machen die Hälfte der israelischen Bevölkerung aus, doch sind sie in den kulturellen Führungspositionen so gut wie nicht vertreten.

Wenn eine Gesellschaft unfähig ist, die Hälfte ihrer Bevölkerung in soziale Positionen zu hieven, die den Kurs und die kollektive Identität dieser Gesellschaft mitbestimmen, dann ist dies an sich schon unzweifelhaft ein Beweis für eine umfassende, tiefgreifende und systematische Diskriminierung. Wenn man Mizrachim nicht für biologisch minderwertig hält, lässt sich ein so erstaunliches Ungleichgewicht zwischen der Demographie der Mizrachim und ihren kulturellen Erfolgen nur durch eine Diskriminierung unheimlichen und unvergleichlichen Ausmaßes erklären. Die Frage, ob eine Absicht dahintersteckt oder nicht, ist dabei ganz irrelevant. Diskriminierung ist sowohl das Resultat staatlicher Politik (etwa der Bildungspolitik, der Ausgaben für Infrastruktur, der geographischen Konzentration von Wohlstand und Arbeitsplätzen, der Erbschaftssteuergesetze) als auch mächtiger und unsichtbarer informeller Mechanismen (man befördert die Mitglieder des eigenen sozialen Netzwerkes, bei denen man immer das »Gefühl« hat, dass sie sich besser für den Job eignen, beurteilt die Persönlichkeit eines Mizrachi als »schwierig« oder unpassend oder versteht den eigenen Akzent und die eigene Sprechweise als Zeichen von Kompetenz).

Nicht Absichten, sondern Folgen und nur Folgen konstituieren und definieren Diskriminierung. Genauer gesagt: Die Frage der Absicht ist für Moralphilosophen von Bedeutung, politisch zählen nur Folgen. Man bedenke: Misrachische Juden machen weniger als ein halbes Prozent der französischen Bevölkerung aus; und doch sind sie mit wesentlich größerer Wahrscheinlichkeit Universitätsprofessoren, Schriftsteller, Journalisten, Künstler und Träger von Wissenschaftspreisen als ihre Pendants im zeitgenössischen Israel.

Zwei misrachische Juden – Jacques Derrida und Bernard-Henri Lévy – stiegen vor dreißig Jahren zu führenden französischen (nicht: misrachischen oder jüdischen) Intellektuellen auf. Zahllose weitere misrachische Juden sind in den ausgesprochen konkurrenzbetonten französischen Schlüsselinstitutionen prominent vertreten (Armand Abécassis, Pierre Assouline, Jacques Attali, Laurent Bensaid, Gérard Haddad, Bruno Karsenti, Benny Lévy, Serge Moati, Marc-Alain Ouaknin, Daniel Sibony, Shmuel Trigano, Philippe Zard und Gilles Zenou, um nur einige zu nennen). Diese misrachischen Juden avancierten nicht deshalb zu tonangebenden Figuren, weil Frankreich wohlhabender ist als Israel oder über jüdische Einwanderer verfügt, die eine Klasse besser sind als die Mizrachim in Israel (eine oft gehörte Entschuldigung für den Unterschied zwischen beiden Gruppen). Sondern deshalb, weil Frankreich ein erstklassiges Bildungssystem hatte und vielleicht noch hat, das explizit darauf ausgerichtet ist, Kindern unterschiedlicher sozialer Klassen und Nationalitäten die gleichen Chancen zu eröffnen.

Diese Zeilen dürften vielen meiner israelischen Leserinnen und Leser ein spöttisches Grinsen entlocken. Noch so eine verbitterte und undankbare Mizrachi, werden sie sich sagen, die sich keine Vorstellungen davon macht, welche Nöte Aschkenasen unter christlichen Pogromen, der Schoah und dem

Aufbau einer Nation in einem wasserarmen Land zu erleiden hatten ... Viele andere Länder hätten sich alle Mühe gegeben, die kollektive Schande der Diskriminierung einzugestehen und einen Ausgleich für sie zu finden, in Israel aber treffen Feststellungen wie meine im Großen und Ganzen auf Gleichgültigkeit, Ungläubigkeit, ja Empörung.

»Wenn die Mizrachim eine so großartige Kultur hätten«, sagen viele Aschkenasen, »dann hätten wir wohl davon gehört.« Oder: »Wenn mein Großvater, der ein armer und hart arbeitender Jude aus Polen oder Galizien war, seine Kinder zu Professoren und Krankenhausdirektoren machen konnte, warum sollten das Marokkaner nicht auch hinkriegen? Schau dir die Meir Schitrits und Schlomo Ben-Amis an.[2] Sie haben es geschafft und beweisen, dass das System funktioniert, wenn man es wirklich will.« Oder: »Hör auf zu jammern. Gib uns nicht die Schuld an deiner verfehlten Kultur und Mentalität; wir haben selbst sehr schwer gearbeitet, um dieses Land aufzubauen. Das Leben war für niemanden ein Zuckerschlecken.« Oder zu guter Letzt: »Komm schon, ich bin ein Netter, als Liberaler meine ich es nur gut und wähle Meretz (›Energie‹, linke israelische Partei), ich und meine Freunde wollen keiner Menschenseele was Böses.«

In den zwanzig Jahren, die ich mittlerweile in Israel lebe, habe ich unter Aschkenasen praktisch noch nie ein wirkliches Bewusstsein, ein Gefühl der Verlegenheit oder der Schuld angesichts der systematischen und allgegenwärtigen Ausgrenzung wahrgenommen, die Aschkenasen gegenüber ihren misrachischen Brüdern und Schwestern betreiben. Ich habe nie eine Parallele zu den vielen Weißen gesehen, die in der Bürgerrechtsbewegung mit vollem Einsatz und langem Atem für die Rechte und die Gleichstellung der Schwarzen kämpften. Nie ist mir der geringste Wunsch, geschweige denn ein brennendes Verlangen begegnet, dieses enorme historische Unrecht wiedergutzumachen.

Aber warum noch weitere Worte verschwenden, um diese Tatsachen anzuprangern? Ein gutes Gewissen ist ein gutes Ruhekissen. Interessanter erscheint mir der Versuch, diese allgegenwärtige Verleugnung und Gleichgültigkeit gegenüber der Diskriminierung der Mizrachim zu erklären und zu verstehen. Meine These lautet, dass die Nichtwahrnehmung der Ausgrenzung der Mizrachim die Folge zweier unterschiedlicher, aber eng miteinander verbundener Faktoren ist: Da ist zum einen die Einzigartigkeit des Verhältnisses von Aschkenasen und Mizrachim in Israel, und zum zweiten das spektakuläre Versäumnis der Mizrachim, über eine Politik der Opferrolle hinauszukommen. Wie ihre aschkenasischen Gegenüber und mitunter sogar noch stärker als diese haben sich die Mizrachim in einer Politik der ethnischen Zugehörigkeit einzementiert und jämmerlich dabei versagt, eine universalistische Politik der Gleichheit und Solidarität zu entwickeln.

Der bekannte Sozialpsychologe Roy Baumeister hat in einer Reihe von Experimenten gezeigt, wie sich die Realitätswahrnehmung von Opfern und Tätern zwangsläufig unterscheidet. Letztere berufen sich immer auf Gründe, um ihre Taten abzuschwächen, um das von ihnen zugefügte Leid auszublenden. In Israel gibt es darüber hinaus starke soziologische Gründe, die erklären, warum die Aschkenasen die systematische Ausgrenzung der Mizrachim in mildem Licht darstellten und rechtfertigten.

Zunächst einmal sollten wir die Diskriminierung der Mizrachim mit dem Rassismus gegenüber Schwarzen oder Muslimen in Europa vergleichen – dem Rassismus von Menschen also, die sich als Einheimische verstehen, gegenüber einer Gruppe von anderer Hautfarbe im ersten Fall und gegenüber Angehörigen einer anderen Religion im zweiten. Wenn es zwischen zwei sich deutlich unterscheidenden Gruppen zu Diskriminierung kommt, dann wird der Rassismus mit größerer Wahrscheinlichkeit als solcher verstanden und wahrgenommen, und zwar auf Täter- wie auf Opferseite. Die misrachischen und die aschkenasischen Juden in Israel jedoch waren beide Teil eines einzigen selbsternannten Volkes: »Kibbuz Galujot«, Sammlung der Exilierten, lautete das selbstbewusste Motto der zionistischen Maschine. Die Mizrachim gehörten demselben Menschenschlag und derselben Religion an wie die Aschkenasen. Mehr noch: Beide waren Bürger des neuen jüdischen Staates. Die Situation war damit von Haus aus höchst verwirrend, für die oben wie für die unten. Noch heute haben viele Schwierigkeiten damit, die Diskriminierung als eine Form von Rassismus zu sehen, da sie im Rahmen einer einzigen Religion und eines einzigen Volkes erfolgte, das sich bereitwillig unter großen Mühen zusammengefunden hatte. Es ist dieselbe Art von Verwirrung, zu der auch innerfamiliäre Gewalttaten führen.

Zweitens: Wird eine Diskriminierung von vorherrschenden Gruppen ausgeübt, dann verfügen diese für gewöhnlich über Land und Geld und kontrollieren Institutionen. In Israel aber hatten diejenigen, von denen die Diskriminierung ausging, wie die Mizrachim mit einem allgemeinen Ressourcenmangel zu kämpfen. Im Unterschied zum amerikanischen oder europäischen Fall diskriminierten die Aschkenasen mithin die Mizrachim zu einer Zeit, als sie sich darum bemühten, ihre eigenen Privilegien zu erringen. Weil sie sich für diese abstrampeln mussten, empfanden sie sie als mühsam erkämpft, als gerechten Lohn für harte Arbeit. Ihr Ringen um ihre Privilegien war aber deshalb erfolgreich, weil sie sich auf viele unsichtbare »ausgemachte« und versteckte Vorteile stützen konnten: Die Aschkenasen konnten auf Institutionen zurückgreifen, die sie selbst aufgebaut hatten und mit denen sie vertraut waren, und, wichtiger noch, sie konnten sich einflussreiche soziale Netzwerke zunutze machen. Menschen, die solche Mechanismen einsetzen, um auf privilegierte Positionen zu kommen, haben nicht das Gefühl, dass sie sich illegitimer Vorteile bedienen, weil diese immateriell und der gerechte Lohn für ihre Mühen sind.

Drittens waren viele Aschkenasen vor der europaweiten Verfolgung und dem Rassismus in vielen Ländern und verschiedenen Epochen des 20. Jahrhunderts geflohen. Sie waren die unbestrittenen Opfer der Geschichte des 20. Jahrhunderts, jener Massaker, die Russen, Polen, Deutsche, Österreicher, Kroaten und andere an ihnen verübten. Baumeister hat gezeigt, dass Täter, die von anderen zu Opfern gemacht wurden, emotionale und kognitive Schwierigkeiten entwickeln, sich selbst als Täter zu begreifen. Sie können sich nur als Opfer sehen und werden unsensibel für die Leiden, die sie anderen zufügen.

Viertens löschten die Aschkenasen in ihrem Bemühen um eine neue Kultur die Sprache und Kultur der Mizrachim aus. Sie verwarfen aber auch ihre eigene schöne Überlieferung der jiddischen Sprache und Tradition und brachten sie zum Verschwinden. Aus diesem Grund erschien vielen Aschkenasen die Situation als symmetrisch. Es gab jedoch wichtige Unterschiede, aufgrund deren die Auslöschung der kulturellen Identität der beiden Gruppen ganz unterschiedliche Konsequenzen hatte: Die Aschkenasen waren bereits säkularisiert, als sie aus Europa eintrafen, verlangten aber jetzt, dass die Mizrachim, die immer Traditionalisten gewesen waren, so säkular würden wie sie. Eine einzige Absurdität war die Folge: Die Aschkenasen schufen staatliche Institutionen, die tief mit der Religion verquickt waren, um die jüdische Vormachtstellung zu sichern. Doch auf kultureller Ebene forderten sie Säkularisierung und verwandelten die religiöse Observanz in ein Anzeichen für einen minderwertigen kulturellen Status. Ein zweiter Unterschied war, dass die Aschkenasen zwar ihre eigene jiddische Kultur aufgaben, mit der europäischen Kultur aber innig verbunden blieben, die zum einzig legitimen öffentlichen kulturellen Modell erhoben wurde: Museen, Orchester, Universitäten und das literarische Leben orientierten sich sämtlich an europäischen Vorbildern. In diesem Sinne hatten die Aschkenasen ihre kulturelle Würde nicht eingebüßt. Im Gegenteil: Mithilfe dieser Kultur konnten sie nun ihre Überlegenheit beweisen und zur Schau stellen. Die europäische Kultur war für die Aschkenasen darüber hinaus eine entscheidende Substanz zur kollektiven Selbstdefinition, zur existentiellen Positionierung Israels gegenüber dem Orient, zur Aufrechterhaltung von Verbindungen zu dem Kontinent, der den Juden zu ihrer größten Sternstunde verholfen hatte.

Dies ist an sich kein Verbrechen, denn Nationen müssen sich unweigerlich für kulturelle Orientierungen entscheiden, und Europa bleibt eine unerreichte Quelle von Werten und kultureller Identität. Das Verbrechen bestand darin, dass die Aschkenasen niemals Schulen und Bildungseinrichtungen gründeten, die die Mizrachim in eine starke gemeinsame Kultur einbeziehen konnten, in der die europäische, die jüdische und die nahöstliche Welt miteinander verbunden gewesen wären. Die Folge war, dass die Mizrachim das Gefühl einer tiefen kulturellen Enteignung verspürten und sich sowohl ihrer Kultur als auch ihrer Religion, als auch der effektiven Mittel beraubt fühlten, sich zu der Kultur emporzuschwingen, die nunmehr zum einzig gültigen Modell erhoben worden war. Die Aschkenasen bauten nicht nur keine Institutionen auf, die den Mizrachim ein Gefühl von Würde vermittelt und ihnen in der Konkurrenz mit den Aschkenasen geholfen hätten, sondern sie erschufen eine Gruppe, die viel eindimensionaler, verarmter und kulturell mittelloser war als die, in der ich in Marokko aufwuchs.

Die Welt, in der ich groß geworden bin, war kosmopolitisch, mehrsprachig und multiethnisch. In Israel aber wurden die Mizrachim zu einer kulturell isolierten und eindimensionalen Bevölkerungsgruppe gemacht, die in den Augen der Aschkenasen ihre eigene Diskriminierung zusätzlich rechtfertigte: Ihrer kulturellen Verankerungen beraubt, konnten die misrachischen Juden nun als primitivere Gesellen angesehen werden, wie sie der *ars* (Typ aus der Unterschicht) und die *frecha* (sein weibliches Pendant) verkörpern. Die Aschkenasen haben somit die kulturell reiche Welt des östlichen Judentums in eine eindimensionale und verarmte verwandelt, die der israelischen Mizrachim.

Das fünfte und letzte Element, das dazu beitrug, die Aschkenasen blind für das schreiende Unrecht der Diskriminierung zu machen, war ein mächtiger israelischer Mythos, nämlich der seiner egalitären Armee. »Die israelische Gesellschaft ungleich? *Ma pitom!* (›So ein Unfug!‹) Mein Sohn hatte einen misrachischen Vorgesetzten!« In der Armee dienen aber nur Erwachsene. Keine Institution kann so spät im Leben noch Gleichheit herstellen. Das muss in der Schule geschehen. Dadurch, dass sie kein adäquates Bildungssystem schufen, stellten die aschkenasischen Eliten sicher, dass die Mizrachim den israelischen Universitäten, Museen, Orchestern, Zeitungen und Akademien lange Zeit fernbleiben würden.

Menachem Begin war der Karl Marx der israelischen Politik, weil er die lähmende Hegemonie der aschkenasischen Elite im Alleingang aufbrach und die Mizrachim zu einer Klasse formte, die sich ihrer eigenen Interessen bewusst war. Begin sollte von jeder wahren Liberalen, der Gleichheit ein Herzensanliegen ist, dafür gerühmt werden, dass er vollbrachte, was den Schwarzen Panthern[3] 1971 nicht gelang – nämlich aus den misrachischen Juden eine unabhängige Wählergruppe zu schmieden, die sich ihrer Rechte, ihres kulturellen Status und ihrer Würde bewusst ist. Ob Begin wirklich mit den traditionalistischen Mizrachim mitfühlte oder ob er sie zynisch benutzte, um politische Macht zu erlangen, ist für meine Argumentation irrelevant. Die Tatsache bleibt: Begin zerstörte den lieblichen Mythos, dass wir alle eine einzige große Familie sind. Indem er so unverhohlen an die Mizrachim appellierte, enthüllte er das, was Golda Meir nur wenige Jahre zuvor im Zusammenhang mit den Schwarzen Panthern so verächtlich beiseitegewischt hatte: dass die Volkszugehörigkeit ein mächtiger Mechanismus der Organisation von Differenz und Ausgrenzung war und dass die Eliten, die den Staat geführt hatten, viel mehr Aschkenasen als Juden waren, mehr Europäer als Zionisten und mehr an ihren Klassenprivilegien interessiert als an sozialer Solidarität. Mit Begin sprengte die ethnische Zugehörigkeit die kollektive jüdisch-zionistische Hegemonie. Nachdem sich die misrachischen Juden zu einer Gruppe mit einem Bewusstsein von ihrer Klasse und Ethnizität entwickelt hatten, waren sie endlich dazu in der Lage, die Aschkenasen für die von ihnen errichtete Ethnokratie zur Rechenschaft zu ziehen.

Die Aufdeckung der ethnischen Tiefenstruktur des Landes war ein historischer Moment, den die Mizrachim hätten ergreifen können, um eine radikale, revolutionäre Politik für diese Gesellschaft zu entwickeln. Vielleicht hätte Begin selbst, der dem Liberalismus der westlichen Demokratien nacheifern wollte, eine solche Politik, die die Absurditäten des zionistischen Staates ans Licht gebracht hätte, in die Wege leiten können. Im Gegensatz zu vielen westlichen Demokratien verfügte der von den Aschkenasen aufgebaute Staat über öffentliche Institutionen auf religiöser Grundlage, während gleichzeitig die Religion in der Privatsphäre zum Anzeichen eines minderwertigen sozialen Status gemacht worden war – in allen europäischen Ländern verhält es sich genau umgekehrt. Der Staat hatte große Anstrengungen unternommen, um die exilierten Juden ins Land zu holen, ohne für eine starke (europäisch-jüdisch-arabische) Gemeinschaftskultur zu sorgen. Tatsächlich vergrößerte er damit die kulturellen Klüfte zwischen den verschiedenen gesellschaftlichen Gruppen, die nach Israel kamen. Er machte Armee und Militär zur alleinigen Quelle von Solidarität und vernachlässigte die einzige Solidarität, die stark genug ist, um Menschen zusammenzuhalten, jene nämlich, die aus Gleichheit und Brüderlichkeit erwächst.

Die Mizrachim waren seinerzeit in der Position, eine radikale Politik zu formulieren, die über das enge aschkenasische Verständnis von Ethnizität hinausgegangen wäre und eine alle einbeziehende universalistische Vision des Gesellschaftsvertrags geboten hätte, unter Einschluss nicht nur der Aschkenasen und Mizrachim, sondern auch der Araber. Was zu einem revolutionären Moment hätte werden können, wurde jedoch 1984 von der Schas-Bewegung, die wenig kreativ die orthodoxe aschkenasische Partei Agudat Jisra'el (»Union Israels«) nachahmte, in Beschlag genommen. Wie Agudat Jisra'el beruhte auch die Schas-Partei auf einem offen undemokratischen Programm: Frauen, Homosexuelle und Nichtjuden schloss sie von vornherein aus ihren Reihen aus.

Schas aber ging noch einen Schritt weiter als Agudat Jisra'el. Während Letztere sich mit der Rolle einer isolierten Gruppe begnügte, die ihre wirtschaftlichen Interessen verteidigt, bediente sich Schas einer umfassenderen Taktik und verwandelte sich in eine soziale und ökonomische Bewegung auf breiter Basis, die mit giftiger Demagogie Ungleichheiten anprangerte. Statt ein wahrhaft egalitäres soziales Programm zu befördern, zielte sie auf ethnischen Stolz und Rachegelüste und zapfte darüber hinaus staatliche Quellen an, um die eigene Wählerschaft zu versorgen. Ihre Stärke bezog Schas aus

Klassenunterschieden, ethnischen Ressentiments, Entfremdung und einer inhaltsleeren Ablehnung der westlichen/säkularen/demokratischen Kultur unter dem Deckmantel, der »aschkenasischen« Kultur eine Abfuhr zu erteilen. Die Bewegung wurde zur karikaturistischen Widerspiegelung und Verlängerung der »ethnischen« Mizrachim, die die Aschkenasen geschaffen hatten – engstirnig und fanatisch religiös, eindimensional, ängstlich vor dem Kosmopolitismus und der großen europäischen Tradition. Schas ging aber noch weiter: Sie verstärkte und vertiefte die unheilvolle Allianz zwischen Staat und Religion und bediente sich staatlicher Institutionen, um diskriminierende Politiken gegen Nichtjuden wie ausländische Arbeiter voranzutreiben, die auf einer sektiererischen religiösen Ideologie fußten.

In den neunziger Jahren reagierten progressive linke Mizrachim, indem sie das taten, was Intellektuelle am besten können: Sie verstanden einfach nicht, was die Geschichte von ihnen erforderte. Sie waren von der neuen Politik des Stolzes und des Ressentiments so in Anspruch genommen, dass sie sich für eine konfuse Rehabilitation von Tradition und Ethnizität einsetzten und es versäumten, die gefährliche Politik der Schas-Partei zu bekämpfen, bloßzustellen, zu verurteilen. Sie vermochten es nicht, die Trennung von Staat und Religion, eine Grundvoraussetzung egalitärer Politik, zu verteidigen; sie vermochten es nicht, die starren Grenzen der Volkszugehörigkeit zu durchbrechen, die die Aschkenasen so sorgfältig für sie gezogen hatten; sie vermochten es nicht, Aschkenasen aufzufordern, sich ihnen in einem gemeinsamen Kampf um einen Gesellschaftsvertrag mit einer breiteren Basis anzuschließen; sie vermochten nicht einzusehen, dass ein pluriethnischer Postmodernismus der Luxus universalistischer Staaten ist. Und sträflicherweise vermochten sie es nicht, eine universalistische Politik zu betreiben, die alle ausgeschlossenen Gruppen einbezogen hätte. Die Afroamerikaner brachten die Bürgerrechtsbewegung hervor, deren Tragweite und Auswirkungen weit über ihre eigene Gemeinschaft hinausreichten. Die französischen Muslime schufen Institutionen gegen den Rassismus, die für alle Opfer von Rassismus von Bedeutung sind. Die Schas aber etablierte, da ihr keine starke radikale misrachische Linke Widerstand leistete, eine Kultur und Institutionen, die auf ethnischen und sogar rassistischen Politiken gründen, wie sie auch rechte Bewegungen in Europa vertreten. Sie entwickelten sich damit zu einer vergrößerten und verzerrten Karikatur genau der Institutionen, deren Opfer die Schas-Anhänger gewesen waren.

Wie Roy Baumeister behauptet, sind nicht nur Täter, sondern auch Opfer per se kognitiv und emotional befangen. Sie widmen sich dem ihnen zugefügten Leid als dem absoluten Bösen und sind somit unfähig, über dieses Leiden hinauszugehen, sich für Versöhnung, Vergebung und Solidarität einzusetzen. Eine Politik, die sich aus einer Opferrolle heraus definiert, ist nicht nur engstirnig, sondern auch gefährlich, weil sie Hass und Ressentiments legitimiert, die Logik des »sie gegen uns« fortschreibt und letztlich nicht dazu in der Lage ist, die Logik der Diskriminierung mittels eines breiten, auf Gleichheit und Brüderlichkeit angelegten Gesellschaftsvertrages zu überwinden.

Ich gestehe, dass ich mich manchmal zwischen kultureller Selbstgefälligkeit und kulturellem Opferstatus nach weniger engen Identitätsmustern gesehnt habe, nach der (privilegierten) kosmopolitischen Erfahrung Marokkos, nach dem egalitären Universalismus Frankreichs oder nach den multiplen Bindestrich-Identitäten der Vereinigten Staaten – vielleicht weil einzig eine erweiterte Vorstellung von der Menschheit und das Bekenntnis zu klaren und starken universalistischen

Werten eine Nation neu zu inspirieren vermag, die ihrer Ethnien überdrüssig ist.

Anmerkungen

1 Als Mizrachim werden in Israel Juden bezeichnet, die aus Asien und dem Nahen Osten, aus arabischen und anderen muslimischen Ländern stammen; Aschkenasen sind Juden europäischer Herkunft und Sepharden die frühere jüdische Bevölkerung der iberischen Halbinsel einschließlich ihrer Nachfahren; Anm. d. Übers.

2 Schlomo Ben-Ami (geboren 1947 in Marokko) ist ein ehemaliger israelischer Diplomat, Politiker und Historiker. Als Mitglied der Arbeitspartei war er von 1999 bis 2001 Minister für öffentliche Sicherheit und von 2000 bis 2001 Außenminister.
Meir Schitrit (geboren 1948 in Marokko) ist ein israelischer Politiker. Die längste Zeit seiner politischen Laufbahn ein Mitglied des Likud, sitzt er heute für die Partei Hatnuah (»Bewegung«) in der Knesset. Er hatte verschiedene Ministerämter inne, darunter die für Finanzen (1999), Justiz (2001-2003) und Bildung (2005); Anm. d. Übers.

3 Die Schwarzen Panther, nicht zu verwechseln mit den Black Panthers in den USA, waren eine Protestbewegung in Israel von jüdischen Einwanderern der zweiten Generation aus dem Nahen Osten ab 1971, vgl. Eric Herschthal, »Israel's Black Panthers remembered«, in: *The Jewish Week* (29.06.2010), online verfügbar unter: {http://www.thejewishweek.com/arts/film/israel%27s_black_panthers_remembered} (Stand Januar 2015).

10. Der ethnische Verdruss

Was wäre, wenn jüdische Araber die Institutionen des Staates Israel aufgebaut hätten? Wo wären die Aschkenasen heute, wenn die beiden Gemeinschaften ihre historischen Plätze vertauscht hätten, und was verrät die Antwort auf diese Frage über die Mythen, an die so viele Israelis glauben?

1951. In Scharen strömen Juden aus West- und Osteuropa in den neu gegründeten Staat Israel, der nach fünfzig Jahren langwieriger und geduldiger diplomatischer Verhandlungen zwischen den vermögenden Juden aus arabischen Ländern und dem Osmanischen Reich geschaffen wurde. Die Aschkenasen kommen in ein Land, dessen politische Führung eine Koalition mit den örtlichen sephardischen Juden geschmiedet hat und friedliche Beziehungen mit seinen arabischen Nachbarn unterhält. Die meisten Menschen sprechen eine Vielzahl sephardischer Dialekte, die politische Spitze hingegen Judäo-Arabisch oder Arabisch. Diese Führungspersonen folgen den religiösen Geboten und blicken verächtlich auf die meisten Europäer herab. In ihren Augen sind diese barbarische Geschöpfe ohne Gottesfurcht, die einen Großteil des afrikanischen und des asiatischen Kontinents versklavt und zu viele mörderische Kriege geführt haben.

Die europäischen Neuankömmlinge werden in abgelegenen Siedlungen untergebracht, um auf den Feldern und in den Fabriken der jüdisch-arabischen Bevölkerung zu arbeiten. Die jüdischen Araber gründen Religionsschulen zur Ausbildung von Rabbinern und Chasanim (Kantoren). Darüber hinaus richten sie Midrahot ein, Schulen für gewöhnliche Schüler, an denen die Schätze der jüdisch-arabischen Kultur, die Gebete und die Pijjutim (die für den liturgischen

Gebrauch bestimmte hebräische Dichtung) unterrichtet werden.

Die besten Schulen und Lehrer behalten die Araber in der Nähe der Stadtzentren, in denen sie leben. Die Schulen, die sie in den abgelegenen Siedlungen gründen, sind schlecht ausgestattet, und die Aschkenasen, die sie besuchen, schneiden nicht gut ab und werden oft für ihren Mangel an Fertigkeit in Paitanut, dem Schmieden und Vortragen religiöser Verse, sowie an Thoragelehrsamkeit verspottet. Da sie nach ihrer Ankunft säkular geblieben sind, können sie den Anforderungskriterien nicht gerecht werden, die sie im neuen Land vorgefunden haben und die auf der Kenntnis der Religion und der jüdisch-arabischen Kultur beruhen. Umgekehrt ist die nichtjüdische arabische Bevölkerung, auch wenn sie offiziell aus der jüdischen Definition des Staates ausgeschlossen ist, sehr gut in die israelische Gesellschaft und Kultur integriert.

Sechzig Jahre später haben die Aschkenasen eine sektiererische Partei namens Shomrei Tarbut Ashkenaz (»Hüter der aschkenasischen Kultur«) – Shta – gegründet, der es gelungen ist, dem jüdisch-arabischen religiösen Establishment viele Rechte und Privilegien für ihr säkulares Bildungssystem abzunötigen. Die Aschkenasen haben sich emsig in Armee, Wirtschaft und Politik breitgemacht, glänzen aber in den von jüdischen Arabern ins Leben gerufenen religiösen höheren Bildungseinrichtungen nach wie vor durch Abwesenheit – und damit in den einzigen Institutionen, die zu Status und Einfluss verhelfen.

Wie ist dies zu erklären? Das scheint mir offensichtlich: Die Aschkenasen waren nicht weniger wert oder intelligent als die lokalen jüdischen Araber, die den Jischuw, die jüdische Bevölkerung Palästinas vor der Gründung Israels, ausmachten. Da sie aber als primitive Europäer stigmatisiert wurden und nicht die Ersten waren, also nicht die Spielregeln festlegten, verfügten sie nicht über die Sprache und die Kultur derjenigen, die die Institutionen des Landes gestalteten. Nicht aufgrund eines klaren Plans oder einer expliziten Absicht wurden sie aus den führenden Institutionen ausgeschlossen, sondern infolge des kulturellen Überlegenheitsgefühls der Einheimischen und der Verfahren bei der Ressourcenverteilung. Wenn ich mir jedoch manche der Reaktionen auf meinen Artikel »Der Zement der ethnischen Zugehörigkeit« anschaue, dann scheinen eine Menge Leute in Israel zu glauben, ein solches Versäumnis seitens der Aschkenasen müsste auf ihren Mangel an Intelligenz und Talent zurückzuführen sein.

Tief in ihrem Innern klammern sich viele Menschen an den tröstlichen Glauben, dass Einzelne und Gruppen bekommen, was sie verdienen, dass Erfolg und Versagen, Glück und Elend die indirekte Belohnung bzw. Strafe für Talent bzw. Dummheit sind. Deshalb würden viele das imaginäre Szenario, das ich oben skizziert habe, als Beweis dafür ansehen, dass ihre Vorstellung von Verdienst die richtige ist: »Schauen Sie sich die Aschkenasen an, die in die Vereinigten Staaten gegangen sind. Wenn sie sich dort so gut gemacht haben, dann weil sie bessere und talentiertere Aschkenasen waren als die, die nach Israel kamen.«

Diese Stimmen würden also die heutige Tatsachenlage als Beweis für eine frühere Tugend oder Mangelhaftigkeit anführen und argumentieren, der spektakuläre Erfolg der Aschkenasen in den USA beweise, dass die israelischen Aschkenasen rückständig waren, nicht dass das Umfeld in Israel herablassend und feindlich war. Genau dies ist der Mythos, der vielen Israelis zu einem reinen Gewissen bezüglich des eklatanten Unterschieds zwischen französischen und israelischen Mizrachim verholfen hat – dass nach Israel nämlich die »armen« und ungebildeten Mizrachim einwanderten, während Frankreich die gebildeten und wohlhabenden abbekam. Das mag zum Teil sogar stimmen, ist aber bei Weitem nicht die einzige oder die wichtigste Erklärung. Der Mythos, dass sich die Mizrachim, die nach Frankreich und Israel gingen, qualitativ unterschieden, ist genau das: ein Mythos.

Die misrachischen Juden, die in den fünfziger Jahren nach Frankreich immigrierten, und jene, die in den sechziger Jahren aus Marokko und Tunesien dort einwanderten, gehörten gesellschaftlichen Gruppen an, die von ungelernten Arbeitern bis zur Mittelschicht reichten. Sie waren Krämer, Handwerker, einfache Angestellte, Geschäftsleute und Buchhalter, seltener Ärzte, Autoren oder Anwälte. Die meisten dieser nordafrikanischen Juden verfügten über keine akademische Ausbildung, keinen nennenswerten Wohlstand und kannten sich im französischen System nicht aus. Zudem zogen die französischen nordafrikanischen Juden – anders als ihre französischen aschkenasischen Pendants, aber genauso wie ihre israelischen Pendants – in die Peripherie der armen Vorstädte von Paris (Sarcelles, Ivry, Pantin, Garges-lès-Gonesse, Créteil). Sarcelles, das einmal die größte jüdische Gemeinde in Europa beheimatete, war eine Arbeitervorstadt mit einer sehr hohen Konzentration von Juden nordafrikanischer Abstammung aus der Arbeiter- bis zur Mittelschicht, allerdings kaum solcher aus höheren Schichten. Binnen einer oder maximal zweier Generationen arbeiteten sich die Nachkommen dieser Juden bis in die führenden Positionen französischer Kultureinrichtungen empor. Natürlich gelang nicht allen der Aufstieg, aber doch hinreichend vielen, um zu zeigen, dass die Juden als Gruppe in die französische Gesellschaft integriert waren.

Bereits 1984, also eine Generation nach der Zuwanderung aus Nordafrika, ergab eine von der Soziologin Doris Bensimon und dem Experten für die Demographie der weltweiten jüdischen Bevölkerung, Sergio DellaPergola, in Frankreich durchgeführte Studie, dass dreiundzwanzig Prozent der marokkanisch- und tunesischstämmigen Juden über einen akademischen Grad verfügten. Diese Zahl liegt deutlich über der für algerischstämmige sowie osteuropäische Juden und unvergleichlich viel höher als die, auf die nordafrikanische Juden in Israel kommen. Mit anderen Worten: Viele nordafrikanische Juden, die nach Frankreich gingen, fanden ihren Platz in den dortigen kulturellen Institutionen viel schneller als die Mizrachim in Israel, und zwar trotz gewaltiger Hindernisse: Sie waren als Juden und Nordafrikaner doppelt fremd; in relativen wie in absoluten Zahlen bildeten sie eine viel kleinere Gruppe als ihre israelischen Cousins und Cousinen; die französischen Eliten waren viel älter und besser organisiert als die israelischen aschkenasischen Eliten; die französische Bevölkerung war zehnmal so groß wie die Israels. Trotz dieser Hindernisse integrierten sich die misrachischen Juden erfolgreich.

Der zweite Teil des Mythos besagt, dass die Mizrachim, die nach Israel kamen, alle aus der Unterschicht stammten, was erkläre, warum sie so schlecht abschnitten. Ich zweifle nicht daran, dass die Ungebildeten eher nach Israel auswanderten. Aber selbst ohne Statistiken verblüfft es mich, dass jemand glauben kann, alle rund 600 000 Juden, die aus muslimischen Ländern nach Israel kamen, seien ungebildet und unausgebildet gewesen. Sollte es unter diesen 600 000 Immigranten aus islamischen Ländern, die in den sechziger Jahren fünfundsechzig Prozent aller Einwanderer in Israel ausmachten, keine zwanzig oder auch nur zehn Prozent kleine Ladeninhaber, Handwerker, einfache Angestellte und Geschäftsleute gegeben haben, die ihren französischen Gegenstücken in jeder Hinsicht entsprachen? Kann man ernsthaft annehmen, dass es keine sozioökonomische Schnittmenge zwischen den beiden Gemeinschaften und keine wie auch immer gearteten Fälle gab, in denen Menschen mit ähnlichem Hintergrund in beide Länder auswanderten? Wie aber sollen wir dann derart erstaunliche Unterschiede zwischen zwei gleichartigen Gruppen erklären?

Relativ einfach: Die französische Gesellschaft war in ihrer Kultur und in ihren Institutionen wesentlich egalitärer als die israelische. Sie war egalitärer gegenüber den nordafrikanischen Juden als die israelischen Aschkenasen, weil sie ein universales Modell von Staatsbürgerschaft hatte – eines, das es möglich machte, dass der Jude Léon Blum in den dreißiger und vierziger Jahren trotz des grassierenden Antisemitismus dreimal zum französischen Premierminister gewählt werden konnte. Demgegenüber ignorierten die aschkenasischen Eliten die Kultur der neu in Israel ankommenden Gruppen, entwickelten keinen anspruchsvollen gemeinsamen Lehrplan und gaben den Mizrachim nur sehr wenige Bildungsressourcen an die Hand, um das aufzubauen, was Soziologen als Bildungskapital bezeichnen. Dies wiederum hinderte die Mizrachim daran, in die von Aschkenasen kontrollierten Schlüsselinstitutionen vorzudringen.

Der Schulunterricht trug entscheidend dazu bei, die misrachischen Juden in die französische Gesellschaft zu integrieren, genauso wie er entscheidend dazu beitrug, die israelischen Mizrachim von allen wesentlichen Schaltstellen der Macht fernzuhalten. Ein schlechtes Schulsystem ist für alle schlecht, besonders schlecht aber ist es für die schwächeren Bereiche der Gesellschaft, deren Familien die Armseligkeit der schulischen Bildung nicht aus eigener Kraft ausgleichen können. Es ist zudem fundamental antiegalitär, weil es ein solches System Kindern außerordentlich schwer macht, einen schwachen Familienhintergrund zu überwinden.

Das französische Gesellschaftsmodell war egalitärer, da Frankreich erhebliche Mittel darauf verwendete, verschiedene Bevölkerungsgruppen in einem einzigen, homogenen, universalistischen Schulsystem zu integrieren. Dieses System verlangt natürlich, dass kulturelle Unterschiede in der Öffentlichkeit ausgeblendet und nur in der Privatsphäre zum Ausdruck gebracht werden, doch dies ist der Preis, den es für eine größere Gleichheit zu zahlen gilt. Die Mizrachim in Israel trafen auf dieselbe hegemoniale europäische Kultur wie die in Frankreich, erhielten aber im Unterschied zu ihren französischen Cousinen und Cousins nicht die Lehrer, die Infrastruktur, den anspruchsvollen Lehrplan, die es ihnen ermöglicht hätten, diese Kultur zu meistern, sich anzueignen, zu kritisieren. Die »wahre« Kultur (die aschkenasisch-europäische) blieb den Aschkenasen vorbehalten, den Mizrachim die Unterhaltung. Kein Wunder, dass dieses Bildungsvakuum durch das Bildungssystem der Schas gefüllt wurde.

Nehmen wir einmal an, dass tatsächlich alle Mizrachim aus dem »finsteren« Atlasgebirge kamen, dass es nicht einen unter ihnen gab, der gebildet war, Mathematik- und Fremdsprachenkenntnisse hatte, sich auf Malerei, Dichtung und Musik verstand; dass sie alle ausnahmslos so ungebildet waren wie die Massen der armen, ungebildeten und schwer traumatisierten Juden aus den polnischen Ghettos. Selbst dann wäre es in meinen Augen für eine egalitäre Gesellschaft grotesk, dies als eine Erklärung für den Umstand durchgehen zu lassen, dass sich sechzig Jahre nach ihrer Ankunft keine Mizrachim in den Reihen der kulturellen Elite Israels finden.

Die schlichte Tatsache, dass so viele Israelis den vermeintlichen Unterschichten-Hintergrund der Mizrachim für eine ausreichende Begründung halten, zeigt einen beunruhigenden Mangel an grundlegendem Verständnis dafür, was Gleichheit bedeutet. Für Chancengleichheit zu sorgen heißt, den Kindern benachteiligter Familien die Bildungsressourcen zur Verfügung zu stellen, mit denen sie ihre sozioökonomische

Position verbessern können. In sozialen Demokratien und selbst in Marktwirtschaften reichen sechzig Jahre aus, damit eine benachteiligte Gruppe Führungspositionen in der Kultur, der Wissenschaft und den Künsten erobern kann. Keine fünfzig Jahre nach der Bürgerrechtsbewegung konnten beispielsweise Afroamerikaner, die mit den Schrecken der Sklaverei eine viel schlimmere Unterdrückung erlitten als die Mizrachim, bis in die wichtigsten Positionen der US-amerikanischen Gesellschaft aufsteigen und beeindruckende Erfolge vorweisen: Eine schwarze Frau wurde Außenministerin (Condoleezza Rice), eine schwarze Frau erhielt den Literaturnobelpreis (Toni Morrison), angesehene schwarze Philosophen bekleideten Stiftungslehrstühle in Princeton und Harvard (Cornel West, Henry Louis Gates, Anthony Appiah), Schwarze wurden Präsident der American Sociological Association (Julius Wilson), erhielten den renommierten Pulitzerpreis (etwa der Schriftsteller Alex Haley) – und wurden, mit Barack Obama, zum Präsidenten der Vereinigten Staaten gewählt.

Das ist nicht genug, und die Diskriminierung grassiert noch immer. Aber es ist ein Zeichen, dass die amerikanische Gesellschaft in weniger als fünfzig Jahren erhebliche Fortschritte dabei erzielt hat, die afroamerikanische Gemeinschaft in ihre kulturelle Führungselite aufzunehmen. (Ein egalitäres Land beurteilt man besser mit Blick auf seine Eliten als auf seinen Durchschnitt, weil der Durchschnitt eine gläserne Decke verschleiern kann.) Eine egalitäre Gesellschaft ermöglicht es selbst einer Minderheit, die nicht mehr als zehn Prozent der Bevölkerung umfasst, in die oberste Ebene all ihrer Institutionen zu gelangen. In Israel hingegen kann es die Mehrheit der Bevölkerung (wenn wir Mizrachim und Araber zusammenzählen) nicht auch nur annähernd ganz nach oben schaffen, da sie der Möglichkeit beraubt ist, durch Bildung in der Gesellschaft aufzusteigen, und »ganz oben« wie eh und je von einer ethnischen Elite kontrolliert wird, die jüdisch und aschkenasisch ist.

Dem möchte ich allerdings Folgendes hinzufügen: Das offensichtliche Problem der Mizrachim ist, dass sie von den vielen Aschkenasen, die die Diskriminierung ernsthaft bekämpfen wollen, nicht ausreichend gehört wurden. Und warum nicht? Weil ein Opfer, das für Gerechtigkeit kämpft, auch für andere Opfer kämpfen muss. Wenn Opfer nur für sich selbst kämpfen, dann scheint es ihnen nur um ihre eigene Macht zu gehen, nicht um Gerechtigkeit, und am Ende nehmen sie nur die Stelle derjenigen ein, von denen sie zuvor unterdrückt wurden. Die vielen misrachischen Intellektuellen, Akademiker und Aktivisten in Israel (um nur Meir Buzaglo, Jehuda Schenhaw, Yossi Yona, Yossi Dahan, Haviva Pedaya, Henriette Dahan-Kalev, Ronit Matalon, Momi Dahan, Itsik Saporta, Pnina Mutzafi, Shula Keshet und Shaul Mishal zu nennen) haben eine dringende und wichtige Aufgabe: die Vergangenheit und ihre Ungerechtigkeiten zu überwinden und auf eine Zukunft hinzuarbeiten, in der das Schicksal aller Minderheiten in einer umfassenden Vision sozialer Gerechtigkeit miteinander verbunden ist.

Intellektuelle können Solidarität stiften, wo andere nur Differenzen sehen, sie können Mut machen, wo andere entmutigt sind, sie können Wut produktiv nutzen, wo andere Hass empfinden. Die Politik des Ressentiments muss durch eine Politik der Hoffnung abgelöst werden. Den Mizrachim kommt eine Schlüsselrolle dabei zu, eine solche Politik der Hoffnung zu entwerfen. Es ist höchste Zeit, über die antidemokratische Schas-Partei hinauszuwachsen und eine misrachische Politik zu formulieren, die kompromisslos demokratisch und egalitär ist. Es ist Zeit, dass sich fortschrittliche Araber, Mizrachim, Russen, Aschkenasen und Äthiopier, die eine egalitäre Gesellschaft schaffen wollen, zusammenschließen und verkünden, dass die wahre Solidarität nicht jene ist, die man auf dem Schlachtfeld findet, sondern eine, die uns zu einem Gefühl der Verantwortung für das Gemeinwohl verhilft. Die Zeit ist reif.

11. Diskriminierung auf Israelisch

Wie eine informelle Entscheidungspraxis dafür sorgt, dass aschkenasische Männer die führenden Positionen besetzen, während Frauen, Arabern und Mizrachim ihr gerechter Anteil an Macht und Ressourcen vorenthalten wird

Diskriminierung ist der kultiviertere, nicht ganz so ungehobelte entfernte Cousin des Rassismus. Sie hat dieselben Folgen wie Rassismus – die Einstufung von Menschen nach ihrer Geburt –, ohne unbedingt mit denselben Absichten verbunden zu sein, weshalb sie ein zumeist unsichtbarer Mechanismus ist. Daher verlangen auch manche gesetzlichen Regelungen, dass Diskriminierung auf der Grundlage von Fakten bewertet werden muss. Fakten alleine besagen natürlich nichts über das Gedankengut der Mitarbeiter einer Organisation. Wenn aber beispielsweise in Israel Frauen fünfzig Prozent, Araber und Mizrachim zusammen sechzig Prozent der Bevölkerung ausmachen und alle drei Gruppen sich fast noch nie unter den Rektoren, Präsidenten und Dekanen von Universitäten oder unter den Empfängern akademischer Auszeichnungen befanden, dann brauchen wir nicht in die Gedankenwelt der Personen einzudringen, die diese Posten und Preise vergeben, um hier Diskriminierung am Werk zu vermuten. Ein solches Ergebnis reicht als Probe aufs Exempel.

Soziologisch interessant an Diskriminierung ist, dass sie rassistische oder sexistische Ergebnisse produziert, ohne unbedingt mit rassistischen Überzeugungen verbunden zu sein, zumindest nicht mit expliziten. An Universitäten und vielen Kultureinrichtungen lässt sich dieses Phänomen besonders gut untersuchen, weil es in ihnen nur so wimmelt von liberalen, wohlmeinenden und aufgeschlossenen Menschen, die sich für mehr Gleichheit einsetzen wollen – und es nicht schaffen. Die Frage, warum diese Institutionen letztlich mit lauter aschkenasischen Männern besetzt sind, ist daher ein Rätsel. Geschlecht und ethnische Zugehörigkeit sollten in diesem Zusammenhang in gleicher Weise in die Betrachtung einbezogen werden, weil die Ausgrenzungsmechanismen in beiden Fällen oft ähnlich sind (mit der Einschränkung, dass aschkenasische Frauen in aschkenasischen Kultureinrichtungen wesentlich erfolgreicher sind als Mizrachim oder arabische Männer und Frauen). Auch wenn Frauen und Mizrachim große Gruppen darstellen, bilden beide – trotz ihrer zunehmenden Sichtbarkeit und Präsenz in der israelischen Gesellschaft – immer noch »Minderheiten«, weil ihnen historisch die Rechte, Privilegien und Ressourcen vorenthalten wurden, in deren Genuss Männer kamen. (Wenn man beispielsweise die Bedeutung der Armee für das Knüpfen von Beziehungsnetzen in vielen israelischen Institutionen kennt, dann begreift man, auf welchem Wege Frauen und Araber aus vielen Machtzentren herausgehalten wurden.) Wir können sogar noch weiter gehen: Die »Mehrheit«, die heute so viele Institutionen kontrolliert, setzt sich überwiegend aus Aschkenasen zusammen (und unter ihnen wiederum zum Großteil aus Männern), während beinahe sechzig Prozent (Araber und Mizrachim) die Minderheiten stellen, denen viele Machtzentren verschlossen geblieben sind. Dass sich diese Verhältnisse im Lauf der Zeit verbessert haben, soll uns nicht davon abhalten zu fragen, warum sie sich nicht schneller verbessert haben.

Inbal Bitton, wie wir eine fiktive Frau nennen wollen, wurde in Kirjat Schmona im Nordosten Israels, an der Grenze zum Libanon, geboren und aufgezogen. Sie besuchte eine ziemlich mittelmäßige Schule, in der sie eine Menge über jüdische Feiertage, den Holocaust, den Zionismus und die Thora lernte, aber nur sehr wenig über die athenische Demokratie, den Unterschied zwischen Idealismus und Materialismus in der Philosophie, die vergleichende Untersuchung der Vernunft in Maimonides' religionsphilosophischem Hauptwerk *Führer der Unschlüssigen* sowie den arabischen Beitrag zu den modernen Wissenschaften. Trotzdem konnte sie dank ihrer unermüdlichen Anstrengungen studieren und einen Abschluss in Sozialarbeit und Geographie machen. Heute arbeitet sie im Stadtplanungsamt des Magistrats einer großen israelischen Stadt. Sie ist sehr fleißig, umsichtig, intelligent und beherrscht ihren Job nach ein paar Jahren aus dem Effeff.

Eines Tages nimmt sie an einem Treffen mit dem Direktor einer internationalen philanthropischen Organisation teil, die den Bau öffentlicher Einrichtungen in Israel unterstützen will. Neben dem Direktor sind noch zwei weitere Männer anwesend, einer, der im Jerusalemer Stadtteil Rehavia aufgewachsen ist, und einer aus Haifa. Das Gespräch beginnt in lockerer Atmosphäre: Die drei Männer erzählen sich zunächst einige Witze und stellen fest, dass sie gemeinsame Bekannte im Offizierskorps haben. Schließlich kommen sie zur Sache und treffen dann auch wichtige Entscheidungen. Nach Abschluss der Besprechung plaudern die drei Männer noch ein wenig miteinander, Inbal aber empfindet sich ein bisschen als Außenseiterin und verabschiedet sich höflich. Bei dieser abschließenden informellen Unterhaltung stellt sich heraus, dass der Direktor der philanthropischen Organisation und einer der anderen Männer einen ähnlichen Musikgeschmack haben und dass sie beide ein Opernabonnement besitzen. Eine Woche später wird der besagte Direktor vom Minister für Verkehr, nationale Infrastruktur und Verkehrssicherheit um eine Empfehlung für eine prestigeträchtige Position in seinem Ministerium gebeten, die ein hohes Maß an Erfahrung in der Stadtplanung erfordert. An wen aus dem Treffen von voriger Woche dürfte er sich wohl erinnern?

Diese fiktive, aber realistische Episode veranschaulicht gleich mehrere Phänomene auf einmal: Diese Männer grenzen die Frau nicht aus, weil sie eine Frau ist, sondern weil sie ihrerseits einen natürlichen Draht zueinander haben: Sie teilen denselben militärischen Humor, den sie in denselben Baracken erlernt haben. Sie grenzen sie nicht aus, weil sie eine Mizrachi ist, sondern weil sie alle drei in ähnlichen aschkenasischen Vierteln groß geworden sind und einen gemeinsamen Stil aneinander erkennen. Keinesfalls hatten sie von vornherein irgendeine rassistische Überzeugung von der Art, dass Mizrachim oder Menschen aus Kirjat Schmona weniger wert sind als Menschen aus den Ballungszentren. Sie schlossen schlicht aus der Kleidung der Frau, vielleicht aus ihrem Akzent, aus ihrem Nachnamen und ihrem leichten Unbehagen, sie sei nicht »kultiviert« oder »repräsentativ« genug, keine »gepflegte Erscheinung«. Bei der Beurteilung ihres Stils verwechselten die Männer zwei Dinge miteinander: die Frage nach ihrer beruflichen Kompetenz und die Frage nach ihrem »kulturellen Kapital« – wie gut sie sich in der Hochkultur auskennt und dies auch vermittelt. Kulturelles Wissen oder Kapital verstanden sie als Zeichen beruflicher Kompetenz, was es nicht ist.

Den Anruf erhält der Mann mit dem Opernabonnement. Nicht weil er der kompetentere Stadtplaner ist, sondern weil er die gleiche Erziehung, die gleichen Erfahrungen in der Armee, den gleichen Sprachduktus, das gleiche Auftreten, das gleiche Erscheinungsbild und den gleichen Musikgeschmack hat wie der Mann, der ihn anruft. (Wie sich darüber hinaus zeigt, stimmt dieser Stil ganz allgemein mit dem vieler wichtiger Entscheidungsträger überein.) So, etwas verknappt dargestellt, funktioniert Diskriminierung.

Wie diese Episode anschaulich macht, fühlt sich Diskriminierung in den meisten Fällen gar nicht wie Diskriminierung an; tatsächlich fühlt sie sich meistens wie etwas anderes an. Sie fühlt sich an wie das Vertrauen und der Respekt, die wir einigen entgegenbringen, anderen aber nicht, wie die Kameradschaft, die wir mit anderen in der Armee entwickeln oder in der Universität, dem Kibbuz, der Jugendgruppe oder dem Tennisklub. Meistens fühlt sie sich an wie die ehrliche, objektive Einschätzung von jemandes Kompetenz und Persönlichkeit.

Diskriminierung ist deshalb so schwer zu bekämpfen, sogar in uns selbst, weil sie kaum zu identifizieren ist, da sie sich gleichsam hinter unserem Rücken abspielt – sie kommt fast immer in Form von etwas anderem daher, etwa dem Vertrauen, das wir jemandem aus unserer eigenen Gruppe schenken, oder der »objektiven« Bewertung einer Person als kompetent oder feinsinnig, oder dem Einwand gegen die Beförderung eines »schwierigen« Menschen. Tatsächlich geht Diskriminierung oft mit Eigenschaften einher, die viele Menschen wertschätzen – etwa wenn wir gegenüber alten Freunden loyal sind, wenn wir an anderen das wiedererkennen, was uns angenehm und vertraut ist oder wenn wir nur »nette Menschen« fördern, die unsere Privilegien und Ansprüche nicht infrage stellen. In unserem Beispiel oben ist Diskriminierung keine hässliche und brutale Methode, um jemanden auszugrenzen. Sie fühlt sich natürlich und freundlich an und ist es in gewisser Weise ja auch. Nichts könnte natürlicher sein, als freundlich zu denen zu sein, die wie wir sind und sich uns gegenüber liebenswürdig verhalten.

Ich möchte daher eine unverblümte soziologische Behauptung aufstellen: Was dafür sorgt, dass wir uns als Mitglieder einer Gruppe gut fühlen, wirkt sich höchst negativ auf die Gesamtbilanz der Politik der Gleichheit aus. Gruppenzusammenhalt und die Fähigkeit, Menschen zu integrieren, die in irgendeiner Form anders sind, passen nicht zueinander. Eine wahrhaft meritokratische Gesellschaft kann nicht auf Gruppen aufbauen, weil Gruppen zuvorderst Loyalität verlangen. Aber Loyalität ist kein egalitärer oder meritokratischer Wert.

Diskriminierung bedeutet auch nicht, dass wir Angehörige einer Minderheit nicht mögen; darin unterscheidet sie sich von Rassismus. Tatsächlich werden Frauen so sehr gemocht, dass sie durch Liebeswerben und sexuelle Belästigung am Arbeitsplatz ständiger Diskriminierung ausgesetzt sind. Diskriminierung ist eine Reihe unsichtbarer Strategien, deren Effekt darin besteht, Minderheiten die verfügbaren Ressourcen vorzuenthalten. Es geht um Machtteilung und nicht darum, Frauen oder Mizrachim oder Araber als Freunde oder Hausangestellte zu haben. Wir können misrachische Frauen lieben und sie trotzdem am Arbeitsplatz diskriminieren. Diskriminierung kommt erst dann ins Spiel, wenn ein Mann und eine Frau, ein Mizrachi und ein Aschkenase, ein Araber und ein Jude, ein Einheimischer und ein Ausländer um dieselben Ressourcen konkurrieren, sei es Macht, Geld, Prestige oder eine Führungsposition.

Wie egalitär sind wir?

Inwieweit eine Gesellschaft ihren Minderheiten erlaubt, ernsthaft mit der Mehrheit um ihre Ressourcen zu konkurrieren, ist der wahre Gradmesser dafür, wie egalitär sie ist. In modernen Demokratien ist Bildung für Minderheiten der Königsweg zu sozialer Mobilität – und daher eine enorm wichtige Ressource. Deswegen sollten wir die Position von Frauen, Arabern und Mizrachim (FAM) in den israelischen Universitäten untersuchen. Auf die Frage, warum gerade diese kulturelle Institution eine so wichtige Rolle spielt (abgesehen davon, dass ich mich mit ihr am besten auskenne), würde ich vier Gründe anführen: 1) Die Universität soll gänzlich auf Leistung beruhen und nur auf Leistung; 2) als öffentliche Einrichtung sollte sie die Werte, die die Gesellschaft als Ganze hochhält, exemplarisch verkörpern; 3) in einer Gesellschaft, die auf Mobilität durch Bildung setzt, sind kulturell führende Positionen ein Anzeichen für eine tiefere Form der sozialen Integration als Führungspositionen, die durch Geld oder Marktmechanismen erlangt werden; und 4) weil die Universität im Wesentlichen eine gut verwaltete Organisation ist, geben ihre Mängel Aufschluss über größere und allgemeinere Prozesse.

Stellen wir also eine simple Frage: Wie setzt sich der Lehrkörper israelischer Universitäten zusammen? Nina Toren, die sich an der Hebräischen Universität erstmals intensiv mit dieser Frage befasst hat, fand heraus, dass sich das wissenschaftliche Personal im Jahr 2008 in drei Gruppen unterteilen ließ: 90 Prozent Aschkenasen, 9 Prozent Mizrachim (davon 2 Prozent Frauen), 1 Prozent Araber. Frauen machten 27 Prozent der gesamten akademischen Körperschaft aus. Diese Zusammensetzung zeigt eine strukturelle Diskriminierung an und veranschaulicht, dass die Gesellschaft unfähig ist, Vertreter von 60 Prozent ihrer Bevölkerung (Mizrachim und Araber zusammengenommen) zu Dozenten ihrer Universitäten zu machen. Tatsächlich ist der Großteil der Macht in den Händen aschkenasischer Männer konzentriert.

Diese Befunde weisen darüber hinaus darauf hin, dass die ethnische Diskriminierung tiefer und umfassender ist als die sexuelle. Man beachte: Strukturelle Diskriminierung ist keine beabsichtigte Diskriminierung. Sie ist faktische Diskriminierung. Wäre dies aber die einzige Erklärung, würde man erwarten, dass Frauen, Araber und Mizrachim im gleichen Verhältnis in universitären Leitungsfunktionen vertreten sind, sobald sie einmal die Tore zur Universität durchschritten haben. Allerdings ist dies bei Weitem nicht der Fall. Ein Beweis dafür, dass ihre Ausgrenzung nicht »nur« die Folge struktureller Mängel des Bildungssystems ist, sondern auch auf Einstellungen und Vorurteile zurückgeht, die in der Universität aktiv gepflegt werden, lässt sich in folgender Tatsache sehen: Wenn wir sehr grob abschätzen, wie viele FAM insgesamt an israelischen Universitäten lehren, kommen wir mit allen drei Gruppen auf 36 Prozent des Lehrkörpers. Und doch stellen sie zusammen wahrscheinlich nicht einmal 5 Prozent der Leiter akademischer Institutionen, der einflussreichen und prestigeträchtigen Mitarbeiter von Universitäten oder Forschungsinstituten, der Präsidenten der Israelischen Akademie der Natur- und Geisteswissenschaften, der Israelischen Wissenschaftsstiftung oder der nationalen wissenschaftlichen Ausschüsse. Und das seit Jahrzehnten.

In den Fachbereichen der Geistes- und Sozialwissenschaften vieler israelischer Universitäten wurde selbst eine mittlere Verwaltungsstelle wie die eines Dekans noch nie mit einem Mizrachi oder einem Araber besetzt und fast noch nie mit einer Frau. Die Leitung des Institute for Advanced Studies der Hebräischen Universität hatte noch nie eine Frau, ein Mizrachi oder ein Araber inne. Und so weiter und so weiter. Man kann sich nur schwer vorstellen, dass all diese Institutionen in sechzig Jahren nicht eine einzige Frau, einen einzigen Mizrachi oder einen einzigen Araber unter dem Universitätspersonal gefunden haben, der oder die diese vergleichsweise mittleren Positionen angemessen hätte ausfüllen können, von hohen Posten ganz zu schweigen. Dies ist ein klarer Hinweis darauf, dass ein informeller Entscheidungsfindungsprozess FAM von der Macht und den Ressourcen fernhält.

Man bedenke: FAM stellen rund achtzig Prozent der Bevölkerung, aber keine fünf Prozent unserer akademischen Eliten. Sie werden nicht durch irgendwelche förmlichen oder abgestimmten Entscheidungen ausgegrenzt, sondern durch eine Reihe von informellen Bewertungen, die entweder ihre berufliche Kompetenz oder ihre Persönlichkeit betreffen. Universitäten und viele andere Kulturinstitutionen bieten dafür einen besonders fruchtbaren Boden, da ihr Führungspersonal gerade auf der Grundlage solcher informeller Beurteilungen ausgewählt wird. (Aus diesem Grund strömen Mizrachim in Scharen in die Wirtschaft, da Erfolg dort auf einer messbaren Leistung beruht und nicht auf einer informellen Beurteilung durch gleichgestellte Aschkenasen.) Wie mir Yofi Tirosh, eine führende Diskriminierungsexpertin an der rechtswissenschaftlichen Fakultät der Universität Tel Aviv, im Gespräch mitteilte, lässt sich die Politik der Diskriminierung am besten an der Politik der »Repräsentativität« ablesen – also wenn es darum geht, wer als »repräsentativ für die Institution« eingestuft und ausgewählt wird und wer nicht. In diesem Prozess kommen am meisten Vorurteile zum Tragen. Die Frage ist also: Wie funktioniert die Politik der Repräsentativität realiter?

Wenn man ein Land aufbaut, dessen Araber und Mizrachim man gleichzeitig als kulturell minderwertig betrachtet, ist es nicht schwer zu verstehen, wie Bedingungen für die Herausbildung von Stereotypen geschaffen werden, denen zufolge Araber und Mizrachim »nicht kultiviert, niveauvoll oder gebildet genug« sind. Stereotype sind nicht nur gewohnheitsmäßige Assoziationen bestimmter Gruppen mit bestimmten Eigenschaften. Sie sind höchst effektive Instrumente der sozialen Kontrolle. Stereotype erzeugen die Erwartung, dass einige Gruppen für bestimmte Positionen oder Tätigkeiten geeignet oder eben »ungeeignet« sind.

Ein Beispiel: Meiner Meinung nach ist derzeit einer der brillantesten Köpfe in der israelischen Öffentlichkeit ein Araber, Sayed Kashua. Sayed Kashua aber konnte deshalb reüssieren, weil er auf seinem Feld niemandes Position bedroht. Er ist ein Araber, der über die Beziehungen zwischen Arabern und Juden schreibt. Das ist einer Gesellschaft unter jüdischer Kontrolle genehm. Hätte Kashua jedoch zur neueren jüdischen Geschichte forschen wollen (so wie Juden die Geschichte des Islams oder des Christentums studieren), kann man darauf wetten, dass er es schwerer gehabt hätte. Warum das? Nicht weil er als Erforscher der jüdischen Geschichte einflussreicher gewesen wäre, sondern weil er einem Stereotyp widersprochen hätte – nämlich dem, dass ein Araber nur Spezialist für arabische Themen sein kann.

Die Pointe von Stereotypen besteht darin, dass sie Erwartungen über die Art und Größe des Terrains erzeugen, das ein Vertreter einer Minderheit besetzen darf. Als Werkzeuge der sozialen Kontrolle schaffen Stereotype auch Erwartungen darüber, wer das Recht hat, mit Autorität zu anderen zu sprechen. Sie lassen die Macht mancher Menschen natürlich und selbstverständlich erscheinen, während es weniger natürlich scheint, Minderheiten mit Führung und Macht zu assoziieren. (Ich verweise nur auf den Rummel, der um Rivka Carmi, die Präsidentin der Ben-Gurion-Universität des Negev gemacht wurde, eben weil es so unüblich ist, dass eine Frau eine akademische Institution leitet.) Wie behaglich wäre wohl den Fachbereichsmitgliedern der Hebräischen Universität Jerusalem, der Universität Tel Aviv oder des Weizmann-Instituts für Wissenschaften in Rechovot dabei, einen misrachischen Mann oder eine Araberin an die Spitze ihrer Institution zu wählen?

Ein aschkenasischer Mann verfügt über eine so ausgeprägte Überzeugung von seiner Berechtigung, andere zu führen und zu vertreten, dass es gar nicht auffällt, wenn er es tatsächlich tut. (An zweiter Stelle in dieser Hierarchie kommen die aschkenasischen Frauen, dann die Mizrachim und zuletzt die Araber – wobei eine Frau in jeder Gruppe einen geringeren Status hat.) Genauer gesagt, sehen sich Angehörige von Minderheiten mit dem folgenden Dilemma konfrontiert, das in zahlreichen sozialpsychologischen Experimenten nachgewiesen worden ist: Sie können sich an das Bild halten, das andere von ihnen haben, und als schwach wahrgenommen werden. Oder sie geben sich kompetent und werden von anderen auch so eingeschätzt, dafür aber nicht gemocht. Dies ist zweifellos das verbreitetste Dilemma von Minderheiten am Arbeitsplatz.

Die Sozialpsychologin Laurie Rudman von der Rutgers University hat ein inzwischen berühmtes Experiment durchgeführt: Man gibt zwei aus Männern und Frauen zusammengesetzten Gruppen dieselbe Geschichte zu lesen, mit nur einem Unterschied. Die eine Gruppe bekommt einen Text mit einem männlichen, die andere mit einem weiblichen Protagonisten. In beiden Fällen handelt es sich um einen beruflich ausgesprochen erfolgreichen Menschen. Anschließend bittet man die Teilnehmer, die Kompetenz (wie gut ist er/sie in seinem/ihrem Beruf?) und Sympathie (für wie sympathisch/ und warmherzig halten Sie diese Person?) des erfolgreichen Mannes bzw. der erfolgreichen Frau zu bewerten. Die Ergebnisse sind verblüffend: Vor zwanzig Jahren hätte die Frau für wesentlich weniger kompetent gegolten als der Mann; heute sieht man beide als gleich kompetent an (der Feminismus hat es geschafft, diesbezügliche Stereotype zu verändern).

Obwohl sie für genauso fähig gehalten wurde wie der Mann, wurde sie als wesentlich weniger sympathisch empfunden, und zwar von Männern wie von Frauen. Das heißt: Die Gruppen, die die Hauptfigur der Geschichte – einen beruflich ausgesprochen erfolgreichen Menschen – beurteilen sollen, haben genau dieselben Informationen über den Mann bzw. die Frau, und doch gilt die erfolgreiche Frau als deutlich weniger sympathisch als der Mann.[1] Laurie Rudman und viele andere Forscherinnen haben zahlreiche Experimente zu diesem Thema durchgeführt und erdrückende Beweise dafür gesammelt, dass Frauen einen hohen Preis dafür zahlen, als mächtig und kompetent, selbstbewusst, durchsetzungsfähig und selbständig wahrgenommen zu werden. Werden sie als kompetent beurteilt, dann schneiden sie mit großer Wahrscheinlichkeit schlecht ab in dem, was wir von ihnen erwarten – nämlich warmherzig und gruppenorientiert zu sein. Obwohl sich diese Experimente auf Frauen bezogen, können wir hypothetisch annehmen, dass ihre Ergebnisse auch auf andere Minderheiten zutreffen. In vielen Organisationen sind Minderheiten mit demselben Dilemma konfrontiert: Entweder sie werden gemocht oder als kompetent angesehen. Wenn sie gemocht werden, verdankt sich ihr sympathischer Eindruck dem Umstand, dass sie dem Stereotyp entsprechen, welches sie mit Schwäche assoziiert; weichen sie von diesem

Stereotyp ab, dann nimmt man sie als überheblich, nicht gemeinschaftsorientiert genug und kaltschnäuzig wahr. In beiden Fällen gelten sie nicht als »repräsentativ« für die Institution, der sie angehören.

Ich möchte nun einige Beispiele anführen, die ich persönlich in vielen israelischen Universitäten erlebt habe, in denen die Kompetenz oder Sympathie des Angehörigen einer Minderheit so beurteilt wird, dass dieser nicht für wert befunden wird, die Institution zu repräsentieren – diese Beispiele stammen von sämtlichen israelischen Universitäten, so dass keine einzelne Institution oder Person zu identifizieren ist.

Die Beurteilung der Kompetenz

1. Marokkanischer Akzent: Ein hoch angesehener Wissenschaftler, ein Aschkenase, erklärt mir im Gespräch, er könne einen seiner Kollegen, einen anderen Professor, aufgrund seines »starken marokkanischen Akzents« nicht ernst nehmen – obwohl er wisse, dass dies rassistisch sei. Auch die Aussprache von Arabern zeichnet sich durch einen starken Akzent aus, der oft als nichtrepräsentativ für die Gruppe empfunden wird. Die Menschen und die Institutionen, in denen sie arbeiten, fühlen sich von jemandem, der mit einem Akzent spricht, nicht angemessen repräsentiert. Aschkenasen, könnte man einwenden, haben nicht weniger einen Akzent als Mizrachim, nur ist ihrer »unmarkiert« – er wird nicht gehört, eben weil die Aschkenasen die Sprachnorm aufgestellt haben, die dazu führt, dass ihre Sprechweise als akzentfrei gilt.

2. »Er ist so süß«: In einer ganz anderen Situation mit ganz anderen Beteiligten lauscht eine Aschkenasin einem ihrer Kollegen, der einen wissenschaftlichen Vortrag mit stark marokkanischem Akzent hält. Sie mustert ihn, schüttelt den Kopf

und sagt (beide sind in den Fünfzigern): »Er ist so süß, er ist so süß (*hamoud*).« Sie meinte damit nicht, dass sie ihn sexy fand; sie hielt ihn vielmehr für so harmlos, dass sie kindliche Attribute an ihm entdeckte. Man kann sich kaum vorstellen, dass sie diesen Ausdruck, *hamoud*, für einen Mann verwendet, der Autorität und Macht ausstrahlt. Fällt dieses Wort am Arbeitsplatz gegenüber einer und über eine Frau, dann wird dies oft als Beleidigung empfunden, da süß zu sein eine Eigenschaft von Kindern ist, die der Fähigkeit widerspricht, Macht zu demonstrieren.

3. »Ihr Feld ist zu begrenzt«: Die soziale Hierarchie spiegelt sich in der Hierarchie der wissenschaftlichen Felder. In der Mathematik, vielleicht dem Wissenschaftsgebiet mit dem größten Prestige, gibt es praktisch keine Frauen, Araber oder Mizrachim. Auch in der Altphilologie und mittelalterlichen Geschichte, zwei Feldern, die weitaus höheren Rang einnehmen als die »politischeren« Fächer, die FAM anziehen, trifft man sie eher selten an. FAM pflegen auf Gebieten zu arbeiten, denen ein geringeres intellektuelles Prestige zukommt, etwa Bildung, Sozialarbeit, Soziologie, Politologie oder Internationale Beziehungen. Es ist keine überraschende Feststellung, dass es in letzteren Fachrichtungen weniger Empfänger wissenschaftlicher Auszeichnungen und gutdotierter Stipendien gibt als in ersteren.

Die Hierarchie der wissenschaftlichen Felder spiegelt die soziale Hierarchie wider und ist eine indirekte Methode, um dafür zu sorgen, dass die Ressourcen bleiben, wo sie sind. Diese soziale Hierarchie existiert auch innerhalb der einzelnen Fächer. So wird man wahrscheinlich über eine Frau, die »die Erfahrung misrachischer Frauen in Synagogen« untersucht, sagen, sie bearbeite ein begrenzteres Thema als ein Mann, der die »kantische Rationalität in den Schriften Rabbi Soloveitchiks« analysiert. Das erste Thema wird in der Themenhierarchie als niedriger und »begrenzter« eingestuft, weil es eindeutiger mit einer Minderheitengruppe assoziiert wird.

4. »Er ist so kultiviert«: Viele Soziologen haben behauptet, dass die kulturelle Kompetenz – die Kenntnis der europäischen »Hochkultur«, die man zu zeigen weiß – oft mit einem höheren Status oder Ansehen in kulturellen Institutionen verbunden ist. Sie trägt deshalb zur informellen Klassifizierung von Menschen in diesen Organisationen bei. Entscheidend hierfür ist nicht die Expertise auf dem jeweiligen Gebiet, sondern die Fähigkeit, die richtige Mitgliedschaft in einer bestimmten sozialen/ethnischen Klasse zu signalisieren. Kulturelle Kompetenz besteht nicht nur in der Kenntnis der Hochkultur, sondern auch in bestimmten Sprechweisen und in Kennerschaft einer Vielzahl informeller Domänen wie Weinproben, Opern- und Konzertbesuchen, Gourmetgeschmack und Kochkultur oder ausgesuchten Reisen.

Wie Soziologen gezeigt haben, dient die Hochkultur oft nicht der Erlangung größerer Weisheit und ästhetischer Kultivierung, sondern als Ausweis von Prestige, das seinerseits dazu eingesetzt wird, den eigenen Status innerhalb einer Organisation zu verbessern. Umgekehrt werden jene, die nicht wissen, wie diese informellen Statusattribute zur Schau zu stellen sind, implizit oft niedriger eingestuft.

Anmerkungen

1 Ein allgemeiner Überblick findet sich in: Laurie A. Rudman/Julie E. Phelan, »Sex differences, sexism, and sex. The social psychology of gender from past to present«, in: Shelley J. Correll (Hg.), *Advances in Group Processes*, Bd. 24, New York 2007, S. 19-45. Zu einzelnen Experimenten vgl.: Laurie A. Rudman, »Self-promotion as a risk factor for women. The costs and benefits of counterstereotypical impression management«, in: *Journal of Personality and Social Psychology*, Bd. 74,

Nr. 3 (1998), S. 629-645, dies./Peter Glick, »Feminized management and backlash toward agentic women. The hidden costs to women of a kinder, gentler image of middle-managers«, in: *Journal of Personality and Social Psychology*, Bd. 77, Nr. 5 (1999), S. 1004-1010, und dies./ Peter Glick, »Prescriptive gender stereotypes and backlash toward agentic women«, in: *Journal of Social Issues*, Bd. 57, Nr. 4 (2001), S. 732-762.

12. Am Ende wird die Linke siegen

Historisch haben die linken Konzepte der universellen Menschenrechte und der sozialen Gerechtigkeit die Stabilität der Nationen garantiert, die sie sich zu eigen machten. Wenn wir für sie kämpfen, können sie auch in Israel funktionieren. Eine Intervention vor der Knessetwahl im Januar 2013[1]

Das Wort »links« ist in der israelischen Politik zu einem Schimpfwort verkommen, weil das Eintreten für die universellen Menschenrechte allgemein als Hohn gegenüber der jüdischen Identität und dem jüdischen Partikularismus verstanden wird. Man betrachte nur die verzweifelten Versuche der Vorsitzenden der Arbeitspartei, Schelly Jachimowitsch, das Wort von jeder Gleichsetzung mit den traditionellen Vorstellungen der Linken zu befreien (ihr Schwerpunkt auf sozialen Themen dient dem Ziel, sich ausschließlich um die Juden zu kümmern und nicht um das Schicksal der Palästinenser). Oder man schaue sich die zahllosen ehemaligen Parteimitglieder an, die sich nun in das Grau in Grau von Mitte-Rechts kleiden.

Bildungsminister Gideon Sa'ar, dessen politische Ansichten ich nicht teile, machte am 7. Dezember 2012 im TV-Nachrichtenmagazin *Yoman* eine ausgezeichnete Bemerkung: »Die Rechte«, sagte er, »ist stark, weil wir unsere Differenzen vergessen und uns um eine Vision vereinen können. Die Linke ist gespalten, weil dort jeder für seine eigenen Interessen kämpft.« Auch wenn es in allen politischen Lagern eigennützige und prinzipienfeste Menschen gibt, und auch wenn rechte Politiker ihren Kollegen den einen oder anderen Trick über die Spielchen in der Knesset verraten können, bringt Sa'ars Anmerkung auf den Punkt, wie die Rechte und die Linke in

Israel wahrgenommen werden. Der englische Philosoph John Stuart Mill schrieb einst: »Ein einziger Mensch mit einer festen Überzeugung stellt eine gesellschaftliche Macht dar, die neunundneunzig Menschen, die nur Interessen haben, aufwiegt.«[2] Im Moment ist es die Rechte, die Überzeugungen zu haben scheint.

Die amorphe Politik der Linken hat viele bekannte Ursachen: das Fiasko, das aus Camp David geworden ist, die mangelnde Parteidisziplin machthungriger Politiker, die demographische Entwicklung mit ihrem Machtzuwachs für Siedler und Religiöse, schließlich die mit der postmodernen »Coolness« verbundene politische Orientierungslosigkeit. Es gibt aber noch einen tieferen Grund, der weniger leicht zu fassen ist: Die wenigen Parteien, die noch linke Werte vertreten – Meretz (»Energie«) oder Chadasch (»Neu«[3]) – wirken realitätsfern; viele haben den Eindruck, ihre Werte seien zu wenig auf die Realpolitik abgestimmt, die allein die politische Rechte zu betreiben vermag. Selbst viele Linke bekennen sich inzwischen zu dem abgegriffenen Klischee, dass Moral und politischer Realismus in einem Gegensatz zueinander stehen und zwischen beiden ein Zielkonflikt herrscht. Dabei ist das Gegenteil der Fall: Allein moralische Institutionen verhelfen zu wahrer politischer Macht.

Ich bin mir sicher, dass meine israelische Leserschaft an dieser Stelle halb skeptisch, halb zynisch die Stirn runzeln und mich, abgehärtet vom täglichen Spektakel unserer Politik, auffordern wird, mir nur einmal das jüngste Schicksal von Benny Begin, Michael Eitan und Dan Meridor zu vergegenwärtigen, alle drei herausragende und prinzipientreue Knessetabgeordneten des Likud.[4] Daran könne man ja sehen, wie wenig Moral in der Politik eine Rolle spiele. Die Schwierigkeit, den zentralen Punkt dieses Artikels – dass Moral zu politischer Macht verhilft – plausibel zu machen, ist in gewisser

Weise genau das Problem, um das es hier geht. Wir sind so überwältigt von Sicherheitsbesessenheit (der abwechselnden Furcht vor dem Feind und Verachtung für den Feind), aggressivem religiösem Nationalismus, zügellosem Eigennutz, Gleichgültigkeit gegenüber den Rechten von Nichtjuden und gegenüber dem Wohl der breiten Öffentlichkeit, dass es uns aufgrund der Strukturen unseres Denkens und Fühlens schwerfällt, moralische Grundsätze im politischen Diskurs hochzuhalten und uns eine prinzipiengeleitete Politik auch nur vorzustellen. Natürlich gibt es Politiker mit hehren Grundsätzen wie Zahava Gal-On und Nitzan Horowitz (beide Meretz) oder Dov Khenin und Mohammad Barakeh (beide Chadasch), doch die bloße Tatsache, dass sie sich am extremen Ende des politischen Spektrums zu befinden scheinen, bestätigt meine These.

Der derzeitige Wahlkampf ist gewiss der richtige Moment, um uns der leidenschaftlichen Überzeugungen, für die die Linke steht, ebenso zu erinnern wie der bedeutenden Errungenschaften, die auf diese Überzeugungen zurückzuführen sind. Wie der große amerikanische Historiker Howard Zinn es formulierte: »Wenn Sie keinerlei Geschichtskenntnis haben, dann ist das so, als wären Sie erst gestern geboren worden. Und wenn Sie erst gestern geboren wurden, dann kann jeder Machthaber sich mit einem Mikrofon vor Sie hinstellen und sagen: ›Wir müssen in den Krieg ziehen‹, aus diesem oder aus jenem Grund, und Sie haben keine Möglichkeit, das zu überprüfen.«[5] Angesichts der langen Prozession von Leuten, die ungehindert Lügen verbreiten, sollten wir uns daran erinnern, wofür die Linke steht. Historisch ist es die Linke – und nicht die Rechte –, die uns wirksame Mittel an die Hand gegeben hat, um Gesellschaften neu zu denken und real zu verändern.

Die Linke ist eine große Familie mit vielen Geschwistern, die ein Spektrum vom Anarchismus über den Marxismus bis zur Sozialdemokratie abdeckt. Trotzdem verfügt diese weitläufige kakophone Familie über zwei Hauptzweige: den Liberalismus (der die Grundrechte und -freiheiten des Menschen verteidigt) und den Sozialismus (der Mechanismen zur Herstellung von Verteilungsgerechtigkeit ersinnt). Die Unterschiede zwischen den diversen linken Strömungen drehen sich um die Frage, welches Gewicht man jeweils der Freiheit oder der Gleichheit beimisst – in den Vereinigten Staaten sind die meisten Linken liberal, während Europa historisch für eine Verbindung von Liberalismus und Sozialismus steht.

Dieser Unterschiede ungeachtet zeichnet sich die Linke jedoch durch einen einzigen starken moralischen Kern aus, der sich in einem Wort zusammenfassen lässt: Universalismus – die Überzeugung, dass Menschen, wenn wir von ihrer Religion oder sozialen Klasse absehen, gleich sind und vergleichbare Freiheiten und Ressourcen genießen sollten. Diese moralische Überzeugung hat die gewaltige Matrix, die wir Moderne nennen, mit ungeheurer Kraft geprägt. Das allgemeine Wahlrecht, die Gleichberechtigung von Mann und Frau, die Umverteilung von Vermögen und die Schaffung solcher öffentlichen Güter wie Schulen und Parks, die Gleichheit aller Menschen vor dem Gesetz, die Meinungs- und die Pressefreiheit, das Recht auf freie Religionsausübung – all diese Elemente, die wir als natürliche, »neutrale« Bestandteile zivilisierter Länder ansehen, waren Erfindungen der liberalen Linken, die die Welt dramatisch veränderten.

Die Vorstellung, dass Menschen mit natürlichen Rechten ausgestattet sind, die ihnen kein Staat und keine politische Macht nehmen kann, ist eine der größten Erfindungen der Menschheitsgeschichte. Es waren die französischen Revolutionäre, die 1789 die Erklärung der Menschen- und Bürgerrechte verfassten, mit der sie das Modell schufen, dem Europa folgen sollte (im Unterschied zur amerikanischen Bill of Rights aus demselben Jahr). Sie war auch das Modell, das die Allgemeine Erklärung der Menschenrechte inspirierte, die zwischen 1946 und 1948 von den Vereinten Nationen ausgearbeitet wurde. Ein Mitglied des Unterausschusses, der die Erklärung ausformulierte – Hernán Santa Cruz aus Chile –, fasste den Kern dieses Unternehmens wie folgt zusammen: »Ich wirkte an einem wahrhaft bedeutsamen historischen Ereignis mit, in dem ein Konsens über den absoluten Wert der menschlichen Person erzielt worden war, ein Wert, der sich keiner Entscheidung einer weltlichen Macht verdankte, sondern dem Faktum der Existenz – aus dem sich das unveräußerliche Recht, frei von Not und Unterdrückung zu leben und die eigene Persönlichkeit voll zu entwickeln, ableitete.«[6]

Das Konzept der Menschenrechte übertrug die Heiligkeit Gottes auf gewöhnliche menschliche Lebewesen, die in der Nacktheit und Unverletzlichkeit ihrer Menschlichkeit nun zu Gleichen wurden. Diese großartige Vision der Menschheit durchzog das 20. Jahrhundert, in dem viele unterdrückte und diskriminierte Gruppen in westlichen und nichtwestlichen Demokratien für ihr Recht kämpften, gleichbehandelt zu werden und das zu genießen, was wir heute als normale Freiheiten empfinden. Frauen, Schwarze, Behinderte, Kranke, Ausländer, Flüchtlinge, Homosexuelle, die Unterdrückten in diktatorischen Regimen – all diese Gruppen beriefen sich auf ihre Rechte als unverletzliches Vorrecht menschlicher Lebewesen.

Diese Heiligung des Rechts menschlicher Lebewesen, vor dem Gesetz gleich und gerecht behandelt zu werden, sich frei bewegen zu können, leben zu können, wo sie wollen, ist heute so evident und wird in westeuropäischen Ländern so selbstverständlich vorausgesetzt, dass wir vergessen, wer es einmal erfunden hat: die Linken. Aber mehr noch: Diese Rechte schützten die Individuen vor der willkürlichen Macht des Staates. Sie vergrößerten aber auch die Macht des Staates. Umfangreiche Forschungen haben gezeigt, dass Staaten, die die Menschenrechte schützen, stärker sind als jene, die es nicht tun: Sie sind politisch stabiler, wirtschaftlich erfolgreicher, attraktiver für Einwanderer, mit internationaler Legitimität ausgestattet und daher fähig, Soft Power auszuüben, wie Politologen das nennen. Hingegen genügt es, regelmäßig die Nachrichten zu verfolgen, um zu wissen, dass die lange Liste jener Länder, die die Menschenrechte missachten, durch instabile und unbeständige politische Kulturen geprägt ist; und nicht einmal der chinesische Riese spricht wirklich gegen diese These. Die Menschenrechte stellen also nicht nur einen moralischen Fortschritt dar; sie sind auch pragmatische Ressourcen, die die Nationalstaaten stärken.

Arbeiterrechte

Wie oft wird nicht Karl Marx hysterisch mit der extremen Linken assoziiert! Aber waren seine Ideen wirklich so extrem? Werfen wir einen Blick auf die Geschichte. Mit dem Aufkommen der maschinellen Produktion im 19. Jahrhundert führten die Kapitalisten einen Arbeitstag von 15 bis 17 Stunden ein und nutzten im großen Stil Frauen- und Kinderarbeit. In England entfielen in der ersten Hälfte des Jahrhunderts 50 bis 60 Prozent der Arbeitsleistung in der Baumwollindustrie auf Frauen und Kinder. Ein gewaltiges Reserveheer arbeitsloser Männer und Frauen war die Folge, was, wie Ökonomen voraussagten, zu einer Absenkung der Löhne führte, und zwar unter das Existenzminimum.

In gewisser Weise erging es den Arbeitern im 19. Jahrhundert schlechter als den Sklaven. Während man diese mit Nahrung, Unterkunft und auch sonst dem Nötigsten versorgte – schließlich waren sie ein kostspieliges Wirtschaftsgut –, wurden die Arbeiterinnen und Arbeiter brutal ausgebeutet und unter entsetzlichen Lebensbedingungen sich selbst überlassen; ihr Tod beschäftigte die Kapitalisten nicht, da sie wussten, dass das Angebot an Arbeitskräften quasi unbegrenzt war. Die Fabrikarbeiter kannten nur Schwerstarbeit, Erschöpfung, Hunger, Verwahrlosung, Krankheiten und einen frühen Tod. Diese Umstände waren es, auf die Marx und der Marxismus reagierten. Sie schürten die Agitation der Arbeiterklasse und starteten verschiedene Sozialistenbewegungen, aus denen später die Internationale Arbeitsorganisation hervorging – sie wurde 1919 als Einrichtung des Völkerbunds gegründet, um die Rechte der Arbeiter zu schützen. Diese Rechte, die damals für viele die Gesellschaftsordnung bedrohten, bestanden im Recht auf Arbeit, dem Verbot von Kinderarbeit, einer minimalen Arbeitsplatzsicherheit, dem Vereinigungs- und dem Streikrecht. Sie sind so grundlegend für unsere Gesellschaft geworden, dass wir sie uns gar nicht mehr als etwas vorstellen können, das mit einer politischen Farbe verbunden ist.

Auch hier haben wir es wieder mit einem bemerkenswerten Umstand zu tun: Als sie für die Rechte der Arbeiter kämpften, trugen Marx und der Sozialismus dazu bei, den Kapitalismus zu stabilisieren und auszudehnen, indem sie die kapitalistische Wirtschaft für das riesige Reservoir an Menschen, die von ihr ausgebeutet wurden, erträglich machte. Die Regulierung des Arbeitsmarktes durch die Löhne half dabei, die Beschäftigung in geregelte Bahnen zu lenken und die Löhne steigen zu lassen, und auch dies war entscheidend für die Entwicklung des Kapitalismus. Wie durch den Fordismus Anfang des 20. Jahrhunderts deutlich wurde, war es eine fest angestellte Arbeiterklasse mit relativ guten Löhnen, die den Übergang zum Massenkonsum ermöglichte, dem entscheidenden Schritt in der Geschichte des Kapitalismus. (Roosevelts New Deal unterstrich die Stärke dieses Modells, indem er in der Weltwirtschaftskrise staatliche Programme auflegte, die auf Vollbeschäftigung zielten.) Es war folglich die Linke, die die enormen technologischen Kräfte der kapitalistischen Produktionsweise mit daran hinderte, die vorhandenen Gesellschaften zu zerstören, und dazu beitrug, eine gerechtere Ressourcenverteilung herbeizuführen. Ironischerweise war es die Linke, die den Kapitalismus vor sich selbst rettete.

Trennung von Staat und Religion

Das Gesetz zur Trennung von Kirche und Staat wurde 1905 in der Dritten Republik erlassen und führte den staatlichen Säkularismus in Frankreich ein – den Laizismus. Frankreich wurde zu Beginn des 20. Jahrhunderts von einem Linksbündnis (»Bloc des gauches«) unter Führung des Sozialisten Émile Combes regiert. Das Gesetz schrieb eines der entscheidenden Prinzipien demokratischer Staaten fest – nämlich dass sie in Bezug auf die Religion neutral zu sein haben. Wie der erste Artikel des Gesetzes veranschaulicht, bestand der Zweck dieser Neutralität darin, ein zentrales moralisches Prinzip zu schützen: »Die Republik garantiert die Gewissensfreiheit.«

Warum aber ist die Trennung von Staat und Religion, eine Voraussetzung für den Schutz der »Gewissensfreiheit«, für Demokratien so wichtig? Nun, weil ein Staat, der sich durch eine Religion definiert, implizit eine Gruppe über eine andere stellt und privilegiert. Unter Bedingungen religiöser Pluralität wird der Staat dann schnell zum direkten Instrument der Unterdrückung religiöser Minderheiten durch die religiöse Mehrheit. Ohne es zu wissen, institutionalisiert ein solcher Staat Diskriminierung und Rassismus und macht sie alltäglich.

Nehmen wir das Beispiel des Knessetmitglieds Danny Danon (Likud), der sich 2010 lautstark dafür einsetzte, das arabische Knessetmitglied Mohammad Barakeh daran zu hindern, an einer Gedenkveranstaltung in Auschwitz teilzunehmen. Was könnte einen so niederträchtigen Akt wohl erklären? Nur die unmittelbare Identifikation einer staatlichen Zeremonie mit der jüdischen Mehrheit, die implizite Idee, dass »das den Juden allein gehört«. Der Grundsatz der religiösen Neutralität des Staates ist daher entscheidend, um umfassende und flexible Gesellschaftsverträge auszuarbeiten, die unterschiedliche Gruppen vereinigen und friedliche Beziehungen zwischen ihnen stiften können.

Pazifismus

Krieg war vormodernen Gesellschaften dienlich, da ihre Ökonomien auf territorialer Ausdehnung und Bevölkerungskontrolle beruhten. Deshalb waren sie auch so nachdrücklich um Aufteilungen der Welt in Sie und Wir, Freunde und Feinde, Verbündete und Gegner strukturiert. Der Universalismus musste diese Denkart unweigerlich transformieren. Der Erste Weltkrieg war der Anlass für Gewerkschaften, Anarchisten und Marxisten, sich in ihrem Widerstand gegen den Krieg zu vereinen, waren sie es doch, die die Menschlichkeit der einfachen Soldaten sahen. Auch wenn manche von ihnen später ihre Meinung änderten, genügte dies, um eine dauerhafte Verbindung der Linken mit dem Pazifismus zu etablieren. Alphonse Merrheim, ein französischer revolutionärer Gewerkschafter, sah die Leichenberge des Ersten Weltkrieges voraus. 1915 sagte er über die politischen Führer seines Landes: »Sie lügen. Die Wahrheit ist, dass sie unter den Gebäuden und Familien, die sie zerstört haben, die Freiheit ihres eigenen Volkes ebenso wie die Unabhängigkeit anderer Nationen begraben.«[7]

Im Laufe der zweiten Hälfte des 20. Jahrhunderts bildete sich langsam ein Konsens über die Vorstellung heraus, dass der Krieg die Freiheit zerstört – nicht nur die der Unterlegenen, sondern ebenso die derjenigen, die militärische Gewalt anwenden. Die Skepsis der Linken gegenüber dem Krieg fand weite Verbreitung unter den westeuropäischen Bürgerinnen und Bürgern, für die Krieg inzwischen mehrheitlich so unmoralisch wie ineffektiv ist. Wie Zinn feststellt: »Kriege sind kein praktikabler Weg, um [...] Ziele zu erreichen. In der jüngeren Geschichte stellen die mächtigsten Nationen immer öfter fest, dass sie schwächere Nationen nicht besiegen können.«[8]

Der moralische Widerwille gegen den Krieg als eine dauerhafte Methode zur Organisation der nationalen Souveränität beruht auf der ausgesprochen pragmatischen Einsicht, dass Kriege die Nationen in ihrer ökonomischen und kulturellen Entwicklung behindern. Wir können an diesem Punkt eine einfache Frage stellen: Warum hat sich der Universalismus als eine so effektive moralische und pragmatische Möglichkeit erwiesen, die Gesellschaft zu organisieren? Die Antwort ist, glaube ich, überraschend einfach: weil er die Zusammenarbeit fördert. Partikularistische politische Ordnungen konzentrieren sich erklärtermaßen immer auf eine Gruppe und müssen früher oder später immer eine Gruppe gegenüber einer anderen bevorzugen. Dies führt zu Ungleichheit und Diskriminierung, was wiederum Gewalt zwischen den Gruppen sowie zwischen Gruppen und dem Staat nach sich zieht. Der Universalismus hingegen ersinnt Regeln und Strukturen, die jedermann die Einbeziehung in den Gesellschaftsvertrag und damit einen stabilen gesellschaftlichen Bund ermöglichen sollen.

Der Likud, wie er sich in den jüngsten Jahren darstellt, hat einen Vorzug: Seine Politiker müssen sich nicht mehr mit dem Laster der Heuchelei herumplagen. Sie reden Klartext und tun noch nicht einmal so, als verteidigten sie eine großmütige Vision der Humanität, ein Gebot, den Schwachen zu helfen, ein brennendes Verlangen nach Gleichheit oder den Grundrechten menschlicher Lebewesen. Ihre Politik geht mit den hitzigen und brutalen Aspekten des ethnischen und religiösen Partikularismus mühelos zusammen.

Das Land, das uns an dem Tag der Machtübernahme dieses neuen Likud erwartet, wird instabil und explosiv sein, nachdem Mitglieder des Likud inzwischen weitgehend mit dem Siedlungsprojekt identifiziert werden, einem gewaltigen Vorhaben, dessen juristischer und ökonomischer Apparat sich auf eine immer engere Identifikation des Staates mit den Juden stützt, auf ein kriegslüsternes Verständnis der auswärtigen Angelegenheiten und eine so systematische wie strukturelle Verweigerung grundlegender Menschenrechte (wie dem auf freie Bewegung, dem Bau- und dem Besitzrecht). Der neue Likud wird weder für politische Stabilität noch für eine florierende Wirtschaft sorgen, weil seine Wirtschaftspolitik partikularistisch ist: Sie wird auch weiterhin die endlosen Bedürfnisse der Ultraorthodoxen, der Siedler, des superreichen einen Prozents befriedigen. Die Mitglieder dieses neuen Likud haben nichts dagegen, weil sie insgeheim – oder gar nicht so insgeheim – einen großen Krieg herbeisehnen, der ein für allemal entscheiden wird, wer in der Region die militärische Vormachtstellung innehat, weil sie sich einen ewigen Kriegszustand wünschen, den die Vereinigten Staaten und die säkularen Israelis finanzieren.

Der neue Likud folgt der Logik von Chaos und Gewalt, wie man sie nur allzu gut aus der Geschichte der europäischen Parteien der extremen Rechten kennt. Er hofft, mit dem Schüren von Gewalt entweder Einschüchterung und Schweigen oder Gegengewalt heraufzubeschwören, die dann ihrerseits seine eigene Gewalt legitimiert und verstärkt.

So wie die Rechte die Linke schlug, indem sie »links« zu einem Schimpfwort machte, hat die Linke den Kampf gegen die Rechte gewonnen, indem sie es unübersehbar machte, dass sie die einzige Stimme ist, die im Namen einer universellen Moral spricht. Die moralische Vision der Linken hat sich unzählige Male als einziger pragmatischer Weg erwiesen, die Gesellschaft zu einer blühenden und stabilen Bürgerschaft auszugestalten.

Zwar müssen wir unseren tiefen Ekel vor der Politik überwinden, wir dürfen dabei aber nicht vergessen, dass die Politik nicht den Parteien gehört, sondern der Straße und dem Volk. Noch einmal Howard Zinn:

> »Es stimmt, dass die Amerikaner alle paar Jahre Kongressmitglieder und Präsidenten wählen. Es stimmt aber auch, dass die wichtigsten gesellschaftlichen Veränderungen in der Geschichte der Vereinigten Staaten – die Unabhängigkeit von England, die Emanzipation der Schwarzen, die Organisation der Arbeiter, die Fortschritte der Geschlechtergleichheit, das Verbot der Rassentrennung, der Rückzug aus Vietnam – nicht durch die Wahlurne erreicht wurden, sondern durch die direkte Aktion des sozialen Kampfes, durch die Organisation von Volksbewegungen, die sich einer Vielzahl extralegaler und illegaler Taktiken bedienten.«[9]

Nicht nur politische Parteien, sondern auch die Zivilgesellschaft und die einfachen Bürger können sich der vom neuen Likud betriebenen Politik des Todes widersetzen und den Kampf fortführen, den so viele Männer und Frauen in den vergangenen drei Jahrhunderten gekämpft haben.

Anmerkungen

1 Die Wahl zur 19. Knesset fand am 22.01.2013 statt, also kurz nach Veröffentlichung von Eva Illouz' Beitrag in der *Haaretz*. Mit knapp 23,5 Prozent der Stimmen ging der Likud als Sieger aus der Wahl hervor. Zweitstärkste Kraft wurde die liberale Partei Jesch Atid (»Es gibt eine Zukunft«) mit ca. 14,5 Prozent. Die Arbeitspartei belegte mit etwa 11,5 Prozent den dritten Platz. Nach rund zweimonatigen Verhandlungen unterzeichneten Likud, Jesch Atid und Habajit Hajehudi am 15.03.2013 eine Koalitionsvereinbarung; Anm. d. Übers.

2 John Stuart Mill, *Betrachtungen über die Repräsentativregierung*, übers. von Hannelore Irle-Dietrich, Berlin 2013, S. 19.

3 Zugleich ein Akronym für Hachasit Hademokratit Leschalom Uleschiwjon (»Demokratische Front für Frieden und Gleichberechtigung«), eine Listenverbindung sozialistischer Parteien; Anm. d. Übers.

4 Alle drei wurden von ihrer Partei für die Wahlen von 2013 auf aussichtslose Listenplätze gesetzt und zogen daraus die Konsequenzen: Sie traten nicht bei den Wahlen zur Knesset an; Anm. d. Übers.

5 Howard Zinn, *Howard Zinn Speaks. Collected Speeches, 1963-2009*, Chicago 2012, S. 145.

6 Zitiert nach der kurzen Geschichte der Allgemeinen Erklärung der Menschenrechte auf der Website der Vereinten Nationen, online verfügbar unter: {http://www.un.org/en/documents/udhr/history.shtml} (Stand Januar 2015).

7 Zitiert nach »Contre la guerre. Le manifeste de Zimmerwald (1915)«, in: Jacques Julliard/Grégoire Franconie (Hg.), *La gauche par les textes, 1762-2012*, Paris 2012, S. 308.

8 *Howard Zinn Speaks*, S. 204.

9 Ebd., S. 55.

13. Die Dialektik der freien Meinung

Warum Judith Butler den Adorno-Preis bekommen sollte, obwohl sie ihn vielleicht nicht verdient

Judith Butler soll an diesem Dienstag, dem 11. September 2012, mit dem angesehenen Adorno-Preis der Stadt Frankfurt ausgezeichnet werden. Idee des Preises ist es, Menschen zu würdigen, die in ihrem Werk dem Denken Theodor W. Adornos und der von ihm mitbegründeten Kritischen Theorie verbunden sind. Butler ist eine feministische Philosophin und lehrt in Berkeley, sie ist eine Kennerin Hegels und eine Verfechterin der Queer-Theorie sowie eine leidenschaftliche Gegnerin der israelischen Politik. Die Entscheidung, ihr den Adorno-Preis zu verleihen, hat in Deutschland eine heftige Debatte ausgelöst, ihre schärfsten Kritiker kommen aus der jüdischen Gemeinde in Deutschland. Stephan Kramer, Generalsekretär des Zentralrats der Juden, hat Judith Butler die moralische Berechtigung abgesprochen, mit diesem Preis ausgezeichnet zu werden, und hat dem Kuratorium »systemisches Versagen« vorgeworfen.

Auf den ersten Blick scheinen die Argumente gegen Butler schwer zu wiegen: Sie ist eine bekannte Antizionistin, hat zum Boykott gegen Israel aufgerufen, und sie hat gelegentlich angedeutet, dass sie ein gewisses Verständnis für Hisbollah und Hamas habe. Auf einer öffentlichen Veranstaltung vor ein paar Jahren sagte sie auch, dass die beiden muslimischen Miliz-Organisationen Teil der globalen Linken seien. Ihre ziemlich überraschende Logik: Die globale Linke definiert sich heute durch Antiimperialismus und Antikolonialismus in all ihren Formen, und da die Hamas und die Hisbollah den israelischen Imperialismus bekämpfen, gehören sie zwangsläufig zur globalen Linken – was immer das heute auch sein soll.

Eins möchte ich von vornherein klarstellen: Ich habe mich intellektuell nie besonders für Butlers Denkschule interessiert. Mir sind feministische Wissenschaftlerinnen wie Catherine MacKinnon, Seyla Benhabib oder Patricia Hill Collins weitaus näher. Und politisch identifiziere ich mich eher mit der »alten« Linken, die sich mit Themen wie Löhnen und Gerechtigkeit, Rassismus und Einwanderungspolitik beschäftigt, als mit der neuen Linken, für die Butler steht und die sich gern um Themen wie Sexualpolitik, Gender als gesellschaftliches Konstrukt und Dragshows kümmert. Und als linke Israelin bestürzen und verwundern mich Butlers Ansichten. Hamas und Hisbollah als Teil der globalen Linken zu bezeichnen ist nicht nur eine Beleidigung für die Linke, sondern ein harter Schlag gegen sie. Zwei bewaffnete Organisationen, die von Iran finanziert werden, die die Scharia fordern, die sexuelle Reinheit der Frauen propagieren und die Todesstrafe befürworten und die, wie man wohl kaum hinzufügen muss, selbsterklärte Homophobe sind – mir, und wahrscheinlich vielen anderen, fällt da keine Linke ein, die solchen Ideen eine Heimat geben würde. Nein, es ist nicht eine gerechte Weltordnung, für die Hamas und Hisbollah kämpfen, sie kämpfen einzig und allein gegen Israel und die Juden. Und was immer Judith Butler über Hamas und Hisbollah gesagt oder nicht gesagt hat, wie nuanciert ihre Erklärungen auch gewesen sein mögen, sie hat sich nie ausdrücklich von den sexual- und genderpolitischen oder religiösen Überzeugungen dieser Organisationen distanziert, geschweige denn von deren Antisemitismus und Aufrufen, Juden umzubringen. Dass sie über diesen Antisemitismus hinwegsieht, diskreditiert nicht nur ihren Einsatz für mehr Gerechtigkeit in Israel, sondern es schwächt auch die moralische Autorität der Linken, und das ist viel schwerwiegender.

Und trotzdem bin ich dagegen, ihr den Adorno-Preis doch nicht zuzuerkennen. Ich sehe dafür vier, wie ich finde, überzeugende Gründe.

Erstens: Eine Auszeichnung dieser Größenordnung wird normalerweise für die Arbeit verliehen, die jemand auf seinem Fachgebiet geleistet hat. Nachdem ich selbst in zahlreichen Kuratorien dieser Art mitgewirkt habe, möchte ich behaupten, dass es zwei Möglichkeiten gibt, einen geeigneten Preisträger zu finden: Entweder man wählt jemanden, dessen Arbeit man nahesteht und intellektuell befürwortet, oder man wählt jemanden, dessen Arbeit, auch wenn man sie nicht unbedingt befürwortet, dennoch einen wichtigen Einfluss auf das betreffende Fachgebiet gehabt hat. So etwas lässt sich ziemlich genau feststellen: Wie häufig wird ein Wissenschaftler zitiert, oder wie intensiv waren die Debatten, die durch seine Arbeit ausgelöst wurden? Es besteht nicht der geringste Zweifel, dass kaum ein anderer Geisteswissenschaftler einen so deutlichen Einfluss gehabt hat wie Judith Butler, und dies in so unterschiedlichen Bereichen wie Literatur, Philosophie, Kulturwissenschaften, Kunstgeschichte, Soziologie und Anthropologie. Ganz egal welchen intellektuellen Geschmack die Mitglieder des Kuratoriums in Frankfurt auch persönlich haben, sie haben sich dennoch verantwortungsbewusst verhalten. Denn niemand in der akademischen Welt kann ignorieren, wie groß der Einfluss Butlers bei der Erneuerung der Kritischen Theorie war, jener Kritischen Theorie, an der Adorno so viel lag.

Machen wir nun, zweitens, eine Gedankenübung. Stellen wir uns vor, dieser Preis wäre für theoretische Physik verliehen worden, und der Preisträger würde dieselben politischen Ansichten vertreten wie Judith Butler. Ich bezweifle, dass wir eine ähnlich grobe Einmischung in die Entscheidung eines Komitees erlebt hätten. Denn in den Naturwissenschaften ist die Unterscheidung zwischen akademischer Arbeit und politischen Ansichten Teil des Systems, mit dem Ergebnis, dass Versuche der Einmischung gar keine Grundlage haben und deswegen kaum vorkommen. Die Geisteswissenschaften jedoch scheinen eine viel größere Nähe zur Politik zu haben. Das aber ist eine rein optische Täuschung, denn die Unterscheidung besteht, egal ob jemand Historiker, Sprachphilosoph oder Physiker ist. Insofern gibt es keine direkte Verbindung zwischen Butlers Hegel-Analysen und ihren politischen Ansichten. Die Integrität eines Kuratoriums wird gerade an seiner Fähigkeit gemessen, den geleisteten wissenschaftlichen Beitrag und die politischen Ansichten des Preisträgers voneinander zu trennen. Zu den Mitgliedern des Frankfurter Kuratoriums zählen Akademiker von höchstem intellektuellem und moralischem Ruf, und ihr wissenschaftliches und moralisches Urteil darf nicht leichtfertig infrage gestellt werden, nur weil die politischen Ansichten des Preisträgers schwer verdaulich sind.

Auch wenn ich, drittens, den Kummer der deutsch-jüdischen Gemeinde verstehe, ist die Einmischung taktisch und moralisch ein Fehler. Der Ort, um Meinungen wie die von Judith Butler zu bekämpfen, ist die Öffentlichkeit. Viele jüdische Gruppierungen innerhalb und außerhalb Israels bedienen sich, so könnte man es sagen, zunehmend rüderer Taktiken, um ihre Gegner zum Schweigen zu bringen. Die israelische Politik gegenüber Palästinensern, Flüchtlingen aus Eritrea und nichtjüdischen Einwanderern ist moralisch nicht vertretbar; diese Politik erzeugt zunehmend Kritik, manche berechtigt, manche nicht. Kritik zu verbieten, selbst unberechtigte Kritik, kann keine Reaktion sein. Im Gegenteil: Es bestätigt nur, was die Kritiker behaupten, nämlich dass sich

Israel und diejenigen, die Israel unterstützen, zunehmend auf undemokratische politische Mittel verlassen. Demokratie heißt, berechtigte und unberechtigte Kritik zuzulassen, sich ihr zu stellen. Einige politische Ansichten von Judith Butler sind unangemessen, aber man bekämpft sie durch Argumente, nicht durch institutionelle Kraftproben.

Und schließlich: Gäbe das Frankfurter Komitee nach, würde es zu neuen Formen akademischer und politischer Kriegsführung kommen, weil jede Gruppe, die stark und laut genug wäre, alle wissenschaftlichen Auszeichnungen an Personen infrage stellen könnte, die die falschen politischen Ansichten haben und äußern. Sollten wir beispielsweise Wissenschaftlern den Nobelpreis vorenthalten, wenn sie sich für jüdische Siedlungen in den besetzten Gebieten aussprechen? Bei Robert Aumann, dem israelischen Nobelpreisträger für Wirtschaftswissenschaften 2005, wurde dies gefordert. Das Nobelpreiskomitee lehnte das richtigerweise ab. Wenn das damals richtig war, so ist es auch jetzt und hier richtig.

Wir sollten uns eine Erkenntnis von John Stuart Mill ins Gedächtnis rufen über das Recht auf freie Meinungsäußerung: Wir können uns niemals sicher sein, dass eine zum Schweigen gebrachte Meinung nicht doch ein Stückchen Wahrheit enthält. Wenn man Menschen erlaubt, fehlerhafte Ansichten zu äußern, hat das aus zwei Gründen einen produktiven Nutzen für die Gesellschaft. Zum einen ist es wahrscheinlicher, dass Irrglaube und irrige Meinungen verschwinden oder verblassen, wenn sie dem freien Meinungsaustausch ausgesetzt sind. Zum anderen zwingt die Debatte sowohl diejenigen, die recht haben, als auch diejenigen, die nicht recht haben, ihre Meinungen zu überprüfen. Nach Mills Ansicht reicht es nicht aus, einfach eine Überzeugung zu haben, auch wenn sie zufällig richtig ist. Nein, man muss begreifen, warum eine Überzeugung die richtige ist. Das aber funktioniert nur, wenn wir uns nicht gleichzeitig zensieren.

Dennoch fällt es mir schwer, die Ironie dieser Geschichte zu ignorieren: Judith Butler erlebt jetzt selbst die Auswirkungen einer Boykottpolitik, die sie sonst so gern fordert. Und nun verteidigt jemand diese Preisvergabe, der an die repräsentative Demokratie glaubt, deren philosophische Prämissen Judith Butler aber nie ernst genommen hat. Die Frage wäre, ob Judith Butler die Preisvergabe an einen Wissenschaftler verteidigen würde, dessen politische Haltungen sie nicht respektiert. Ich wüsste gern ihre Antwort.

14. Trauer und Hoffnung

Israel hat vergessen, was es heißt, eine Gemeinschaft der Hoffnung zu sein. Und doch ist genau eine solche Gemeinschaft der beste Weg, um unsere Toten zu ehren

Ein Ehemann, eine Schwester, eine Mutter oder ein Sohn ist gestorben. Trauer ist das Gefühl, das einen beim Verlust eines geliebten Objekts überkommt. Unsere Welt hatte eine gewisse Verfassung, deren wir uns nicht bewusst waren, und diese Verfassung verwandelt sich in ein großes Loch inmitten unserer Existenz, das es uns unmöglich macht, unser Leben weiter zu leben. Trauer ist stärker als Traurigkeit, weil der oder die Trauernde darum ringen muss, sowohl den Verlust als auch seine Endgültigkeit zu akzeptieren. Als Trauernde erfahren wir somit zwei Dinge zugleich: den Verlust des Liebesobjekts und unsere eigene Ohnmacht angesichts der Unerbittlichkeit der Realität.

In seinem Roman *Ima* (»Mutter«) schildert der Autor und Mathematiker Aner Shalev in fiktionalisiert autobiographischer Form seine Trauer nach dem Tod seiner Mutter. Das Buch hat die Form einer Reihe von Fragmenten, die von -1 bis -273 durchnummeriert sind, der tiefsten Temperatur im Universum, weil die Trauer eine umgekehrte Höllenfahrt ist: Man »verbrennt« nicht innerlich oder äußerlich, sondern tritt ein in einen Raum eisiger Unbeweglichkeit.

Die Trauer ist eine eisige und einsame Qual, weil wir uns als Trauernde nicht der Zukunft zuwenden können, in der der geliebte Mensch fehlt, so wenig wie wir uns an die Vergangenheit halten können, die zu schmerzlich von ihm erfüllt ist.

Mom, wie sollen wir ohne dich essen können
Wie sollen Sabbatmahle ohne dich möglich sein
Wie soll Sabbat sein
ohne dich, oder
Feiertage, oder
Werktage

Die trostlose Welt, in die der Trauernde eingetreten ist und die niemand sonst sieht, trägt die dauerhafte Spur einer Abwesenheit, die in die Konkretion und Materialität der Existenz der verstorbenen Person eingeschrieben ist, als hätten Gegenstände und Orte ihre Seele absorbiert.

Die Trauer ist deshalb so überwältigend, weil in ihr das Bewusstsein darum kämpft, nicht nur eine materielle Abwesenheit zu begreifen, sondern auch eine neue geistige Realität. Selbst wenn diese Freundin weit entfernt von mir lebte, macht mich das Wissen um ihren Tod unaussprechlich traurig.

Morgens ist es am schlimmsten
Nachts existiere ich nicht oder weiß nichts von ihrem Tod
Jeden Morgen sinkt, Sekunden nachdem ich erwache, ihr Tod von Neuem auf mich herab
Wie ein Fünftonnengewicht
Jeden Morgen stirbt sie von Neuem.

Das Bewusstsein versucht, eine neue innere Geographie zu erfassen; es versucht, eine neue geistige Landkarte zu zeichnen, auf der es jenen Berg, jenen Wald, jenen See nicht mehr gibt, die so unabdingbar waren für die innere Landschaft. In der Trauer geht es nicht nur um den Verlust, nicht nur um das Gefühl der Ohnmacht, sondern auch um die »Ungläubigkeit« (»es kann nicht sein«).

Mit der Zeit verstehst du:
Du suchst nach einem Ort ohne ihren Tod.
Mit der Zeit verstehst du:
Du trägst ihren Tod (ihre Abwesenheit)
An jeden Ort.
Selbst an Orte, an denen du noch nie zuvor warst.
Mit der Zeit verstehst du:
Ihr Tod löst sich von ihr, und du bist sein Träger
Du infizierst keine Menschen (sie sind immun gegen ihren Tod)
Du infizierst Orte.

Das Bewusstsein lässt den Trauernden noch in einer anderen Hinsicht im Stich: Wir können uns die tote Person nicht vorstellen. Die Person, die gelächelt, umarmt und geliebt hat und die die Quelle unseres Lebens war, ist jetzt mehr Ding als Person. Aus diesem Grund ist die Trauer unter allen Emotionen diejenige, die sich in der und durch die Zeit entfaltet. Nur durch die Zeit gewinnt das Bewusstsein seine Fassung wieder.

Mutter siehst du?
Mutter hörst du?
Du bist so weit weg jetzt.
Kann ich irgendetwas tun?

In seiner Struktur und Sprache ahmt Shalevs Roman die schiere Heftigkeit der Trauer nach, einen Schmerz, der nicht zu lindern oder zu trösten ist. Und doch ist Trauer nicht immer von dieser überwältigenden, welterschütternden Qualität. Tatsächlich dringt der Tod genauso oft gar nicht durch, wenn er nämlich keine breite und tiefe Kluft mitten in unsere Existenz geschlagen hat. In »Dahinscheiden«, einer Erzählung des großen israelischen Autors Jaakow Shabtai, schildert der Ich-Erzähler, ein Heranwachsender, was er und seine Eltern empfanden, als sie von der Beerdigung seiner Großmutter nach Hause kamen:

> »Es schien, als wären alle vom Hafen zurückgekommen, von der Verabschiedung eines Familienmitgliedes, das auf Reisen gegangen war. Nun war alles vorbei. Das Radio war an, einer sah in die Zeitung, Mutter bediente, und die Leute am Tisch sprachen leise miteinander. Gelegentlich erwähnten sie Großmutter. Sie taten es, als wäre sie nur für längere Zeit verreist und würde eines Tages wieder zurückkommen. Schließlich hatte sie all ihre Sachen hiergelassen.«[1]

Für Shalev ist der Tod in seiner Gewissheit unerträglich; für Shabtai eröffnet er einen mehrdeutigen Raum: als ob die Großmutter eine lange Reise angetreten hätte, nachdem ja ihre Siebensachen ihre bleibende Präsenz bezeugen. Während das Leben für Shalev nie mehr dasselbe sein kann, geht das tägliche Leben für Shabtai auf seltsame Weise wie gewohnt weiter; der Tod markiert keinen dramatischen Bruch. Wenn der Tod hier verstörend ist, dann nicht aufgrund seiner Distanz zur Welt der Lebenden, sondern gerade deshalb, weil er mit ihr verschwimmt. Shalevs Geschichte bewegt; Shabtais Geschichte erzeugt eine gewisse Unruhe: Der Leser trauert so wenig wie der Erzähler, sondern beobachtet lediglich die Spuren einer Präsenz, die sich langsam verliert, als ob sich der Tod harmonisch im Leben auflösen würde. Deshalb ist die Großmutter auch »dahingeschieden« (und nicht »gestorben«). Ihr Tod ist wie das langsame Rückgängigmachen einer Präsenz. Die Freunde der Großmutter kommen und übernehmen ihre Kleidung, Schmuckstücke, Bücher und andere private Gegenstände; ihre koschere Küche mit sorgfältig getrenntem Geschirr für Milch und für Fleisch gerät nach und nach in Unordnung, womit das ausgelöscht wird, was ihre weltliche Präsenz definierte, ihre Religiosität und das vage Gefühl einer Sünde, das mit dem gewöhnlichen Akt der Entweihung der Mitzwot, der religiösen Gebote, einherging. Zu gegebener Zeit ist es nicht mehr nur ihr Tod, sondern die Erinnerung an ihre Präsenz selbst, die ausgelöscht wird. »Dahinscheiden« beschreibt den Tod mithin als ein allmähliches Lösen jenes Zugriffs, den eine Person auf die Welt hatte. Zusammengelesen legen Shalevs und Shabtais Erzählungen nahe, dass Trauer nicht nur der Schmerz darüber ist, jemanden zu verlieren, sondern auch ein Weg, um den Schmerz in das Gedächtnis an jemanden zu verwandeln. Tatsächlich verlangen die Toten von uns, dass wir sie erinnern, und ihre Forderung kann viele Formen annehmen: die des schieren Schmerzes, die unserer Angst davor, von ihnen heimgesucht zu werden, die unserer Sehnsucht, mit ihrem Geist zu sprechen, oder auch die unserer Hoffnung, sie wiederauferstehen zu sehen.

Die meisten Religionen sind sich nicht sicher, ob die Toten wirklich tot sind, weil die Toten ihre eigenen verschlungenen Wege haben, um durch die Hintertür unserer Ängste und tiefsten Sehnsüchte wieder in unser Leben zurückzukehren. In vielen Kulturen geht man davon aus, dass die Seele des Toten auf eine lange Reise geht. Sie kann ins Paradies kommen, die Lebenden heimsuchen, in einer anderen lebendigen Form wiedergeboren oder gleich wieder zum Leben erweckt werden.

Die Grenze zwischen den Toten und den Lebenden wird von allen Religionen und Kulturen immer wieder aufs Neue gezogen, überschritten, verhandelt. Sie wird durch Rituale aufrechterhalten, die den Toten dabei helfen sollen, in Frieden zu ruhen; sie wird überschritten, wenn man Christus für auferstanden hält oder glaubt, die eigene Seele sei die Reinkarnation einer toten Seele. Wie wir unser Verhältnis zu den Toten begreifen, ist somit ein fundamentales Merkmal einer jeden Kultur. Trauer bleibt selten privat; rasch schlüpft sie über die Schwelle des privaten Erlebens und verwandelt sich in ein sozial organisiertes Trauerritual. Überall auf der Welt scheint die private Trauer der Gruppe eine Gelegenheit zu bieten, sich um das Individuum zu versammeln und Schmerz und Verlust eine Struktur zu verleihen: durch Begräbniszeremonien und Trauerrituale, durch Totengebete und Rituale, die die dahingeschiedene Person besänftigen und jene Geister vertreiben sollen, die uns sonst heimsuchen könnten. Eine tote Person kann die Einheit einer Gruppe bedrohen, vor allem wenn die Gruppe davon überzeugt ist, dass tote Seelen böse sein können. In Trauerritualen geht es darum, ein Gefühl von Kohärenz zurückzugewinnen und die Möglichkeit abzuwenden, dass die Toten in das Reich der Lebenden eindringen. Die Gemeinschaft der Lebenden hat somit mindestens zwei entgegengesetzte Aufgaben: der Toten zu gedenken, das heißt, sie bei uns zu behalten, und sie auszutreiben, das heißt, die symbolische Bedrohung zu neutralisieren, die sie für die Lebenden darstellen.

Auch moderne – säkulare und aufgeklärte – Nationen bewahren ihre Toten in Erinnerung. Aber nicht jeden beliebigen Toten. Sie gedenken jener, die zu ihrer militärischen Stärke beitrugen oder unmittelbar ihren Militäroperationen zum Opfer fielen. Wo vormoderne Gesellschaften Kinder und Alte beerdigten (wie immer sie definiert waren) und den Tod der Ersten als tragische Fügung, den der Zweiten aber als unausweichliche Notwendigkeit verstanden, schufen die Nationalstaaten eine neue Kategorie Toter: die der jungen unbekannten Männer, die für den Ruhm starben, diese neuen Gebilde namens Nationen zu verteidigen (Davids Klagelied gilt Sauls und Jonathans Tod in der Schlacht, verliert aber kein Wort über die einfachen Soldaten, die in ihr umkamen.)

Keine Nation steht in einem so engen Verhältnis zu Trauer und Erinnerung wie Israel. Israel und die Juden haben drei

Schichten von Trauer angesammelt. Die erste ist in die jüdische Liturgie und den jüdischen Kalender eingeschrieben und kennzeichnet den Tag der Zerstörung des Tempels als einen Tag der öffentlichen Trauer. (Das Christentum trauert nicht in gleicher Weise. Der Karfreitag steht für die Kreuzigung Jesu, da Christen aber wissen, dass auf sie seine Wiederauferstehung folgt, ist der Karfreitag in diesem Sinn kein Tag der kollektiven Trauer.) Die zweite Quelle kollektiver Trauer für die Juden ist objektiv in die Geschichte endloser Verfolgungen zumal der jüdischen Gemeinschaften in Osteuropa und Deutschland eingeschrieben. Im aschkenasischen Judentum wurden viele (vielleicht die meisten) Familien durch Völkermord, Pogrome und Ausgrenzung auseinandergerissen, etwa durch die Pogrome von 1096 zur Zeit des Ersten Kreuzzugs, Bohdan Chmelnyzkyjs Pogrome von 1648/49, die Pogrome der 1880er Jahre in der heutigen Ukraine und schließlich durch den Holocaust. Die dritte und letzte Ebene der Trauer in Israel ist mit den Toten der Kriege und militärischen Abenteuer verknüpft, die Israel zu bewältigen hatte. Sie erzeugt eine gespenstische Kontinuität mit der schmerzlichen Erfahrung der (vornehmlich aschkenasischen) Diaspora.

Israel hat mindestens drei offizielle Trauertage – den öffentlichen Fasttag Tischa Beav, an dem der Zerstörung des Tempels gedacht wird, Jom Haschoa, den Tag des Gedenkens an Schoah und Heldentum, sowie Jom Hazikaron, den Gedenktag für die gefallenen israelischen Soldaten und Opfer des Terrorismus – und damit dreimal so viele wie jede andere mir bekannte Nation, ein Niederschlag der bedrohten Existenz der Juden im gesamten Lauf ihrer Geschichte. Die öffentliche Trauer schuf eine kategoriale Unterscheidung zwischen zwei Arten der Trauer, der privaten und der kollektiven: Ein Kind durch eine Krankheit zu verlieren war eine private Angelegenheit, einen Sohn im Krieg zu verlieren hingegen eine öffentliche. Letztere Form der Trauer heißt im Hebräischen *shchol*, ein Wort, das ursprünglich den Verlust eines Kindes bezeichnete, heute aber auf die Trauer im Zusammenhang mit einem Militäreinsatz verweist. Mit *shchol* wird die Trauer vom Staat vermittelt: Der Verstorbene wird auf einem Militärfriedhof beerdigt, am Gedenktag zusammen mit anderen in Erinnerung gehalten, die Familie erhält staatliche Ausgleichszahlungen usw. Interessant ist allerdings, dass Trauer trotz großer Zahlen von Einwohnern, die vor Pogromen und Verfolgung geflohen waren, trotz der zahlreichen Verbindungslinien zwischen Juden und Trauer für das Ethos Israels im Moment seiner Gründung nicht zentral war. (Das zeigte sich etwa an den Schwierigkeiten der damaligen israelischen Gesellschaft bei der Verarbeitung des Traumas des Holocaust und der Geschichten der Überlebenden.) Tatsächlich trifft sogar das Gegenteil zu: Die neue Nation betonte die Werte des Fleißes, der Produktivität, der militärischen Tapferkeit und Stärke.

Die junge israelische Nation war nicht der Trauer, sondern der Hoffnung verpflichtet.

Als Gefühl ist Hoffnung das genaue Gegenteil von Trauer. Emily Dickinson, die große amerikanische Dichterin des 19. Jahrhunderts, fand hierfür eindringliche Worte:

»Hope« is the thing with feathers –
That perches in the soul –
And sings the tune without the words –
And never stops – at all –

And sweetest – in the Gale – is heard –
And sore must be the storm –
That could abash the little Bird
That kept so many warm –

I've heard it in the chillest land –
And on the strangest Sea –
Yet – never – in Extremity,
It asked a crumb – of me.[2]

Selbst im kältesten Wetter gibt uns die Hoffnung ein Gefühl der warmen Möglichkeit. Sie vermittelt ein Gefühl dafür, dass das Schicksal nicht besiegelt ist, sondern sich vor unseren Augen entfaltet, dass etwas hinzugefügt werden kann und nicht nur genommen. Im Gegensatz zur Trauer bekräftigt die Hoffnung den Glauben, dass etwas Neues kommen kann. Hoffnung – die reine, ungetrübte Hoffnung – beinhaltet keine Gewalt und keine Machtgelüste: Deshalb klingt sie im Sturm am »schönsten«.

Interessanterweise ist »Hoffnung« (*Hatikva*) der Titel der israelischen Nationalhymne, die heute mit derart viel chauvinistischem Schwulst assoziiert ist, dass man leicht die ursprüngliche Schönheit und Prägnanz ihres Textes vergisst. Dieser wurde 1878 von dem polnischen Dichter Naphtali Herz Imber unter dem Titel »Tikvatenu« (»Unsere Hoffnung«) geschrieben und brachte die Sehnsucht eines geknechteten Volkes zum Ausdruck, seine Freiheit und Unabhängigkeit wiederzuerlangen. Er kündete von der Macht einer angestammten Liebe zu einem imaginierten Land, vom Vermögen eines entwurzelten und verstreuten Volks, Distanzen und geographische Hindernisse zu überwinden und seine Zukunft durch einen Willensakt zu gestalten. Hoffnung ist das Gefühl, das die Macht der Vorstellungskraft über das Reale bekräftigt, des moralischen Prinzips über die düstere Realität der politischen Existenz der Juden.

Es überrascht nicht, dass das jüdische Volk dieses Gedicht mit diesem Titel zu seiner Hymne erwählte. Denn Hoffnung ist eine wichtige moralische und politische Ressource. Im Juli

2004 hielt ein unbekannter US-Senator namens Barack Obama eine Rede auf dem Parteitag der Demokraten, um die Präsidentschaftskandidatur von John Kerry zu unterstützen. Redner und Rede zündeten augenblicklich. Die Zuhörer waren wie hypnotisiert. Diese Rede wurde als »Hope Speech« bekannt.

»Betreiben wir eine Politik des Zynismus oder eine Politik der Hoffnung?«, fragte Obama. Und was ist Hoffnung? Mit nicht wenig rhetorischer Ausschmückung antwortete er: »Ich spreche nicht von blindem Optimismus. [...] Es ist die Hoffnung der Sklaven, die um ein Feuer sitzen und Lieder von der Freiheit singen. [...] [D]ie Hoffnung eines dürren Jungen mit einem komischen Namen, der glaubt, dass Amerika auch für ihn einen Platz hat. Hoffnung angesichts von Schwierigkeiten. Hoffnung angesichts von Ungewissheit. Die Kühnheit der Hoffnung.«

Es gab noch nie eine kühnere Hoffnung als die des jüdischen Volkes, ein Land auf der Grundlage jener Prinzipien der Gerechtigkeit, Moral und Menschlichkeit aufzubauen, die ihnen in ihrer gesamten Geschichte vorenthalten worden waren. Doch mit der Häufung von Kriegen, dem Alltäglichwerden von militärischer Stärke und dem Alltäglichwerden der Mentalität militärischer Stärke, der Sicherheitsbesessenheit, der tiefsitzenden und irrationalen Feindseligkeit zwischen Juden und Arabern verformte sich jene Gemeinschaft der Hoffnung im Laufe der Zeit in eine Gemeinschaft der Trauer, der Trauer von und um Juden, die immer häufiger ihr Leben verloren, um das Land zu erobern und zu verteidigen. Trauer entwickelte sich zu einem zentralen Modus, um die Bürger an den Staat zu binden. Sie wurde zum versteckten Eros des israelischen Nationalismus, das heißt zu dem Gefühl, durch das die Bürger ihre Verpflichtung gegenüber dem Staat erneuern, ihre Verpflichtung gegenüber dem Zionismus, ihr Bewusstsein, ein Teil des bedrängten Schicksals des jüdischen Volkes zu sein. Mit anderen und für andere zu trauern bildete die Grundlage für eine umfassende, mächtige Gemeinschaft der Tränen.

Eine Gemeinschaft der Hoffnung ist definitionsgemäß auf die Zukunft ausgerichtet, auf das noch nicht Erreichte. Die Hoffnung verlangt unser Bestes von uns, sie bringt unsere Ideale, Prinzipien, Utopien zum Vorschein. Sie regt die Vorstellungskraft an, die Suche nach Sinn und nach politischer Transzendenz. Eine Hoffnungsgemeinschaft erobert kein Land, sondern einen viel reicheren Raum: die Zukunft. Und, am bemerkenswertesten: Hoffnung ist eine Triebkraft der sozialen Solidarität, weil sie alle einbezieht und jeden dazu einlädt, über denselben Punkt am Horizont nachzusinnen. Die neue emanzipatorische Hoffnung der Französischen Revolution schloss die Juden ein, und als Frankreich dank Zinédine Zidane 1998 die Fußballweltmeisterschaft gewann, war die Nation für einen kurzen Moment mit einer alle einbeziehenden und brüderlichen Hoffnung zwischen Muslimen und Christen erfüllt. Hoffnung ist »kühn«, weil sie wagt, was sich die Realpolitik nicht vorstellen kann. Hoffnung ist also eine bei Weitem kraftvollere und effektivere Weise, Politik zu machen, als trostloser Realismus. Denn mit Hoffnung erfüllt zwingen wir die Realität, sich dem menschlichen Willen zu beugen.

Auch Trauer ist, nicht weniger als Hoffnung, ein mächtiger Antrieb der sozialen Solidarität. Sie wird für das dienstbar gemacht, was wir als Politik der Erinnerung bezeichnen können, eine Politik, in der die Vergangenheit heraufbeschworen und dazu herangezogen wird, die Gegenwart zu rechtfertigen, in der der Tod anderer dazu dienen soll, eine Gemeinschaft des Schmerzes und der Angst (vor weiterem Schmerz) aufzubauen. Der Historiker Michael Stürmer schrieb, »daß in geschichtslosem Land die Zukunft gewinnt, wer die Erinnerung füllt, die Begriffe prägt und die Vergangenheit deutet«.[3] Die Vergangenheit zu »füllen« ist eine wichtige politische Strategie, und die Toten sind unverzichtbar für den Erfolg dieser Strategie. Aber obwohl die Trauer eine Gemeinschaft der Trauernden aufzubauen vermag, kann sie – anders als die Hoffnung – keine Grundlage für eine politische Gemeinschaft bilden.

Nationale Trauergemeinschaften beruhen erklärtermaßen auf einem Verlust, der nie wiedergutgemacht, repariert, überwunden werden kann. Weil sie sich einzig betrauern lassen, können die Toten keine positive politische Tat und Vision stiften. Wie wir aus der Geschichte wissen, sind Angst, Beklemmung, Depression oder Rachegelüste – die vier klassischen Reaktionen auf Trauer – als politische Reaktionen nie von Dauer. Auch neigt die Trauer dazu, sich selbst zu salben, weil die Toten heilig sind (und sein müssen). Die Toten verlangen unsere bedingungslose Verehrung. Aus diesem Grund lässt eine soziale Solidarität, die auf Trauer beruht, keine Fragen zu: Der Schmerz einer trauernden Mutter oder Ehefrau ruft bei uns eine unbedingte Verpflichtung hervor, eine Verpflichtung jenseits aller Politik. Eine trauernde Gemeinschaft verlangt von uns das Gleiche: eine Form von Verpflichtung, die nicht infrage gestellt werden kann und die auf einer ursprünglichen, naturwüchsigen, bedingungslosen Mitgliedschaft beruht. Sie verlangt, dass wir zu argumentieren und zu streiten aufhören, um den Toten nicht den ihnen schuldigen Respekt zu verweigern. Die Trauer zu entweihen ist einer der schändlichsten Akte, die wir begehen können. So gesehen ist Trauer vorpolitisch, da sie keine Distanz zwischen Bürgern und ihren Institutionen ermöglicht und auch nicht den Pluralismus von Ideen und Gefühlen, den demokratische Gesellschaften unbedingt brauchen. Letztlich vereinen Trauergemeinschaften all jene, die an der Trauer beteiligt sind, und schließen alle anderen Gruppen aus. Wenn meine Toten starben, weil du lebst, berühren dich meine Toten nicht, so wenig wie mich deine Toten berühren. Ich trauere, wenn du es nicht tust. Du trauerst, wenn ich es nicht tue. Trauergemeinschaften vereinen die Trauernden und schließen die Nichttrauernden aus.

Wollen wir eine Gemeinschaft der Hoffnung sein oder eine Gemeinschaft der Trauer?

Israel hat vergessen, was es heißt, eine Gemeinschaft der Hoffnung zu sein, weil Trauer unsere politische Kultur erdrückt. Trauer ist auf die Vergangenheit und ihre Endgültigkeit ausgerichtet, sie verhindert die Einbeziehung nichttrauernder Gruppen, lässt uns vergessen, dass wir primär dem Morgen verpflichtet sind und nicht dem Gestern. Hoffnung erinnert uns daran, dass unsere größte Verpflichtung die gegenüber den kommenden Generationen ist, nicht die gegenüber denen, die nicht mehr sind. Es gibt keinen besseren Weg, all jene nicht gelebten Leben zu würdigen, diese schönen jungen Menschen, die ihr Schicksal für uns opferten, als zu beteuern, dass Trauer keine Grundlage für Gemeinsamkeit und für Politik sein kann. Diese Toten und ihr Andenken zu ehren heißt, Widerstand gegen die Politik des Todes zu leisten, Widerstand gegen jene, die uns in einem Zustand permanenter Trauer sehen wollen. Unsere Toten zu ehren heißt, dass wir uns dazu entscheiden, eine Gemeinschaft der Hoffnung zu sein, die auf universellen moralischen Prinzipien und Idealen beruht. Nur die Hoffnung, nicht die Trauer kann die Toten erlösen.

Anmerkungen

1 Jaakow Shabtai, *Onkel Peretz fliegt. Erzählungen*, übers. von Rachel Stillmann, Frankfurt a. M. 1997, S. 225.

2 Die »Hoffnung« ist ein Federding –
Das in der Seele hockt –
Und Lieder ohne Worte singt –
Sich niemals unterbricht –

Im Sturm – klingt es am schönsten –
Und der muß heftig toben –
Den kleinen Vogel zu beschämen
Der vielen warm gegeben –

Ich hörte ihm im Eisland zu –
Und auf dem fernsten Meer –
Doch wollt er selbst im Notfall, nie
Ein Krümelchen – von mir.

Emily Dickinson, *Gedichte englisch und deutsch*, hrsg., übers. u. mit einem Nachw. von Gunhild Kübler, München 2006, S. 82f.

3 Michael Stürmer, »Geschichte in einem geschichtslosen Land«, in: *Frankfurter Allgemeine Zeitung* (25.04.1986).

Textnachweise

Frühere Versionen der hier abgedruckten Texte erschienen erstmals in den im Folgenden angegebenen Publikationen. Für den vorliegenden Band wurden die Texte überarbeitet, allerdings wurden nicht alle Angaben (etwa zu politischen Ämtern) aktualisiert.

»Kann man eine jüdische Intellektuelle, ein jüdischer Intellektueller sein?« erschien unter dem Titel »Is it possible to be a Jewish intellectual« in der *Haaretz* vom 11. April 2014.

»Ist Israel zu jüdisch?« erschien unter dem Titel »Is Israel too Jewish?« in der *Haaretz* vom 22. März 2013.

»Warum Israel keine Israelis kennt« erschien unter dem Titel »›In a single moment, I stopped being religious‹« in der *Haaretz* vom 22. November 2013.

»Israel, ein Feudalstaat?« erschien unter dem Titel »Protest/The tectonic plates beneath Israel are shifting« in der *Haaretz* vom 30. Dezember 2011.

»Dreyfus in Israel. Ein Gedankenexperiment« erschien unter dem Titel »Could the Dreyfus affair happen in Israel?« in der *Haaretz* vom 19. Oktober 2012.

»Ich? Eine Jüdin? Antisemitisch?« erschien unter dem Titel »Me? A Jew? Anti-semitic?« in der *Haaretz* vom 30. November 2012.

»Die Gewohnheit des Gehorsams« erschien unter dem Titel »Breaking Israel's holy trinity: Settlers, religious and the wealthy« in der *Haaretz* vom 24. Mai 2013.

»Ein soziologisches Rätsel« erschien unter dem Titel »Big brother: When secrecy becomes a norm in Israel, it comes at a price« in der *Haaretz* vom 25. Januar 2013.

»Der Zement der ethnischen Zugehörigkeit« erschien unter dem Titel »Begin's legacy/Enough of ethnicity« in der *Haaretz* vom 24. Februar 2012.

»Der ethnische Verdruss« erschien unter dem Titel »What if Judeo-Arabs had built the institutions of the State of Israel?« in der *Haaretz* vom 16. März 2012.

»Diskriminierung auf Israelisch« erschien unter dem Titel »Israel's politics of discrimination« in der *Haaretz* vom 6. April 2012.

»Am Ende wird die Linke siegen« erschien unter dem Titel »Why the left is the right track for Israel« in der *Haaretz* vom 28. Dezember 2012.

»Die Dialektik der freien Meinung« erschien in *Der Spiegel* vom 10. September 2012. Die Übersetzung besorgte Daniel Bullinger.

»Trauer und Hoffnung« erschien unter dem Titel »Does Israel spend enough time celebrating?« in der *Haaretz* vom 12. April 2013.

»Soziologie«
in der edition suhrkamp
Eine Auswahl

Pablo Alabarces. Für Messi sterben? Der Fußball und die Erfindung der argentinischen Nation. es 2608. 287 Seiten

Louis Althusser. Für Marx. Vollständige und durchgesehene Ausgabe. Herausgegeben von Frieder Otto Wolf. es 2600. 409 Seiten

Arjun Appadurai. Die Geographie des Zorns. Übersetzt von Bettina Engels. es 2541. 158 Seiten

Jakob Arnoldi. Alles Geld verdampft. Finanzkrise in der Weltrisikogesellschaft. Übersetzt von Niklas Hofmann. es 2590. 92 Seiten

Peter-Paul Bänziger/Stefanie Duttweiler/Philipp Sarasin/Annika Wellmann (Hg.). Fragen Sie Dr. Sex/Ratgeberkommunikation und die mediale Konstruktion des Sexuellen. es 2595. 376 Seiten

Zygmunt Bauman
- Flüchtige Moderne. Übersetzt von Reinhard Kreissl. es 2447. 260 Seiten
- Gemeinschaften. Auf der Suche nach Sicherheit in einer bedrohlichen Welt. Übersetzt von Frank Jakubzik. es 2565. 180 Seiten
- Wir Lebenskünstler. Übersetzt von Frank Jakubzik. es 2594. 206 Seiten

Zygmunt Bauman/David Lyon. Daten, Drohnen, Disziplin. Ein Gespräch über flüchtige Überwachung. Übersetzt von Frank Jakubzik. es 2667. 204 Seiten

NF 350/1/9.13

Ulrich Beck
- Das deutsche Europa. Neue Machtlandschaften im Zeichen der Krise. edition suhrkamp digital. 79 Seiten
- Die Erfindung des Politischen. Zu einer Theorie reflexiver Modernisierung. es 1780. 303 Seiten
- Nachrichten aus der Weltinnenpolitik. es 2619. 149 Seiten
- Die Neuvermessung der Ungleichheit unter den Menschen: Soziologische Aufklärung im 21. Jahrhundert. Eröffnungsvortrag zum Soziologentag »Unsichere Zeiten« am 6. Oktober 2008 in Jena. 57 Seiten
- Risikogesellschaft. Auf dem Weg in eine andere Moderne. es 1365 und es 3326. 396 Seiten

Ulrich Beck/Angelika Poferl (Hg.). Große Armut, großer Reichtum. Zur Transnationalisierung sozialer Ungleichheit. es 2614. 694 Seiten

Ulrich Beck/Anthony Giddens/Scott Lash. Reflexive Modernisierung. Eine Kontroverse. es 1705. 364 Seiten

Ingolfur Blühdorn. Simulative Demokratie. Neue Politik nach der postdemokratischen Wende. es 2634. 304 Seiten

Pierre Bourdieu
- Ein soziologischer Selbstversuch. Übersetzt von Stephan Egger. Mit einem Nachwort von Franz Schultheis. es 2311. 160 Seiten
- Praktische Vernunft. Zur Theorie des Handelns. Übersetzt von Hella Beister. es 1985. 226 Seiten
- Rede und Antwort. Übersetzt von Bernd Schwibs. es 1547. 237 Seiten
- Soziologische Fragen. Übersetzt von Hella Beister und Bernd Schwibs. es 1872. 256 Seiten

NF 350/2/9.13

- Über das Fernsehen. Übersetzt von Achim Russer. es 2054. 140 Seiten

Elena Esposito. Die Fiktion der wahrscheinlichen Realität. Übersetzt von Nicole Reinhardt. es 2485. 127 Seiten

Mischa Gabowitsch. Putin kaputt!? Russlands neue Protestkultur. es 2661. 441 Seiten

Anthony Giddens. Entfesselte Welt. Wie Globalisierung unser Leben verändert. Übersetzt von Frank Jakubzik. es 2200. 116 Seiten

David Harvey. Rebellische Städte. Vom Recht auf Stadt zur urbanen Revolution. Aus dem Englischen von Yasemin Dinçer. es 2657. 283 Seiten

Hartmut Häußermann/Dieter Läpple/Walter Siebel. Stadtpolitik. es 2512. 403 Seiten

Wilhelm Heitmeyer (Hg.)
- Deutsche Zustände. Folge 1. es 2290. 304 Seiten
- Deutsche Zustände. Folge 2. es 2332. 320 Seiten
- Deutsche Zustände. Folge 3. es 2388. 300 Seiten
- Deutsche Zustände. Folge 4. es 2454. 320 Seiten
- Deutsche Zustände. Folge 5. es 2484. 300 Seiten
- Deutsche Zustände. Folge 6. es 2525. 308 Seiten
- Deutsche Zustände. Folge 7. es 2552. 328 Seiten
- Deutsche Zustände. Folge 8. es 2602. 319 Seiten
- Deutsche Zustände. Folge 9. es 2616. 348 Seiten
- Deutsche Zustände. Folge 10. es 2647. 336 Seiten

Wilhelm Heitmeyer/Hans-Georg Soeffner (Hg.). Gewalt. Neue Entwicklungen und alte Analyseprobleme. es 2246. 560 Seiten

NF 350/3/9.13

Karl Otto Hondrich
- Enthüllung und Entrüstung. Eine Phänomenologie des politischen Skandals. es 2270. 166 Seiten
- Liebe in Zeiten der Weltgesellschaft. es 2313. 176 Seiten
- Der Neue Mensch. es 2287. 222 Seiten.
- Wieder Krieg. es 2297. 194 Seiten

Claudia Honegger/Sighard Neckel/Chantal Magnin (Hg.). Strukturierte Verantwortungslosigkeit. Berichte aus der Bankenwelt. Mit einem Text von Elfriede Jelinek. es 2607. 395 Seiten

Eva Illouz. Die neue Liebesordnung. Frauen, Männer und *Shades of Grey.* Übersetzt von Michael Adrian. edition suhrkamp digital. 88 Seiten

Marie Jahoda/Paul F. Lazarsfeld/Hans Zeisel. Die Arbeitslosen von Marienthal. Ein soziographischer Versuch über die Wirkungen langandauernder Arbeitslosigkeit. Mit einem Anhang zur Geschichte der Soziographie. es 769. 148 Seiten

Christoph Kucklick. Das unmoralische Geschlecht. Zur Geburt der negativen Andrologie. es 2538. 379 Seiten

Martina Löw/Renate Ruhne. Prostitution. Herstellungsweisen einer anderen Welt. es 2632. 215 Seiten

Daniel Miller. Der Trost der Dinge. Fünfzehn Porträts aus dem London von heute. es 2613. 226 Seiten

Stephan Moebius/Markus Schroer (Hg.). Diven, Hacker, Spekulanten. Sozialfiguren der Gegenwart. es 2573. 462 Seiten

NF 350/4/9.13

Richard Münch.
- Die akademische Elite. Zur sozialen Konstruktion wissenschaftlicher Exzellenz. es 2510. 474 Seiten
- Akademischer Kapitalismus. Über die politische Ökonomie der Hochschulreform. es 2633. 457 Seiten
- Globale Eliten, lokale Autoritäten. Bildung und Wissenschaft unter dem Regime von PISA, McKinsey &. Co. es 2560. 266 Seiten

Sighard Neckel/ Greta Wagner (Hg.). Leistung und Erschöpfung. Burnout in der Wettbewerbsgesellschaft. es 2666. 216 Seiten

Ludger Pries. Die Transnationalisierung der sozialen Welt. Sozialräume jenseits von Nationalgesellschaften. es 2521. 398 Seiten

Shalini Randeria/Andreas Eckert (Hg.). Vom Imperialismus zum Empire. Nicht-westliche Perspektiven auf Globalisierung. Herausgegeben von Andreas Eckert und Shalini Randeria. es 2548. 337 Seiten

Werner Schiffauer. Nach dem Islamismus. Die Islamische Gemeinschaft Milli Görüş. Eine Ethnographie. es 2570. 391 Seiten

Mark Terkessidis. Interkultur. es 2589. 220 Seiten

Bernhard Zangl/Michael Zürn. Frieden und Krieg. Sicherheit in der nationalen und postnationalen Konstellation. es 2337. 338 Seiten

NF 350/5/9.13

Soziologie und Philosophie in der edition suhrkamp Eine Auswahl

Theodor W. Adorno
- Gesellschaftstheorie und Kulturkritik. es 772. 179 Seiten
- Jargon der Eigentlichkeit. Zur deutschen Ideologie. es 91. 139 Seiten
- Ob nach Auschwitz noch sich leben lasse. Ein philosophisches Lesebuch. Herausgegeben von Rolf Tiedemann. es 1844. 569 Seiten

Giorgio Agamben
- Homo sacer. Die souveräne Macht und das nackte Leben. Übersetzt von Hubert Thüring. Erbschaft unserer Zeit. Band 16. es 2068. 220 Seiten
- Was von Auschwitz bleibt. Das Archiv und der Zeuge. Homo sacer III. es 2300. 160 Seiten

Roland Barthes
- Am Nullpunkt der Literatur. Literatur oder Geschichte. Kritik und Wahrheit. Übersetzt von Helmut Scheffel. es 2471. 203 Seiten
- Eine intellektuelle Biographie. Von Ottmar Ette. es 2077. 520 Seiten
- Die Körnung der Stimme. Übersetzt von A. Bucaille-Euler,B. Spielmann und G. Mahlberg. es 2278. 400 Seiten
- Das Rauschen der Sprache. Kritische Essays IV. es 1695. 404 Seiten
- Das semiologische Abenteuer. Übersetzt von Dieter Hornig. es 1441. 304 Seiten

Zygmunt Bauman
- Flüchtige Moderne. Übersetzt von Reinhard Kreissl. es 2447. 272 Seiten

NF 381/1/8.09

- Gemeinschaften. Auf der Suche nach Sicherheit in einer bedrohlichen Welt. Aus dem Englischen von Frank Jakubzik. es 2565. 180 Seiten
- Leben in der Flüchtigen Moderne. es 2503. 287 Seiten

Ulrich Beck
- Gegengifte. Die organisierte Unverantwortlichkeit. es 1468. 324 Seiten
- Risikogesellschaft. Auf dem Weg in eine andere Moderne. es 1365 und es 3326. 396 Seiten
- Das Schweigen der Wörter. Über Terror und Krieg. Rede vor der Staatsduma Moskau, November 2001. Sonderdruck es. 57 Seiten

Andreas Bernard, Ulrich Raulff (Hg.). Theodor W. Adorno. »Minima Moralia« neu gelesen. es 2284. 144 Seiten

Pierre Bourdieu
- Die politische Ontologie Martin Heideggers. Übersetzt von Bernd Schwibs. es 1514. 158 Seiten
- Über das Fernsehen. es 2054. 139 Seiten
- Praktische Vernunft. Zur Theorie des Handelns. es 1985. 225 Seiten

Judith Butler
- Psyche der Macht. Das Subjekt der Unterwerfung. es 1744. 197 Seiten
- Gefährdetes Leben. Politische Essays. Übersetzt von Karin-Wördemann. es 2393. 179 Seiten

Colin Crouch. Postdemokratie. es 2540. 159 Seiten

Gilles Deleuze
- Die Logik des Sinns. Aesthetica. Herausgegeben von Karl Heinz Bohrer. Übersetzt von Bernhard Dieckmann.

NF 381/2/8.09

es 1707. 397 Seiten
- Unterhandlungen 1972-1990. Übersetzt von Gustav Roßler. es 1778. 262 Seiten

Jacques Derrida
- Das andere Kap. Die vertagte Demokratie. Zwei Essays zu Europa. Übersetzt von Alexander García Düttmann. es 1769. 97 Seiten
- Die unbedingte Universität. Übersetzt von Stefan Lorenzer. es 2238. 77 Seiten

Gudrun Ensslin/Bernward Vesper. Notstandsgesetze von Deiner Hand. Briefe 1968/69. Herausgegeben von Caroline Harmsen, Ulrike Seyer und Johannes Ullmaier. es 2586. 289 Seiten

Anthony Giddens. Entfesselte Welt. Wie Globalisierung unser Leben verändert. Übersetzt von Frank Jakubzik. es 2200. 116 Seiten

Boris Groys. Das kommunistische Postskriptum. es 2403. 95 Seiten

Jürgen Habermas
- Ach, Europa. Kleine politische Schriften XI. es 2551. 191 Seiten
- Der gespaltene Westen. Kleine politische Schriften X. es 2383. 208 Seiten
- Zeitdiagnosen. Zwölf Essays 1980-2001. es 2439. 264 Seiten
- Legitimationsprobleme im Spätkapitalismus. es 623. 208 Seiten

Wilhelm Heitmeyer (Hg.)
- Deutsche Zustände. Folge 1. es 2290. 304 Seiten
- Deutsche Zustände. Folge 2. es 2332. 320 Seiten
- Deutsche Zustände. Folge 4. es 2454. 320 Seiten
- Deutsche Zustände. Folge 5. es 2484. 300 Seiten

NF 381/3/8.09

- Deutsche Zustände. Folge 6. es 2525. 308 Seiten
- Deutsche Zustände. Folge 7. es 2552. 328 Seiten

Wolfgang Hoffmann-Riem
- Kriminalpolitik ist Gesellschaftspolitik. es 2154. 232 Seiten
- Modernisierung von Recht und Justiz. Eine Herausforderung des Gewährleistungsstaates. es 2188. 364 Seiten

Barbara Holland-Cunz. Die alte neue Frauenfrage. es 2335. 309 Seiten

Robert Menasse. Permanente Revolution der Begriffe. Essays. Gepl. Erscheinung: Nov. 2009. es 2592. 120 Seiten

Chantal Mouffe. Über das Politische. Wider die kosmopolitische Illusion. es 2483. 169 Seiten

Richard Rorty. Die Schönheit, die Erhabenheit und die Gemeinschaft der Philosophen. es 2149. 87 Seiten

Peter Sloterdijk
- Versprechen auf Deutsch. Rede über das eigene Land. es 1631. 82 Seiten
- Weltfremdheit. es 1781. 381 Seiten
- Zur Welt kommen – Zur Sprache kommen. Frankfurter Vorlesungen. es 1505. 175 Seiten

Slavoj Žižek
- Die politische Suspension des Ethischen. Übersetzt von Jens Hagestedt. es 2412. 203 Seiten
- Auf verlorenem Posten. Übersetzt von Frank Born. es 2562. 319 Seiten
- Die Revolution steht bevor. Dreizehn Versuche über Lenin. Aus dem Englischen von Nikolaus G. Schneider. es 2298. 192 Seiten

NF 381/4/8.09